있기 힘든 사람들

Authorized translation from the Japanese language edition, entitled
《シリーズ ケアをひらく》居るのはつらいよ ケアとセラピーについての覚書
ISBN 978-4-260-03885-0
著: 東畑 開人
published by IGAKU-SHOIN LTD., TOKYO Copyright © 2019
All Rights Reserved. No part of this book may be
reproduced or transmitted in any form or by any means,
electronic or mechanical, including photocopying,
recording or by any information storage retrieval system,
without permission from IGAKU-SHOIN LTD.
Korean language edition published by Dadalibro © 2025

이 책은 JMCA를 통한 저작권자와의 독점계약으로
다다서재에서 출간되었습니다.
저작권법에 의해 한국 내에서 보호를 받는 저작물이므로
무단 전재와 복제를 금합니다.

있기 힘든 사람들

돌봄, 의존 그리고
지켜져야 할 우리의 일상에 대하여

도하타 가이토 Kaito Tohata 지음

김영현 옮김

다다
서재

차례

한국의 독자들에게 있기가 힘든 나라 — 7

프롤로그 이래도 괜찮을까? — 17

1장 돌봄과 치료 / 이상한 나라의 임상심리사 — 23
2장 '있다'와 '하다' / 대충 앉아 있어 — 41
3장 마음과 몸 / '마몸'을 만지다 — 73
4장 전문가와 비전문가 / 보이지 않는 노동 — 105

시간에 대한 고찰 138

5장 원과 선 / 지루함을 느끼지 못하는 사람들 — 147
6장 북극곰과 고래 / 사랑에 약한 남자 — 181
7장 치료자와 환자 / 금요일에는 우리끼리만 웃는다 — 217
8장 사람과 구조 / 두 번의 이별 — 255

돌봄과 치료에 대한 메모 288

9장 보호소와 수용소 / 그저 있는 건 힘들어 — 303

작가의 말 — 366
주 — 372
참고 문헌 — 374

일러두기

1   이 책은 『居るのはつらいよ』(医学書院 2019)를 번역하여 출간된 『매일 의존하며 살아갑니다』(다다서재 2019)를 대폭 개역하고 한국어판 저자 서문을 추가한 개정판입니다.
2   본문의 각주는 모두 옮긴이의 것입니다.
3   외래어는 국립국어원 표기법을 준수하되, 일부는 일상에서 널리 쓰이는 표기를 따랐습니다.
4   책에서 언급되거나 인용되는 도서 중 한국에 번역 출간된 경우는 한국어판 서지 정보를 적었습니다.

한국의 독자들에게

있기가
힘든 나라

한국의 폭포들에게

숨들 나라
있기가

한국의 독자 여러분, 안녕하세요. 도하타 가이토라고 합니다.

저는 일본에서 임상심리사로 일하고 있습니다. 지금까지 학교와 병원에서 일했고, 그 뒤에 대학교에서 학생들을 가르치기도 했지요. 지금은 도쿄에 상담실을 열고 매일 내담자와 이야기를 나누고 있습니다. 한국에도 저와 비슷한 일을 하는 동료들이 있겠지요.

이 책은 제가 오키나와의 정신과 병원에서 일했던 경험을 바탕으로 썼습니다. 오키나와는 일본의 남쪽에 있는 커다란 섬으로 한국의 제주도와 비슷할 것 같습니다.

한 번뿐이지만 예전에 제주도에 가본 적이 있습니다. 바다가 있고, 산이 있고, 섬 특유의 바람이 무척 좋았던 기억이 있습니다. 제주도가 오키나와와 비슷하다고 생각한 것은 단지 자연환경 때문이 아니라 그곳의 무속인과 조금 대화를 해봤기 때문입니다(의료인류학도 저의 전문 분야 중 하나로 특히 무속에 관심이 있습니다). 제주도에서 만난 무속인들의 세계관과 삶은 오키나와의 샤머니즘과 무척 비슷했습니다. 대만에서도 그런 인상을 받았으니, 동아시아에 공통된 특징일지도 모르겠습니다.

다시 이야기를 전환해서, 저는 오래전 오키나와에서 일했습니다. '정신과 주간 돌봄시설'이라 불리는 곳에서 주로 조현병 환자들과 아침부터 밤까지 함께 지내는 일이었죠. 그들은 사람을 무서워하는데, 혼자 생활하다 보면 사람에 대한 두려움이 괜히 더 커집니다. 그래서 그들에게는 타인과 함께 '있는 것' 자체가 치료의 일환이 될 수 있습니다. 이것이 정신과 주간 돌봄시설의 기본적인 치료 원리입니다.

그렇지만 그 원리는 조현병 당사자에게만 해당하지는 않을 것입니다. 등교 거부든, 우울증이든, 아니면 그런 문제가 없다 해도 타인과 함께 있을 수 없는 것은 심각한 위기 상황을 뜻합니다. 뒤집어 생각하면, 학교든 직장이든 아침에 일어나 어딘가에 가서 타인과 함께 지내는 것이 사람의 마음에 얼마나 중요한 행위인지 알 수 있습니다. 얼마나 귀중한 마음의 버팀목인지.

'있기^{being}'. 바로 이 책의 주제입니다.

'있기'는 인간에게 근원적인 문제입니다. 우리는 평소에 '있기'를 지극히 당연한 일로 여기지만 때로는 그 '있기'가 불가능해집니다. '있기'가 불가능해진 사람들의 회복을 돕기 위해 저는 돌봄시설에서 함께 밥을 먹고, 운동을 하고, 게임을 하고, 산수 퍼즐을 풀고, 노래하고, 그냥 앉아 있었습니다.

불가사의한 일입니다. '있기'는 누군가가 옆에 앉아 있음으로써 가능해집니다.

대체 어떻게 그럴 수 있을까요. '있기'란 무엇일까요? 그리고 '있기'를 가능하게 하는 것은 무엇일까요? 이 책으로 이런 의문들에 답해보려 했습니다.

+++

    이 책은 코로나 팬데믹이 일어나기 전인 2019년에 출간되어 일본에서 '오사라기 지로 논단상'과 '기노쿠니야 인문대상'을 수상했습니다. 전자는 정치·경제·사회를 논한 책에 주어지는 상이고, 후자는 인문서 독자들이 주는 상이죠.

    그 사실은 이 책이 사회과학과 인문학 양쪽에서 높이 평가를 받았다는 것을 뜻합니다. 저도 무척 놀랐습니다. 임상심리사가 쓴 책이 그처럼 널리 가닿는 것은 일본에서 매우 드문 일이기 때문입니다. 그 배경에는 지나친 자본주의에 대한 불안과 반성이 있었다고 생각합니다.

    2000년대에 이뤄진 신자유주의 개혁으로 일본 사회는 '있기 힘든 나라'가 되었습니다. 이 사회에서는 언제나 경쟁이 벌어집니다. 자립한 사람을 바람직하게 여기고, 누군가 혹은 무언가에 의존하는 사람은 악으로 치부하죠. 그 결과, 사람들 사이에는 커다란 격차가 벌어졌고 일상에는 위험한 지뢰가 가득해졌습니다. 우리는 자신의 인생이라는 거친 바다를 작은 배에 홀로 타고 항해할 수밖에 없게 되었죠(이에 대해서는 『모든 걸 비추는 밤, 마음만은 보이지 않아』[1]라는 책에 썼습니다. 한국어판도 출간되었죠).

    이와 같은 사회 상황에 대한 반발로 2010년대에 의존의 가치를 재조명하려는 논의가 이루어졌습니다. 그중에서도 의존을 가능하게 하는 '돌봄'이 정치적으로도, 사상적으로도, 문학적으로도 재평가를 받았죠. 그 커다란 흐름에 이 책도 포함됩니다.

2025년 현재, 논의는 다음 단계에 접어든 것 같습니다. 세계를 뒤덮은 경쟁의 부작용이 사람들의 의식에 새겨진 끝에 각 국가들이 스스로를 불안정에서 지키려 하고 있습니다. 각자의 '있기'를 지키기 위해서 국경을 열기보다 닫고 있는 것입니다.

미국이 특히 그렇고, 일본에서도 자국 우선주의가 드세졌습니다. 그 결과 현실에서는 세계정세도 국내정세도 더욱 불안정해지고 있죠. 우리 공동체의 구성원인지 여부에 따라 '있기'가 손쉽게 박탈되고 있습니다. 그런 현상은 역설적으로 보이지만, 본질적이기도 합니다.

우리가 있을 곳인 '국가'. 불안정해진 '있기'를 견디지 못한 사람들의 거센 주장이 세계를 움직이고 있습니다. 이런 현상이 어떤 결과에 도달할지 아직은 알 수 없습니다. 하지만 돌봄론, '있기론'이 새로운 사태와 직면한 것은 분명합니다. 이 책 또한 지금의 세계에 맞춰 다른 방식으로 읽을 수 있을 것입니다.

+++

저는 한국 사회를 자세히는 모르지만, 한국도 일본처럼, 혹은 그 이상으로 '있기 힘든 나라'가 아닐까 상상하고 있습니다.

이를테면 한강 작가를 비롯해 일본에 번역 출간되는 한국 소설들을 읽으면서 그렇게 느꼈고, 몹시 격렬한 경쟁이 벌어지는 한국의 대학 입시와 취업을 다룬 르포나 사회학 서적을 읽으면서도 그렇게 느꼈습니다. 불안불안한 한국 정치 뉴스와 매일 듣고 있는 K-POP에서도 비슷한 인상을 받았죠. 문화는 바다 건너로 실존적 불안을 전해줍니다.

'그저, 있을, 뿐'인 것은 허용되지 않고, 무언가 생산성을 발휘해 뛰어난 결과를 계속 보여줘야 하는 사회. 그럴 수 있는 사람만 살아남고, 그러지 못하면 있을 자리를 빼앗기는 사회. 그런 경향은 자본주의가 만들어내는 필연적 결과지만, 한국이 걸어온 역사는 그런 경향을 더욱 뚜렷하게 보여주는 것 같습니다.

그렇지만 그런 사회에서는 결국 모두가 살아가기 힘들어질 것입니다. 누구에게나 자신의 두 다리로 설 수 없는 때가 찾아오게 마련입니다. 지금 오로지 자기의 두 다리로 서 있다고 생각하는 사람에게도 실은 그 이면에서 밑받침이 되어주는 사람들이 존재할 것입니다.

'있기'의 가치를 잃어버리고, '있기'를 밑받침하는 돌봄을 경시하는 사회란, 모든 사람이 흔들거리는 지면에서 넘어지지 않도록 조심조심 서 있어야 하는 위험한 장소입니다.

그래서 저는 언젠가 한국 독자들과 만날 수 있기를 바랍니다. 한국 사회에서 '있기'와 돌봄이 어떤 의미인지, 여러분은 어떻게 느끼고 있는지, 대화할 수 있기를 진심으로 바랍니다.

+++

마지막으로 이 책의 특징을 한 가지만 덧붙이고 싶습니다. 이 책이 돌봄의 즐거움에 대해서도 다룬다는 것입니다.

돌봄에 관한 책은 돌봄의 상처와 괴로움에 초점을 맞추는 경향이 있습니다. 저도 그런 지점에 진리가 있다고 생각합니다.

돌봄이란 바로 상처와 함께하는 것입니다. 그럼에도 불구하고 정당한 평가를 받지 못하고, 시간적·육체적·정신적으로 많은 것을 내놓아야 하는 행위죠. 페미니스트들이 '돌봄의 철학'으로 밝혀냈듯이 돌봄을 떠맡는 것에는 불평등이 존재하고, 그 불평등이 수많은 상처를 만들어왔습니다.

맞는 말이라고 생각합니다. 그것은 일종의 전제입니다. 하지만 그렇다 해도, 임상심리사로서 말하고 싶은 것이 있습니다.

돌봄에는 기쁨'도' 있다.

주간 돌봄시설에서 일한 것은 저에게 괴로운 일이었지만, 즐거운 일이기도 했습니다.

함께 야구를 했고, 끝나면 나무 그늘에서 콜라를 마셨습니다. 땀을 말려주는 상쾌한 바람을 맞으며 다 함께 멍하니 있었습니다. 그저, 있을, 뿐.

'있기'를 밑받침하는 일에는 재미도 있고 기쁨도 있습니다. 아마 타인의 마음을 알고, 그 마음에 닿고, 그 존재와 깊게 얽히면서 느끼는 기쁨일 것입니다.

그래서 이 책에는 이야기가 있고, 시가 있고, 농담이 있습니다. 즉, 웃음이 있습니다. 왜냐하면 돌봄시설에는 상처와 슬픔, 상실이 흘러넘치지만, 그와 동시에 웃음'도' 가득하기 때문입니다.

저는 웃음이 무엇보다 문화를 뛰어넘기 어려운 것이라 생각합니다. 저는 셰익스피어의 작품을 읽고 눈물은 흘려도 진심으로 웃지는 못합니다. 웃음은 같은 공기를 마시고, 같은 세계에 있기에 오갈 수 있는 것입니다. 웃음은 비눗방울처럼 짧은 순간만 존재할 수 있고, 종이비행기처럼 멀리 날아가지는 못합니다.

그렇지만 만약 '돌봄의 문화'라는 것이 있다면, 우리가 사람과 사람이 함께 있는 공통된 돌봄의 경험을 갖는다면, 이 책에 담은 웃음이 바다와 문화를 건너 한국까지 전해질 수도 있을 것입니다. 아니, 전해지면 좋겠습니다. 그러길 절실히 바랍니다.

영어 'human being'을 일본에서는 '人間인간'이라고 적습니다. 그 말대로 인간은 한 개인만으로는 성립할 수 없습니다. '사람人'과 '사람人'의 '사이間'까지 포함해서 '인간'이라고 하는 것입니다. 앞서 제가 적은 문장을 떠올려주시길 바랍니다.

'있기being'는 누군가가 옆에 앉아 있음으로써 가능해진다.

Human being. 사람과 사람의 '사이間'. 그 사이에야말로 돌봄이 있고, 잡담이 있고, 웃음이 있고, 기쁨이 있습니다. 그 진실이 한국의 독자들 '사이'에서도 공유되길 기원합니다.

2025년 4월

도하타 가이토

프롤로그

이래도
괜찮을까?

프롤로그

이대로
괜찮을까?

"안녕하세요."

"응."

"오늘도 덥네요."

"응."

"담배 맛있어요?"

"응."

"오늘 몇 개비나 피우셨어요?"

"응."

'터줏대감'은 과묵하다. 극도로 생략한 최소한의 말밖에 하지 않는다. 입을 닫고도 발음할 수 있는 "응."이 터줏대감이 하는 거의 유일한 말이다.

여기는 흡연실. 화장실 옆인 탓에 눅눅하고 햇빛이 들지 않아 어둑어둑하다. 화장실 냄새와 탈취제 냄새, 담배 냄새까지 섞여서 숨 쉬기 힘들 정도다.

터줏대감은 아침부터 밤까지 흡연실에 앉아서 '우루마'라는 싸구려 담배를 계속 피운다. 하루에 세 갑씩 피운다. 그래서 그를 흡연실의 '터줏대감'이라고 부른다.

"이래도 괜찮을까?"

어딘가에서 또 목소리가 들린다. 늘 같은 소리다.

나도 담배에 불을 붙인다. '켄트 1'이라는 담배다. 타르가 1밀리그램밖에 없어서 연기가 부드럽게 목구멍을 넘어간다. 터줏대감은 우루마를 피우고 나는 켄트 1을 피운다. 달리 할 일도 없고, 뭘 하면 좋을지도 모르겠고, 어디 갈 수도 없으니, 시간을 죽이기 위해 담배를 피운다. 폐가 묵직해진다.

"이래도 괜찮을까? 이게 정녕 직업인가?"

자욱한 담배 연기에 익은 건지 터줏대감의 얼굴이 훈제가 되어 있다. 피부는 뻣뻣하고 표정은 굳어 있다. 눈동자는 마치 막이 덮인 듯이 어둡다. 조현병調絃病의 전형적인 눈이다. 그 눈이 공기청정기를 노려본다. 아니, 아무것도 보지 않는다. 공허한 눈빛이다. 길에서 마주치면 무섭겠지.

사실 터줏대감은 무척 인정이 많은 사람이다. 그는 담배를 끝까지 피우지 않는다. 조금 남겨두고 불을 끈다. 그리고 꽁초를 옆에 앉아 있는 야스오 씨에게 건네준다. 터줏대감은 기초생활보장 급여로 담배를 살 수 있지만, 야스오 씨는 가족이 돈을 관리하는 탓에 담배를 사지 못한다. 그래서 터줏대감은 일부러 야스오 씨가 피울 부분을 남기고 담뱃불을 끈다.

"응."

터줏대감은 새로운 담배에 다시 불을 붙인다.

"이래도 괜찮을까? 이건 가치를 생산하는 일인가?"

"그래도 좋은 일이잖아." 그렇게 답하고 싶지만, 실은 정말 이래도 괜찮은지 모르겠다.

터줏대감은 계속해서 담배를 피운다. 목욕도 빨래도 하지 않고 가끔 소변을 조금 지리기도 하는 터줏대감에게서는 강렬한 냄새가 난다. 나는 그런 터줏대감을 지그시 바라본다. 우루마의 연기가 잔뜩 밴 내 셔츠에서도 불쾌한 냄새가 난다.

하는 일이 없으니 시간도 흐르지 않는다. 폐뿐 아니라 시간마저 묵직해진다. 성과 없는 시간이 우리를 잠식한다. 그래서 흐름을 바꾸기 위해 제안한다.

"담배 바꿔서 피워볼까요?"

터줏대감은 흐릿한 눈동자로 신기한 듯이 나를 본다. 조금 생각하더니 고개를 끄덕인다.

"응."

터줏대감은 우루마를 한 개비 꺼내 나에게 준다. 나는 터줏대감과 이렇게 지내면서 받는 월급으로 구입한 켄트 1을 한 개비 건넨다.

우루마에 불을 붙여 연기를 빨아들인다. 폐가를 불태울 때나 날 법한 매운 연기와 강철처럼 무거운 타르가 폐 속으로 흘러든다. 목이 막힌다. 기침이 멈추지 않는다.

"응."

터줏대감은 켄트 1을 노려보더니 불을 붙인다. 연기를 빨아들인다. 그리고 한순간 멍하니 느낀다. 너무 부드러운 탓에 실망한 것 같다. 재미없는지 대충 연기를 뱉더니 금세 불을 끈다. 그리고 야스오 씨에게 건넨다.

"감사합니다."

야스오 씨는 주머니에 꽁초를 넣었다. 주머니가 불룩하다.

나도 서둘러서 우루마의 불을 끄고 싶지만 참고 계속 피운다. 터줏대감은 또다시 우루마에 불을 붙이고 줄담배를 피운다. 우리는 그저 담배를 피우면서 시간을 보낸다. 흡연실에 정적이 찾아든다.

최소한의 말과 최소한의 생명만이 그곳에 남아 있다.

"이래도 괜찮을까? 이런 일에 무슨 의미가 있을까?"

답할 수 없는 질문을 마주하고 나는 답하기를 포기한다.
"몰라, 그저 있는 것도 힘들어."
하지만 목소리는 계속해서 묻는다.

"이래도 괜찮을까? 이런 일에 무슨 의미가 있을까?"

나는 지금부터 '그저 있기'를 위협하는 목소리와 그 '그저 있기'를 지키려 하는 목소리를 둘러싼 이야기를 해보려 한다.

1장

돌봄과 치료

이상한 나라의
임상심리사

장1

돌봄과 치료

이상한 나라의
임상심리사

나는 임상심리학의 원리주의자였다

하나, 상담이 주 업무일 것.
둘, 가족을 부양할 수 있는 급여 수준.
셋, 지역은 상관없음.

2009년 말, 27세를 코앞에 두고 구직을 시작하면서 세 가지 기본 방침을 정했다. 27세라 하면 지미 헨드릭스Jimi Hendrix가 죽었을 때 나이이다. 그가 기타의 신으로 칭송받던 나이에 나는 구직 활동을 시작했다. 좀 뒤늦게, 아니, 만반의 준비를 마친 뒤에 사회로 진출하려 한 것이다.

돌이켜 생각하면 그때가 내 인생의 황금기였다. 학부 4년, 대학원 5년이라는 긴 시간 동안 고통을 인내하며 공부와 연구에 매진한 결과 마침내 결실을 맺었기 때문이다. 그렇다. 논문을 쓰고 박사 호칭을 손에 넣은 것이다.

"논 자취는 없어도 공부한 공은 남는다."라는 말이 있다. 대학원에서 공부하며 자주 중얼거렸던 말이다. 밤늦게까지 연구실에서 홀로 논문을 쓸 때나 담배 피우러 밖에 나갈 때, 그리고 화장실에서 멍하니 소변을 볼 때 "공부한 공은 남는다."라고 혼잣말을 했다.

결국에는 더할 나위 없이 큰 공을 거둔 셈이라 흥분할 수밖에 없었다. 나는 열반에 이르면서 도원경을 발견하고, 그와 동시에 운석 충돌까지 목격한 것과 비슷한 상태였다.

그렇지만 열반에 도달한 박사도 일자리를 찾아야 했다. 계속 대학원에 있을 수는 없기 때문에 어딘가 신세계를 찾아야 했다. 겨우겨우 공을 세워도 인생은 끝나지 않는다. '삶은 계속된다 Life goes on.'라는 말처럼.

주위의 성실한 박사들은 조용히 구직 활동에 착수하고 있었다. 지도교수의 신통력에 기대든지 공채에 도전하든지 방법은 다양했지만, 모두들 대학 교수나 연구원 등 학계와 관련된 일자리를 찾았다. 당연하다. 로스쿨에 붙은 사람이 요리사 자리를 찾거나, 조리사 자격증을 취득한 사람이 프로축구 구단의 스카우트를 기다리진 않으니까. 박사가 되면 학계에서 일한다. 그것이 왕도, 아니 '박사도'다.

그렇지만 나는 달랐다. 나는 병원에서 일하겠다고 마음먹고 있었다. 나는 '임상심리학'이라는, 마음의 문제를 겪는 사람들을 도와주는 학문을 배웠다. 그런 학문을 갈고닦은 박사가 현장에서 일하지도 않고 젊을 때부터 대학교에서 가르치기만 한다니, 극도에 달한 타락이라고 나는 열을 올렸다. 진정한 임상심리학도라면 연구실이 아니라 상담실에서 일해야 마땅하다고 나는 외쳐댔다.

황금기만큼 무서운 것이 없다. 나는 박사 논문에 너무 깊이 빠진 나머지 완전히 임상심리학 원리주의자가 되어 있었다. 현실 감각을 잃어버린 나를 주위 사람들은 냉담한 눈길로 바라보았지만, 그래도 은사님이나 친구 같은 친절한 사람들이 대학에 취직하길 권해주었다.

"대학교가 나을 거야. 인생은 기니까."

그렇지만 그처럼 깊은 지혜가 담긴 충고를 나는 전혀 귀담아 듣지 않았다.

"나는 일류 상담사가 되어서 궁극의 임상심리학을 연구하겠어!"

열반에 도달하여 법열을 느끼고 있던 전성기의 박사는 사자처럼 포효했다. 그리고 구직을 시작했다.

채용의 바다에서 좌초하다

출항하는 것까지는 좋았지만 나는 곧장 좌초했다. 바다에 나가지도 못했다. 구직을 시작했지만 전혀 일자리가 없었기 때문이다. 아니, 일이 없지는 않았다. 구글에서 '임상심리사 구인' 등을 검색해보면 전국 방방곡곡에 일자리가 있었다. 일자리 자체는 있었지만 내가 정한 세 가지 방침을 만족시키지 못했다.

일단, 대부분이 비정규직 구인으로 시급 1000엔 전후인 일들이 많았다. 1500엔이면 그나마 높은 수준이었다. 드물게 정규직 모집이 있어도 거의 전부 월급이 20만 엔도 안 되었다.

'이게 뭐야! 이 돈으로는 도저히 먹고살 수 없어!'

나는 당시 결혼해서 아이까지 있었다. 먹고살려면 어느 정도는 돈이 필요했다. 그런데 눈에 띄는 구인 공고마다 두 번째 방침인 '가족을 부양할 수 있는 급여 수준'과 부딪쳤다.

내가 고등학생이었던 시절, 임상심리사가 유행해서 "앞으로는 마음의 시대이니 상담사가 되면 먹고살 걱정은 전혀 없다."

라고들 했다. 나는 불편한 현실을 외면하는 게 특기라 순진하게도 '그렇군! 내가 잘 선택했네!'라며 마음 놓고 있었다. 그러나 실상은 전혀 달랐다.

임상심리사가 유행하며 자격자가 범람한 탓인지, 애초에 심리적 지원이라는 일 자체의 한계인지, 그때 나는 몰랐지만 임상심리사는 고학력 '워킹 푸어working poor'가 되는 지름길이었다.

아아, 학부 4년에 대학원 5년까지 박사만 보고 공부에 극단적인 투자를 해서 천문학적인 학자금 융자를 받았는데, 그 결과가 시급 1400엔짜리 일자리인가. 대체 이게 뭐냐, 학부 1학년 때 했던 학원 강사 아르바이트가 훨씬 벌이가 좋다니.

드물게 가족이 어떻게든 먹고살 수 있는 일자리도 있었다. 하지만 그런 곳은 첫 번째 기본 방침 '상담이 주 업무일 것'에 걸렸다. 급여가 그럭저럭 많은 구인 공고의 업무 내용을 살펴보면, 정신과 병원에서 집단 프로그램이나 심리검사를 진행하는 등 상담이 아닌 일이 주 업무였다. 병원 외에 사회복지와 교육 기관의 구인 공고도 있었지만, 역시 상담이 주된 업무는 아니었다.

첫 번째 방침은 내게 양보할 수 없는 마지노선이었다. 나는 그 무엇보다 상담을 하고 싶었다. 심리검사도 아니고, 집단 프로그램도 아니고, 밀실에서 일대일로 이뤄지는 상담을 하고 싶었다.

더 엄밀히 말하면, 나는 치료therapy를 하고 싶었다.

돌봄과 치료

'심리상담'이라는 말은 꽤나 친숙할 것이다. 상냥한 상담사가 친절하게 이야기를 들어주며 마음을 치유하는 과정, 이런 인상이 있을지도 모르겠다. '친절하게 들어주기만 한다고 문제가 해결될 리 없잖아.' 하고 상담에 반감을 품는 사람도 있을 것이다.

내가 오랫동안 공부한 것은 그런 일반적인 인상과 다르다. 상담에도 몇 가지 갈래가 있는데, 내가 공부한 대학원은 '역동적 심리요법'이라는 학파의 본거지였다. 나는 그곳에서 '정신치료' 또는 '심리요법'이라 불리는 더욱 전문적인 심리적 지원을 훈련했다.

프로이트나 융의 이름은 교과서에도 실려 있으니 들어본 적 있을 것이다. 나는 그들로부터 시작된 '심층심리학'이라는 학문을 배웠다. 최대한 간단히 설명하면, 심층심리학은 사람의 마음속에 무의식이 있는데 그 무의식이라는 내가 아닌 나에 의해 인생이 좌우되기 때문에 때로 고통스러워진다고 주장한다.

그 말대로 마음속 깊은 곳에는 도저히 제어하기 힘든 무언가가 있다. 그런 자기 내면의 깊은 곳과 제대로 마주하기 위해 하는 것이 치료다. 그곳에 상처가 있다면, 그 상처를 만져본다. 그곳에 외면하고 싶은 욕망이 있다면, 그 욕망을 똑바로 바라본다. 상냥한 상담사가 그저 친절하게 이야기를 들어주는 것과 달리 자기 자신의 괴로운 부분에 몰두한다. 그렇게 해서 자기 자신을 깊이 이해하고 점점 변하는 것이 정신치료의 목표다.

나는 대학원에서 훈련을 받으며 정신치료의 매력에 흠뻑 빠져버렸다. 두 사람이 밀실에서 거듭거듭 대화하다 보면 겉으로 나오지 않은 이면의 무언가가 드러난다. 수수께끼 같은 증상, 꿈, 과거의 역사 등을 이야기하다 보면 도저히 이해할 수 없었던 것들의 이면을 꿰뚫는 한 줄기 이야기가 보이기 시작한다. 대학원에서 만난 선생님들은 모두 현장에서 마음속 깊은 곳을 진찰하는 듯한 정신치료를 하고 있었다. 나도 그렇게 되고 싶었다.

사실 심리사의 일 전체에서 치료가 차지하는 비중은 그리 크지 않다. 아니, 크지 않은 정도가 아니라 매우 작다. 상담사를 지망하는 젊은이들은 이 점에 가장 놀라는데, 임상심리사의 일은 대부분 치료가 아니라 돌봄 care이다.

돌봄. 그것은 일상생활과 밀접하게 연관된 지원을 가리킨다. 치료가 비일상적인 시공간을 마련해서 마음속 깊은 곳에 몰두한다면, 돌봄은 일상생활에서 벌어지는 수많은 어려움에 대처한다. 깊은 곳으로 파고드는 것이 아니라 표면을 고르게 정돈하는 일이라 할 수 있다.

나도 돌봄과 관련한 일을 한 적이 있다. 초중등학교에서 '마음 상담원'으로 일했는데, 직책에 '상담'이 들어가 있어서 아이들과 상담을 할 것 같지만 그러지 않았다. 그때 내가 한 일은 교실에서 지낼 수 없는 아이들과 함께 하루를 보내는 것이었다. 그곳에서도 다양한 마음의 교류가 일어난다. 같이 게임을 하거나 숙제를 하다 보면 아이들은 마음의 안정을 되찾았다. 회복했다. 교실로 돌아가는 아이도 있었다. 나는 그 과정을 함께했다.

그 나름대로 보람은 있었다. 하지만 내게는 결국 일상을 함께 보내는 수준의 일이었고, 마음속 깊은 곳을 진찰하는 것과는 좀 다르다고 느꼈다. 뭐라고 할까, 그냥 아이를 보는 것 같을 때도 있어서 내가 전문적인 일을 한다는 느낌이 들지 않았다. 실제로 그런 일은 시급이 1000엔에 불과했고, 종사자들도 대부분 전문적인 훈련을 막 시작한 젊은이들이었다. 아예 비전문가(예컨대 동네 아저씨나 아주머니)도 있었다. 비전문가들도 아이들에게는 충분히 도움이 되었기 때문에 전문가를 목표하던 내게는 통 성에 차지 않는 일이었다.

더 전문적인 일을 하고 싶다. 돌봄이 아니라 치료를 하고 싶다. 나는 마음 상담원 일을 하면서 그런 욕망을 품게 되었다.

돌봄보다 치료가 우월하다. 그렇게 생각했던 것이다.

실제로 대학원에서 학년이 올라갈수록 소개받는 일의 종류가 여럿이 함께하는 돌봄에서 일대일의 정신치료로 점점 변했다. 그러면 더 수준 높은 일을 맡은 것 같아서 내가 성장했다고 뿌듯해했다.

세상에는 돌봄을 하는 일자리가 많지만, 그래도 나는 치료를 하고 싶었다. 일상이 아니라 비일상을 다루며, 마음속 깊은 곳을 살필 수 있는 치료자가 되고 싶었다. 대학에서 가르치는 일보다는 임상을 경험하고 싶다. 나는 그렇게 생각했다.

한밤중의 고민

고매하다 할지 제멋대로라고 할지, 내 나름의 이상을 불태운 것까지는 좋았지만 역시 일자리는 눈에 띄지 않았다.

밤이면 밤마다 인터넷 세상을 어슬렁거렸다. 알리바바가 "열려라, 참깨!"라고 외쳤듯, 나도 구글을 향해서 "임상심리사, 구인!"이나 "상담사, 모집!"이라 외쳤다. 하지만 알리바바와 달리 내 앞에 버틴 문은 열리지 않았다.

인생의 황금기는 끝나버렸다. 피도 눈물도 없는, 아니 정규직도 정신치료도 없는 현실을 직면하자 활짝 피었던 자존심이 덧없이 시들었다. 아빠가 사회의 수렁에 빠져버린 것도 모른 채 새근새근 잠든 아이의 볼을 쓰다듬으며 나는 밤마다 눈물을 닦았다.

머지않아 마음속에 사악한 기운이 피어오르기 시작했다. '진짜 세상이 해도 해도 너무하네. 나는 이대로 백수 박사가 될 거야.'라며 절망하다가도 '그래도 명문대에서 박사를 받았는데 가족을 부양할 직업을 찾을 수 없다니, 임상심리학자는 대학에 취직하는 방법밖에 없는 거야?'라고 학계를 저주했다. 때로는 돌변해서 '9년이나 대학교를 다녔는데 취직을 도와줄 연줄 하나 없다니 나는 정말 어처구니없는 멍청이야.'라고 자책도 했다.

그렇지만 내가 임상심리학의 신에게 완전히 버림받은 것은 아니었다. 2010년 1월 초, 춥디추운 교토의 깊은 밤. 나는 여전히 "열려라! 임상심리사 구인! 상근직! 보너스!"라고 구글을 향해 외치고 있었다. 그때, 갑자기 신이 계시를 내렸다.

"정신과 병원 상근 임상심리사 모집. 조건: 월급 25만 엔(자격수당 포함). 상여 6개월마다(단, 조건에 따라 변동)." 이런 문구가 노트북 화면에 떠올랐다.

월급 25만 엔, 상여 6개월마다. 이게 뭐야, 이렇게 좋은 조건은 처음 보네. 이 병원은 뒷마당에서 석유라도 나는 건가? 나는 너무 놀라서 앉아 있지 못하고 방 안을 이리저리 배회했다.

"진정해." 갑자기 두 번째 방침 '가족을 부양할 수 있는 급여 수준'이 말을 걸었다(그는 철두철미하다). "우선 계산해보자. 이 돈이면 먹고살 수 있을까?"

"계산 따위 필요 없어." 나는 두 번째 방침에게 쏘아붙였다.

굳이 계산하지 않아도 뻔했다. 25만 엔의 월급에 6개월마다 주는 상여금. 청빈을 신조로 오로지 학문에 매진한 임상심리사에게는 매일 샴페인을 터뜨려도 마르지 않을 만큼 천문학적인 금액이다. 충분하다. 틀림없이 우리 가족이 먹고살 수 있다. 아니, 먹고사는 정도가 아니라 진짜 달마다 샴페인을 터뜨릴지도. 크게 소리 내어 말해보고 싶은 "상여 6개월마다"는 그 자체로 흥분을 일으켰다. 잘 보니 두 번째 방침도 씨익 미소 짓고 있었다.

이번에는 첫 번째 방침 '상담이 주 업무일 것'이 의견을 냈다(그는 뜨거운 순정파다). "뭐야, 결국 돈이었어? 한심하네. 그렇게 돈이 좋으면 애초에 대학원을 갈 게 아니라 대기업에 취직하지 그랬어?"

나는 말없이 마우스를 움직여 구인 공고 아래쪽을 확인했다. 업무 내용이 눈에 들어왔다.

"업무 내용: 상담 70퍼센트, 주간 돌봄 20퍼센트, 기타 잡무 있음."

"오오오…." 순정파인 첫 번째 방침도 할 말을 잃었다. "세상에…."

창밖의 어둠은 깊고 추워서 창문도 얼어붙었지만, 나는 홀로 불타올랐다. 이거다. 결국 찾아냈다. 정규직에 현장에서 정신치료도 할 수 있다니. 야심만만한 신출내기 박사에게 어울리는 직장이다. 첫 번째 방침도 두 번째 방침도 군소리할 수 없는 완벽한 조건이었다. 황금기가 대번에 돌아왔다.

구인 공고에 첨부된 링크를 클릭했다. 병원 홈페이지가 나타났다. '오시는 길'을 클릭하고 정보의 바다에서 서핑을 했다. 병원 위치가 화면에 떠올랐다.

이럴 수가, 오키나와였다.

"어?" 나는 얼어붙었다. 망설였다. "너무 멀지 않아?"

나는 도쿄에서 태어났지만 중학교 입시에 실패한 뒤 왠지 가나가와에서 학교를 다녔고 대학교는 교토로 진학했다. 자꾸만 서쪽으로 간다며 눈치 없는 친척들은 나를 가리켜 '삼장법사'라고 불렀는데, 이번에는 오키나와라니. 이렇게 계속 서쪽으로 가다가는 결국 천축국^{인도}까지 가버리는 거 아닐까.

아무리 그래도 오키나와는 너무 멀다. 지인도 전혀 없고, 비행기로 오갈 수밖에 없기에 급한 일이 생겼을 때, 가령 부모님이 위독하실 때 자리를 지키지 못할 수도 있다. 무엇보다 학계의 중심에서 멀리 떨어져버린다. 최신 정보를 접하기 어렵고 관심사가 비슷한 사람들과 토론하지도 못할 테니, 정통파 임상심리사가 될 수 있을 리 없다. 나는 외골수 기질까지 있으니, 심층심리학은커녕 전생과 수호천사를 운운하는 아웃사이더 박사가 될 게 틀림없다.

그 순간, 세 번째 방침 '지역은 상관없음'의 목소리가 들렸다(그는 냉소적이다). "뭐야, 지역은 상관없다더니 거짓말이었구나." 세 번째 방침이 안 그러는 척하며 매섭게 쏘아붙였다. "자기와 한 약속도 지키지 않는구나. 전부터 생각했는데 너는 진짜 줏대가 없네."

뚜껑이 열렸다. 기껏해야 내가 세운 방침 주제에 내 성격까지 걸고넘어지다니 참을 수 없었다. 나는 크게 소리쳤다.

"까불지 마! 한 입으로 두말할 것 같냐! 해보자고!"

"오오! 멋진데!"

세 가지 방침들이 기립 박수를 보냈다. "멋지다, 박사님! 대단해!"

우리는 서로 굳은 악수를 나누었다. 그리고 다 함께 가슴을 쓸어내렸다. "사실 백수만 되지 않으면 무슨 일이든 상관없어." "맞아, 맞아." "이제 어떡하나 싶었다니까." "진짜 다행이다."

이상한 나라의 돌봄시설로

그때부터는 속전속결이었다. 나는 일단 결정하면 실행은 빠르다. 상황은 어지러울 만큼 급변했다. 광속으로 이력서를 써서 병원에 보내고, 면접을 보자는 연락이 와서 저가 항공권을 예매하고, 오키나와로 날아가 면접을 보고, 곧장 채용되었다는 연락이 와서 기뻐하고, 또다시 저가 항공권으로 날아가 역 바로 옆의 아파트를 계약하고, 곧장 교토로 돌아가 아름다운 뒷모습을 남기고 떠나려 했지만 약간 실수하고, 학위 수여식에서 박사를 받고, 교토의 낡은 아파트를 처분하고, 오키나와로 가는 편도 항공권을 끊어 비행기에 몸을 실었다.

마치 토끼 굴에 빠진 것 같았다. 앨리스가 허둥대는 토끼를 뒤쫓다 토끼 굴에 빠져서 이상한 나라까지 갔듯, 나도 인터넷이라는 세상에 덩그러니 뚫린 토끼 굴로 추락했다. 하지만 당시에는 내가 토끼 굴에 떨어졌다는 사실을 전혀 몰랐다. 오히려 내 의지로 실력을 쌓는 여정에 올랐다고 믿고 있었다.

「게드전기」*와 비슷하다. 견습 마법사가 여행을 떠나 이런저런 경험을 쌓고, 결국에는 대마법사가 되어 고향으로 돌아온다. 나도 정신의료 현장에서 스스로를 단련하고, 마침내 명성을 날리는 치료자가 되어 금의환향할 것이다. 당시 나는 그런 영웅적 판타지에 홀려 있었다.

---

*　어슐러 르 귄의 소설을 원작으로 스튜디오 지브리에서 제작한 극장용 장편 애니메이션.

그때 나는 완전히, 철저하게, 치명적으로, 어리석었다.

나는 아무것도 몰랐다. 많은 것을 완전히 착각했고, 온갖 것을 놓치고 있었다.

어째서 치료를 하는 일자리는 이토록 없을까? 어째서 돌봄을 하는 일자리는 이렇게 많을까? 어째서 신출내기 박사들은 기를 쓰고 대학교에 취직하려 할까? 어째서 이 병원은 6개월마다 상여금을 줄까?

어째서 나는 그토록 치료를 하고 싶어할까? 어째서 나는 돌봄보다 치료가 우월하다고 생각할까? 어째서 돌봄을 깔보는 걸까?

그리고 애초에 치료란 무엇이고, 돌봄이란 무엇일까?

그처럼 가장 기본적이고 중요한 의문들에 대해 나는 아는 것이 전혀 없었고 깊이 생각해보려 하지도 않았다. 일반적으로 사람들 사이에 전해지는 이야기들을 무조건 받아들이기만 했다.

그때 나는 멈춰 서서 생각해야 했다. 자세히 조사해야 했다. 나는 박사가 되었다는 성취감에 취하고 백수가 될지 모른다는 공포감에 떨다가 생각과 조사를 게을리했다. 심각하게 고민해야 하는 일들이 산더미처럼 있었는데도 불구하고 전부 무시했다. 그 결과 나는 처음 목표했던 곳과 완전히 동떨어진 곳에 도착했다. 토끼 굴에 떨어진 것이다.

경고 표지판은 분명히 있었다. "이쪽에 토끼 굴이 있습니다."라고 분명히 쓰여 있었다.

구인 정보에 쓰여 있지 않았는가. "주간 돌봄 20퍼센트"라고.

아무리 나라도 그 문구를 읽기는 했다. 하지만 어차피 20퍼센트밖에 안 되니 어떻게든 될 거라고 대수롭지 않게 여겼다.

일을 시작해보니 확실히 상담 업무가 70퍼센트였지만, 주간 돌봄은 20퍼센트가 아니라 100퍼센트였다. 상담과 돌봄을 합치면 170퍼센트라 말도 안 되긴 하지만, 주간 돌봄시설이란 그런 곳이었다. 그곳은 이상한 나라여서 나는 100퍼센트, 즉 온몸이 돌봄에 삼켜지고 말았다.

당시 나는 주간 돌봄시설에 대해 아는 것이 하나도 없었다. 아마 지금 이 책을 읽고 있는 독자와 비슷한 정도, 아니 그보다 무지했을지도 모른다.

정신장애 당사자가 낮 시간을 보내는 장소라는 정도만 알았지, 그 이상은 몰랐다. 그곳에서 무엇을 하는지, 무슨 일이 벌어지는지, 그리고 돌봄이란 무엇인지, 전혀 몰랐고 알려고 하지도 않았다. 당연히 내가 돌봄시설에서 깊은 상처를 입고 모든 것을 잃으리라는 것도 몰랐다.

순진하고 어리석은 신출내기 박사는 아무것도 모른 채 인터넷에 뚫린 토끼 굴로 추락했다. 그 구멍은 이상한 나라의 돌봄시설로 곧장 이어졌다.

+++

토끼 굴에서 빠져나오니 나하那覇 공항이었다. 머리부터 추락한 나는 무사히 오키나와의 활주로에 착륙했다.

이제 3월인데도 나하 공항 국내선 터미널은 냉방을 하고 있었고, 모노레일에 올라타서 보니 모두들 땀을 닦고 있었다. 그래도 오키나와 사람들이 1년 중 가장 지내기 좋다고 하는 계절이었다. 짧은 겨울이 끝나고 대지에 생기가 돌아오는 계절.

이사를 끝낸 나는 동네 탐험에 나섰다. 공원 근처의 골목길 곳곳에는 부적 역할을 하는 비석들이 있었고, 기묘하게 생긴 시사シーサー* 조각이 바닷물의 소금기로 낡아버린 아파트 입구를 장식하고 있었다. '가메코바카亀甲墓'라고 부르는 거대한 무덤들이 언덕길 중간에 잔뜩 모여 있었다. 여성의 자궁을 본뜬 무덤이라는 사실을 알고, 이국적인 문화에 감탄하며 흥분했다.

하이라이트는 '우타키御嶽'다. '우타키'란 오키나와 민속신앙의 성지를 가리킨다. 수풀 속에 커다란 나무가 있는 광장 같은 곳이 있고, 작은 향로가 놓여 있다. 그곳에서 사람들은 신에게 기도한다. 그런 장소가 무수히 많았다. 모노레일 근처의 대형 서점 뒤에 숲이 있는데, 그곳을 탐험하다 '우타키'를 발견했다. 굉장해! 자본주의 바로 옆에 전근대적 주술 세계가 있다니. 오키나와가 이렇게 재미있는 곳이었구나! 나는 신나서 다른 '우타키'를 찾아다녔다.

어리석은 박사는 흥분해 있었다. 자신이 이상한 나라에 흘러 들어왔다는 사실을 깨닫지 못한 채 첫 출근을 앞두고 짧은 휴가를 만끽했다.

---

*   오키나와를 상징하는 상상 속 동물. 오키나와에는 재액을 막기 위해 주택과 상가 등에 시사 암수 한 쌍을 장식하는 전통이 있다.

2장

'있다' 와
'하다'

대충
앉아 있어

2층

'있다, 오'
'허디,'

중배
당신 집이
대충

이름을 빼앗기다

"왔구나, 교토대 박사!"

첫 출근 날, 얼굴 가득 미소를 지으며 날 맞아준 사람은 큐피 마요네즈의 마스코트와 똑같이 생긴 아저씨였다. 키가 작고 통통한 체형에 무서울 만큼 크고 동그란 눈에는 안경을 썼다. 가장 큰 특징은 매끈하게 벗어진 머리. 정수리에서 반짝 빛이 났다.

"반가워요. 간호사인 다카에스입니다." 큐피 아저씨는 내게 공손히 명함을 건넸다. 그리고 빙긋 웃었다. "잘 부탁해!"

명함에는 "업무총괄부장"이라는 직책이 적혀 있었다. 이보다 위엄 있는 단어가 있을까. 골드만삭스 같은 금융사였다면 아시아 전체를 주무르면서 손가락 하나로 태국이나 필리핀을 위기에 빠뜨릴 수 있는 자리 아닌가. 그런 고위 간부가 예쁜 꽃무늬 앞치마 차림으로 싱글싱글 웃고 있었다.

"자네, 교토대 박사 맞지?" 내 학력은 부장의 정수리와 엇비슷할 만큼 후광을 발했다. "손주가 요즘 학원에 다니고 있는데 나중에 공부 좀 봐줄 수 있을까? 내가 학원비를 내주고 있거든. 그 녀석 때문에 눈물이 난다니까."

신입 연수가 시작되나 했더니 다카에스 부장은 진한 오키나와 사투리로 집안 문제에 대해 불평하기 시작했다. 하지만 부엌에서 완고해 보이는 아주머니가 "다카에스 씨, 차가 떨어진 것 같아요!"라고 불러서 불평이 중단되었다. 다카에스 부장은 "뭐? 벌써 떨어졌다고?"라면서 서둘러 차를 내리러 갔다. 업무총괄

부장은 방대한 일을 관장하고 있었다.

그런데 방금 전 아주머니는 누구일까? 주간 돌봄시설에서는 환자들을 '멤버'라고 부른다는데 누가 직원이고 누가 멤버인지 전혀 알 수 없었다.

재스민차를 빠르게 우려낸 부장이 돌아왔다. "미안해. 신입 연수를 해야지. 그런데 교토대 박사는 이름이 뭐더라?"

"도하타 가이토東畑 開人입니다."

"도하타東畑 開人라… 도하타… 도東… 그래! 자네는 오늘부터 '돈'이야."

"돈…인가요?"

"맞아, 돈 선생! 좋지?" 부장은 만족스러운 모양이었다.

"마작 해봤어? '돈東'이라는 패가 있거든. 나도 젊었을 때는 밤마다 병동에서 마작을 했는데…."

갑자기 다카에스 부장의 옛날이야기가 시작되었다. 업무총괄부장님은 대단한 수다쟁이였다. 아까 전의 아주머니가 다시 나타났다.

"다카에스 씨, 장 보러 갈 시간이에요. 점심 준비해야죠."

"알아요. 잠깐 기다려봐. 지금 돈 선생한테 일 가르쳐주는 중이니까!" 부장이 큰 소리로 답했다. "나이 들면 다 저렇게 성격이 급해지나? 돈 선생, 심리학에 그런 말은 없어?"

"음, 그러게요." 상사의 갑작스러운 질문에 답하려 필사적으로 고민하는데, 또다시 아주머니가 외쳤다.

"다, 카, 에, 스, 씨! 장, 보, 러, 가, 요!"

"알았다니까. 지금 가요!" 다카에스 부장은 자동차 열쇠를

쥐고 자리에서 일어났다. "돈 선생, 대충 저쪽 빈자리에 앉아 있어."

그 말을 남기곤 다카에스 부장은 허둥지둥 사라졌다. 업무총괄부장의 가장 중요한 업무는 슈퍼마켓에 장을 보러 가는 것이었다.

그렇게 나는 오래된 이름을 빼앗기고 새로운 이름을 얻었다. 마치 「센과 치히로의 행방불명」의 주인공 같았다.*

첫 업무는 앉아 있기

'돈 선생'이 된 월급쟁이 심리사의 첫 번째 업무는 '대충 앉아 있기'였다. '이렇게 업무를 지시해도 되는 거야?' 생각해봐도 어쩔 수 없었다.

일단 눈앞에 있는 접이식 의자에 앉아보았다. 착석감이 매우 불편했다. 낡은 의자라 쿠션이 완전히 꺼진 탓인지 엉덩이부터 불편했다.

주위를 둘러보았다. 내 오른쪽에 앉은 여성은 지겹지도 않은지 신문의 같은 면만 뚫어져라 보았고, 왼쪽의 남성은 손수건을 곱게 접었다가 다시 펴는 작업을 반복했다. 확신할 수는 없지만, 아마 '멤버'인 듯했다. 이상했다. 대체 뭘 하는 걸까.

---

* 「센과 치히로의 행방불명」의 주인공 치히로(千尋)는 이상한 세계의 온천에서 일하게 되면서 본래 이름을 빼앗기고 '센(千)'으로 개명을 당한다.

그렇지만 정말로 이상한 것은 영문 모를 일을 하는 사람들이 아니라 아무 일도 하지 않는 사람들이었다. 거실에 있는 많은 사람들이 그냥 앉아 있기만 했다. 이야기를 하지도, 뭔가 읽지도 않았다. 가끔씩 차를 마셨지만 기본적으로 그들은 아무것도 하지 않고 앉아만 있었다. 이런 풍경은 처음이었다. 나는 그때까지 너나없이 부산스럽게 무언가를 하는 세계의 주민이었다.

어떻게 하면 좋을지 혼란스러웠다. 잔잔한 바다처럼 거실에서는 아무것도 움직이지 않았기 때문에 나는 어떻게 움직이면 좋을지 알 수 없었다. 말로 표현할 수 없을 만큼 마음이 불편했다. 처음 만난 사람들과 술집에 가서 맥주를 주문하고 기다리는 동안의 어색한 시간이 영원히 계속되는 것 같았다.

괴롭다.

뭘 하면 좋을지 물어보고 싶어도 연수 담당인 다카에스 부장은 아직 슈퍼마켓에서 돌아오지 않았다. 대충 앉아 있으라고 지시했으니 앉아 있을 수밖에 없다. 그렇게 생각하고 앉은 자세를 고쳐보았지만 역시 1분도 버티기 어려웠다. 시간이 전혀 흐르지 않았다. 아무것도 하지 않고 앉아 있기란 정말 괴로웠다.

그때 문득 떠올랐다. 맞아, 나는 임상심리사니까 이야기를 듣는 프로잖아. 실전이다. 여기는 돌봄시설이니 멤버들과 대화해보자. 전문성을 발휘하는 거야. 이렇게 마음먹고 신문의 같은 면만 들여다보는 아주머니에게 말을 걸었다.

"저… 뭘 보고 계세요?"
"신문인데."

그거야 그렇지. 나도 보면 안다.
"…재미있는 기사가 있나요?"
"딱히. 그냥 스포츠 신문인데."
"…그렇군요."
아주머니는 내게 눈길도 주지 않고 계속 신문을 읽었다. 말붙일 여지가 전혀 없었다. 내 전문성은 허무하게 박살 났다. 별수 없어서 다시 자세를 고쳐 앉았다.

다시 한 번 주위를 둘러보았다. 원무과에 소속된 젊은 여성들이 부엌에서 바쁘게 일하고 있었다. 간호사들은 다른 방에서 열심히 진료 기록을 적고 있었다. 나만 그냥 계속 앉아 있었다. 다들 뭔가 '하는' 일이 있는데, 나만 가만히 '있을' 뿐이었다.

갑자기 좋지 않은 망상이 떠오른다. 주위의 원무과 여성들이 나와 눈이 마주치면 '어머, 새로운 종의 베짱이인가? 아무 일도 안 하는데 나보다 월급이 많다니, 너무 멋진 식충이잖아.'라고 생각하는 것 같았다. 꼰 다리를 짜증스럽게 흔들며 진료 기록을 적는 고참으로 보이는 여성 간호사의 머릿속도 훤히 보이는 듯했다. '대학을 9년이나 다녔는데 아무런 쓸모도 없다니. 뭐야, 저 쓰레기는. 쓰레기, 쓰레기, 쓰레기!'

안 되겠어! 이대로 앉아 있으면 머리가 이상해지겠어. 그렇게 생각한 나는 도피처를 찾았다. 거실 안쪽에 있는 어둑어둑한 흡연실이 눈에 띄었다.

'저기다!' 나는 서둘러 흡연실로 도망쳤다. '저기라면 누구도 안 볼 거야.'

화장실 옆에 있는 탓인지 흡연실은 어둡고, 눅눅하고, 소변 냄새와 담배 냄새가 뒤섞인 진한 냄새로 가득했다. 변두리 중의 변두리라는 느낌이 물씬 풍겼다. 흡연실 안에는 접이식 의자가 몇 개 있었는데 그중 가장 안쪽 의자에 터줏대감이 정좌를 하고 있었다.

힘없이 늘어지고 주름진 티셔츠, 짧은 바지 아래로 보이는 때투성이 다리, 땀과 소변이 뒤섞인 듯한 복잡기괴한 체취. 그 기묘한 존재감에 나는 겁먹었다. 게다가 그는 교도소의 방장처럼 신입인 나를 노려보았다. 그 눈동자는 이 세상의 모든 절망을 보고 온 사람처럼 어두웠다.

안 돼. 무서워. 빨리 후퇴하는 게 나을지도 몰랐지만, 나는 더 이상 갈 곳이 없었기 때문에 그곳에 자리를 잡아야만 했다. 터줏대감과 소통을 시도했다.

"안녕하세요. 오늘부터 여기에서 일하는 도하타라고 합니다."

터줏대감은 지옥의 불구덩이를 보듯이 나를 노려보았다. 그리고 고개를 끄덕였다.

"음."

침묵. 대화가 끝났다.

안 돼. 어색해. 또 한 번 소통을 시도했다. 나는 임상심리사다. 대화의 프로다.

"저… 뭘 피우고 계신가요?"

"음." 터줏대감은 꼼짝도 하지 않았다.

"맛있나요?" 내가 생각해도 얼빠진 질문이었지만, 다른 방법이 떠오르지 않아 어쩔 수 없었다.

"음." 터줏대감은 귀찮다는 듯이 내게서 눈길을 돌리고 줄담배를 이어갔다.

내 전문성은 또다시 박살 났다. 별다른 수가 없어서 나도 담배에 불을 붙였다. 천천히 연기를 빨아들이고 최대한 천천히 연기를 내뱉었다. 그리고 소리 내보았다.

"음."

오오오, 왠지 멋쟁이가 된 것 같은데. 나는 그냥 앉아만 있는 베짱이가 아니라 멋스럽게 담배를 피우는 차분한 신사다. 그렇게 생각하니 한결 기분이 편해져서 더욱 천천히 담배를 피웠다. 아메리카 선주민 추장이 우주의 조화를 기도하듯이 나도 최선을 다해 흡연에 몰두했다.

"후우우우."

"음."

왠지 터줏대감도 소리를 냈기 때문에 나는 우주가 조화를 이루었다고 확신했다. 굉장해! 담배에 이런 효과가 있다니. 어색할 때 담배를 피우면 그럭저럭 버틸 수 있어.

그렇지만 당연하게도 담뱃불은 금세 꺼진다. 터줏대감은 쉬지 않고 다음 담배에 불을 붙였다. 나도 따라 하려고 했지만, 밖에서 나를 보는 원무과 직원과 눈이 마주쳤다. '와, 저 베짱이. 식충이 근성이 나오네. 첫날부터 땡땡이라니.' 잔인한 목소리가 머릿속에 울렸다. 게다가 그 직원은 성큼성큼 흡연실로 다가왔다.

안 돼, 징계를 받을 거야! 허둥지둥 담배를 도로 넣었다. 흡연실 문이 드르륵 열렸다. '이 쓰레기!'라고 혼날 줄 알았는데 상냥한 목소리가 들렸다. "조회 시간이에요."

시계를 보니 근무를 시작하고 한 시간도 지나지 않았다. 나는 기가 막혔다.

'이럴 수가! 그냥 앉아 있는 게 이렇게 어렵다니!'

대학원을 5년이나 다녔지만 누구도 돌봄시설에서 '가만히 앉아 있는 방법'을 알려주지는 않았다.

돌봄시설의 하루

첫날부터 정신이 없었기 때문에 제정신을 찾을 수 있도록 현실적인 것들을 조금 설명하겠다.

내가 일했던 곳은 정신과 주간 돌봄시설이라 불리는 곳이다. 주간 돌봄day care이란 무엇일까? 정부는 다음처럼 정의한다.

> 정신질환이 있는 사람들의 사회생활 기능 회복을 목표하여 각 환자별 프로그램에 따라 그룹별로 치료하는 것.

내가 일했던 주간 돌봄시설에는 만성 조현병 환자들이 가장 많았지만, 그 외에도 조울증, 발달장애, 성격장애 등 다양한 정신장애 당사자들이 있었다. 그런 당사자들이 재활을 위해 다같이 모여서 하루를 보내는 곳이 내가 일했던 주간 돌봄시설이다.*

내가 일한 곳은 나하시 교외에 있는 정신과 병원의 부속 시설로, 외래는 평범한 정신과 병원이고, 그 바로 옆이 돌봄시설이다. 돌봄시설 중심은 널따란 공간인데, 부엌이 있고 그 주위로 소파와 접이식 의자, 책상이 놓여 있었다. 안쪽에는 흡연실과 일본식 방, 2층에는 작은 방, 반지하에는 탁구장과 상담실이 있었다.

사실 내가 일했던 시설에서는 '주야간 돌봄'이 이뤄졌다. 엄밀히 말해서 주간 돌봄시설에는 당사자들이 하루에 여섯 시간만 있을 수 있다. 그에 비해 주야간 돌봄시설에는 열 시간까지 있을 수 있다. 아침 8시 반부터 저녁 6시 반까지, 아침부터 밤까지 하루 종일(그래서 주야간이다) 정신장애 당사자들이 시설에서 지낸다.

시설에 오는 멤버의 수는 날마다 다르다. 노래방 대회 같은 큰 행사가 있으면 서른 명 넘게 모이지만, 열 명 정도 오는 날도 있다. 기본적으로 시설에 갈지 말지는 당사자들이 자유의사로 결정한다.

돌봄시설에서 일하는 직원들은 간호사와 원무과 직원이 있다. 다카에스 부장을 비롯한 세 명의 남성 간호사들을 중심으로 시설이 운영되며, 외래를 담당하는 여성 간호사들과 사무 담당으로 채용된 젊은 여성들이 남성 간호사들을 도왔다. 어떤 사람들인지는 차차 설명하겠다.

* 한국에는 법률상 "정신질환자 등의 사회 적응 및 각종 훈련과 생활 지도를 하는 시설"로 정의되는 '정신재활시설'이 있다.
그리고 그중에서도 '주간재활시설'이 이 책의 저자가 일한 곳과 유사하다.

그래서 임상심리사인 나는 어떻게 일을 했는가. 정식 근무표를 따르면 내가 돌봄시설에서 일하는 건 화요일과 수요일 오후뿐이었다. 그 외에는 외래에서 상담을 해야 했다. 그러니 구인공고에 있었던 상담 70퍼센트, 주간 돌봄 20퍼센트라는 업무 내용은 거짓이 아니었다. 하지만 실제로는 상담이 없을 때마다 내내 돌봄시설에서 멤버들과 함께 지냈다. 상담도 없는데 혼자 밀실에서 멍하니 있을 수는 없었으니까.

사실 돌봄시설과 외래는 벽 하나로 가로막혀 있을 뿐이었다. 결국 나는 매일 아침 돌봄시설로 출근해서 아침부터 저녁까지 열 시간 동안 멤버들과 함께 지내다 중간중간 상담을 하는 식으로 일하게 되었다. 그러니 실제로는 돌봄이 100퍼센트. 상담과 합치면 업무는 매일 170퍼센트.

열 시간은 매우 긴 시간이다. 고등학생이 운동부 아침 연습을 하고 여섯 시간 수업을 받은 뒤에 다시 운동부에서 흠뻑 땀을 흘려도 열 시간을 채우기란 쉽지 않다. 열 시간이란 청춘을 여유롭게 만끽해도 남는 긴 시간이다.

돌봄시설의 일정은 무척 느슨하다. 아침 8시 반부터 9시 반까지는 지옥의 자유 시간으로, 모두 대충 앉아서 시간을 보낸다.

9시 반부터 조회가 시작된다. 오디오에서 나오는 음악에 맞춰 체조를 하고, 멤버들이 사회를 맡아서 그날 예정된 활동과 공지사항을 알린다. 그리고 채소를 썰거나 쌀을 씻는 등 주방 보조 역할을 멤버들에게 배분한다.

조회가 끝나면 '오전 활동'이 시작된다. 산수 놀이를 하거나다 함께 노래를 부르거나 그림을 그린다. 기본적으로 간단한 활동들이라 대체로 10시가 넘으면 끝난다.

그때부터 점심시간까지 다시 지옥의 자유 시간. 카드놀이 같은 것도 하지만, 대부분 대충 앉아서 시간을 보낸다.

12시가 넘어서 점심을 먹으면 그 뒤는 점심 휴식. 즉, 또다시 지옥의 자유 시간. 그리고 대략 오후 2시 반에 '오후 활동'을 시작한다.

오후 활동은 오전에 비해 꽤 본격적인데, 체육관에서 배구를 하거나 야구장에서 소프트볼을 하거나 자동차로 여기저기 나들이를 간다. 오후 활동이 끝나면 다시 지옥의 자유 시간. 그리고 오후 6시 전에 간단히 저녁을 먹고 6시 반에는 집으로 돌아간다.

지금 설명했듯이 돌봄시설에서 보내는 열 시간 중 많은 비중을 차지하는 건 '자유 시간'이다. 그것은 무언가를 '하는' 시간이 아니라 그저 '있는' 시간이다.

앉아서 '있기'. 어쨌든 거기에 '있기'. 그저, 있을, 뿐. 아무 일도 벌어지지 않고, 움직임도 없는 조용한 시간이다.

어쨌든, 돌봄시설이란 '있기' 위한 장소인 것이다.

내가 일했던 시설이 '있기'에 그토록 시간을 들인 까닭은 그곳이 '거처형 돌봄시설'이었기 때문인지도 모른다. 흔히 주간 돌봄시설은 '통과형'과 '거처형', 두 가지로 나눌 수 있다고 한다. 물론 깔끔하게 나눌 수는 없지만, 그래도 방향성 같은 것은 구분할 수 있다.

통과형 시설은 그 이름대로 멤버들이 시설에서 나가는 것을 전제한다. 최근 유행하는 '리워크 프로그램re-work program, 복직 지원' 등이 대표적인 사례인데, 어떠한 이유로 사회생활을 하지 못하게 된 사람이 돌봄시설에서 다양한 프로그램에 참여하여 회복하고 사회로 복귀하는 것을 목표한다. 이런 경우 돌봄시설은 사회로 돌아가기 위해 '통과하는 곳'이다. 치료나 재활 같은 것이라고 생각해도 무방하겠다. 나라에서 정한 돌봄시설의 본래 기능에 충실한 곳이라고도 할 수 있다.

그에 비해 거처형 시설은 반드시 '통과'를 전제하지는 않는다. 실제로 많은 멤버들이 시설을 통과해 사회로 복귀하지 않고 계속 시설에 머무른다. 그래서 거처형 돌봄시설을 두고 '(죽을 때까지 머무르는) 호스피스형 돌봄시설'이라고 빈정거리는 사람들도 있다. '그래도 괜찮나?'라고 의문을 품는 사람도 있겠지만, 조현병 환자나 오랫동안 집 안에 은둔한 사람이나 고령자 등 사회 복귀가 쉽지 않은 사람들이 실제로 '거처형 돌봄시설'에 몰려들기 때문에 어쩔 도리가 없기도 하다.

그들은 사회에 '있기'가 어려운 사람들이다. 그러니 그때 내일이란 '있기'를 어려워하는 사람들과 함께 '있는 것'이었다고 할 수 있다.

'있기'를 목표하는 '있기'. 거처형 돌봄시설에서는 이런 동어 반복 같은 일이 벌어진다. 이상한 나라 같다. '있기 위해서 있기 위해서 있기 위해서 있다'라는 돌림노래를 부르는 것 같지 않은가.

이런 점에 돌봄시설의 비밀이 숨어 있다고 생각하지만, 당시 나는 잘 몰랐다. '있기'란 무엇일까? 거처, 즉 내가 있을 곳이란 무엇일까? 그리고 애초에 그저 있기만 해도 괜찮을까? 이런 질문을 깊이 생각하지 않고 무작정 일하기 시작했다. 그래서 나는 지독한 잘못을 저지르고 말았다.

상담사 흉내

아무것도 하지 않고 '그저, 있을, 뿐'이라 아무래도 식충이 베짱이가 되어버린 기분에서 벗어날 수 없었다. 그게 힘들어서 처음 몇 달 동안 나는 무언가를 하는 척했다. 책장을 보고 "음."이라며 고개를 끄덕이거나 취업규칙을 열독하며 형광펜으로 밑줄을 그었다. 트럼프 카드가 빠짐없이 있는지 일일이 확인했고, 결국에는 나무 책상 상판의 나이테가 몇 줄인지 헤아리기에 이르렀다.

그렇게 뭔가 작업하고 있다는 분위기를 자아내면, 나 자신이 한순간 근사한 의료인이 된 것 같았다.

무엇이든 '할 것'이 있으면, '있기'가 가능해진다.

그래서 상담을 하면 마음이 놓였다. 실제로 무언가를 했기 때문이다. '나는 제대로 일하고 있어.' 이런 생각이 들었다.

일을 시작한 직후인 4, 5월에는 상담 횟수가 적어서 '할 것'이 전혀 없었다. 그 때문에 상담 내용을 기록하는 척하면서 상담실에 숨어 멍하니 있기도 했다. 그야말로 밥만 축내는 베짱이가 되어버렸기 때문에 극심한 우울감에 시달렸다.

그래서 결국에는 앉아 있을 수밖에 없었다.

주간 돌봄이란 앉기에서 시작해 앉기로 끝나는 일이다.

일을 시작하고 한 달 뒤, 4월 말에 준코 씨라는 30대 당사자가 시설에 왔다. 짜랑거리는 원석 액세서리를 부적으로 몸에 잔뜩 걸친 준코 씨는 조현병 진단을 받은 사람으로 당시 정신과 병원에서 퇴원한 직후였다. 그는 '사회 복귀'를 이루기 위해 돌봄시설에 찾아왔다.

준코 씨는 의욕이 대단했다. 다카에스 부장은 여느 때처럼 하나 마나 한 오리엔테이션을 한 뒤에 "대충 앉아 있어요."라고 했지만, 준코 씨는 겨우 2초 앉아 있었다. 그는 곧장 일어나서 적극적으로 '할 것'을 찾아다니기 시작했다.

"안녕하세요." 준코 씨는 직원과 멤버를 가리지 않고 인사하며 자기소개를 했다. "고등학교는 어디 다녔어? 나는 학교에 거의 안 나가다 그만뒀거든."

'할 것'을 찾아내면 준코 씨는 무엇이든 했다. 제비뽑기로 정하는 주방 보조에 스스로 나섰고, 모두 적당히 장단만 맞추는 오전의 산수 놀이에도 정열을 불태우며 매달렸다. "뺄셈이 어렵네. 고등학교에 안 다녔으니까 할 수 없지. 지금부터 공부하는 수밖에 없겠어."

준코 씨는 '재활'에 성공해서 하루라도 빨리 '사회 복귀'를 하려고 열심이었다. 일주일 만에 돌봄시설에서 하는 온갖 활동의 중심에 서게 되었고 매일매일 비쁘게 지냈다. 내가 베짱이라면 준코 씨는 일개미였다.

지나치게 열심히 하는 준코 씨를 염려한 간호사들이 "좀 앉아요. 느긋하게 해도 괜찮아요."라고 말을 걸어도 준코 씨는 "괜찮아. 고등학교를 졸업하면 요리학교에 다닐까 생각하기도 했어."라며 요리하는 손을 멈추지 않았다.

준코 씨는 나에게도 말을 걸어왔다.

"있잖아, 도하타 선생님은 상담사지? 대단하네. 고등학교는 어디 다녔어? 나는 고등학교 거의 안 다니고 그만뒀거든. 아무튼 하고 싶은 이야기가 있는데, 지금 시간 괜찮아?"

시간은 남아돌았지만 '그럼요! 마침 한가해요!'라고 하면 베짱이임을 자백하는 꼴이었기 때문에 "아, 그렇군요… 그렇구나… 그렇다면… 아, 오늘 오후에는 시간이 있어요."라고 머릿속으로 꽉 찬 일정을 떠올리는 척하며(실제로는 텅텅 비었지만) 괜히 젠체했다.

"고마워. 그럼 오후에 봐." 준코 씨는 그렇게 말하고는 다시 직원을 도우러 갔고, 나는 다시 책상 상판의 나이테를 세기 시작했다.

그날 오후, 나는 흥분했다. 준코 씨가 임상심리사인 나와 상담하고 싶어했기 때문이다. 드디어 이곳에서 전문성을 발휘할 때가 왔어. 아무도 나를 베짱이라고 부르지 못하게 만들겠어. 나는 혼자서 의욕을 불태우며 씩씩거렸다.

나와 준코 씨는 돌봄시설의 반지하에 있는 상담실에서 이야기를 나누기로 했다. 단둘이 대화하며 비밀을 지킬 수 있는 곳이었다.

"30분은 준코 씨의 시간입니다." 나는 처음에 말했다. 시간과 공간을 한정하는 것은 상담의 기본 중 기본이다. 그러면 마음속 깊은 곳에 숨은 감정을 끄집어낼 수 있다. 나는 정신치료를 위한 무대를 마련했다.

준코 씨는 "나 실은 고등학교를 거의 안 나갔는데…."라며 이야기를 시작했다.

"네." 나는 경청했다.

"선생님은 어느 고등학교 다녔어?"

"어디일 것 같으세요?" 상담사의 필살기, 개인정보를 물으면 질문으로 돌려보낸다.

"심리학을 공부할 수 있는 고등학교가 이 동네에 있을 텐데."

"아, 그렇군요." 나는 계속 경청했다.

준코 씨의 학력 이야기를 전문가답게 경청하는데, 갑자기 이야기가 지옥으로 떨어지기 시작했다. 급경사를 곧바로 미끄러져 내려가더니 곧장 낭떠러지 아래로 추락했다.

학대 가정에서 나고 자란 준코 씨는 고등학생 때 임신했다고 말했다. 울음을 터뜨리며 무너졌다. 아이는 무사히 태어났지만 동갑인 남편이 폭력을 휘둘러서 금방 이혼했다. 그 후로 아이와 만나지 못했다고 울면서 이야기했다. 남편의 가족이 극악무도한 것, 자신이 병 탓에 아이에게 몹쓸 짓을 저지른 것, 아이를 보고 싶지만 분명 자신을 미워하리라는 것, 그런 것들을 단숨에 이야기했다.

평소에는 그저 천진난만해 보였던 준코 씨가 전혀 다른 모습을 드러냈다. 30분이라는 짧은 시간 동안 준코 씨는 비참한 인생사를 이야기했고 나는 잠자코 들었다. 아니, 너무나 고통스러운 이야기에 머리가 어질어질해서 입 다물고 있을 수밖에 없었다.

30분이 지나 시간이 다 됐다고 하자 준코 씨는 "아, 속 시원해. 고마워."라며 갑자기 웃음을 지었다. 마치 사람이 바뀐 듯 천연덕스럽게 웃었다. 그리고 "또 이야기하고 싶을 때는 어떡하면 돼?"라고 물어서 일주일 뒤에 상담하기로 했다. 나는 이번에도 상담의 교본대로 일주일에 한 차례 이야기하는 형식을 따랐다.

"이런 것도 재활이지." 준코 씨는 걱정 없다는 듯이 말했다.

그 뒤로 몇 주 동안 나와 준코 씨는 몇 차례 대화했다. 밀실에서 단둘이 비참하고 고통스러운 이야기를 나눴다. 계속 이야기했다.

결론부터 말하면, 준코 씨는 시설에 오지 않게 되었다.

지나치게 활동하려 하던 준코 씨는 점점 지쳐갔다. 멤버들과 나누는 학력 이야기도, 주방 보조도 하지 않게 되었다. 움직일 수 없게 된 것이다. 움직일 수 없게 되자, 준코 씨는 시설에 있는 것을 괴로워했다. 그냥 앉아 있을 수 없었기 때문이다.

준코 씨는 일과 중에 돌연 밖에 나가서 그길로 집에 돌아갔다. 그러다 어느새 시설을 자주 쉬었고, 결국에는 아예 나오지 않았다.

"이런 경우도 있지." 다카에스 부장이 말했다. "초조했을 거야. 다시 돌아올 테니까 그때는 느긋하게 가자고."

돌봄시설에서는 자주 있는 일이라고 했다. 시설에 찾아온 것까지는 좋았지만 '있기'를 하지 못해서, 괴로워져서 결국 떠난다. 이러니저러니 해도 열 시간 동안 그저 '있기'란 결코 쉽지 않다. 새로운 멤버가 준코 씨처럼 떠나는 건 흔한 일이었다.

그렇지만 나는 맹렬히 반성했다. 내 탓이라고 생각했다. 내가 준코 씨와 했던 것은 상담 흉내, 치료 흉내였다. 단둘이 있는 공간에서 시간을 정해놓고 이야기를 듣는다. 그러면 마음속 깊은 곳을 살필 수 있다. 이것은 대학원에서 배운 정신치료의 기초 중 기초다. 그래서 "이야기를 들어줘."라는 말에 나는 반사적으로 그렇게 했다.

그렇지만 마음속 깊은 곳을 살피는 게 항상 옳다고는 할 수 없다. 당연하다. 억누르던 것, 외면하던 것, 마음속 괴로운 것이 밖으로 넘쳐흐르기 때문이다. 당연히 괴로워지고, 마음은 불안정해진다.

실제로 몇 번인가 치료 흉내를 내는 와중에 준코 씨는 시설 사람들이 자기를 싫어하는 것 같다고 이야기했다. 마음속에 있는 악한 것이 현실을 오염시켜 피해망상이 싹튼 것이다. 그런 망상을 하는 이상 준코 씨는 시설에 있을 수 없었다. 결국 그는 돌봄시설을 떠났다.

나는 천하에 멍청이였다.

왜 준코 씨는 나에게 이야기를 들어달라고 했을까? 시설에 '있기'가 힘들었기 때문이다. 준코 씨는 치료 흉내든 뭐든 '할 것'을 원했기 때문에 나에게 상담을 요청한 것이다. 그렇게라도 시설에 머무르려 했던 것이다. 그런데도 나는 순진하게 준코 씨가 상담을 원한다고 착각해버려서 '깊은' 이야기를 끄집어냈고 준코 씨를 상처 입혔다.

나도 마찬가지 아닌가. 나 역시 '할 것'이 없는 탓에 '있기'가 괴로워서 치료 흉내로 도망쳤다. 그 결과 간신히 안정을 유지하던 준코 씨의 고통을 눈치채지 못하고 상태를 악화시켰다.

나는 그때 상담 흉내 따위를 낼 게 아니라 둘이서 함께 '있어야' 했다. 함께, 지루하게, 앉아 있어야 했다. 그냥 앉아 있기 괴롭다면 카드놀이든 산책이든 무엇이든 함께 있을 방법을 찾아야 했다.

준코 씨가 원했던 것은 치료 따위가 아니라 돌봄이었다. 그는 마음을 파헤치는 것이 아니라 마음 주변을 단단하게 다져서 안정시키길 원했던 것이다.

나는 틀렸다. 준코 씨에 대해 아무것도 몰랐다.

나만 '있기'를 힘들어하는 것이 아니었다. '있기'가 괴로워서 이런저런 환청을 듣고야 마는 사람들이 모여드는 곳. 돌봄시설이란 그런 곳이었다.

일단 가만히 있기

실패에서 배우자. 주간 돌봄시설에는 이곳만의 방식이 있고, 그 방식은 이곳에서 필연적인 것이다. 나는 그렇게 되뇌며 각오를 다졌다. 어쨌든 '있기'. 뭐든 상관없으니 '있기'. 나는 철저하게 '있기'로 결심했다. 결심하니 할 일은 하나밖에 없었다.

어쨌든 앉아 있기. 그것뿐이었다.

비가 내려도, 바람이 불어도, 앉아 있었다. 다카에스 부장과 회식을 하고 숙취에 시달려도, 앉아 있었다. 오후 활동으로 배구를 해서 극심한 근육통에 시달릴 때도, 앉아 있었다. 푸른 하늘이 끝없이 펼쳐진 쾌청한 날에도, 앉아 있었다. 아무리 한가해도, 지루해도, 매일매일 앉아 있었다.

마치 좌선하는 것 같았다. 하지만 당연히 정신은 맑아지지 않았고, 깨달음도 얻지 못했고, 인간적 성숙을 이루지도 못했다. 나는 그저 지옥의 자유 시간이 한가해서 힘들었고 지루해서 지긋지긋했다. 잔잔한 바다처럼 정적인 시간에는 도무지 적응할 수 없었다. 역시, 앉아 있기란 힘들었다.

변화가 전혀 없지는 않았다. 앉아 있기는 힘들었지만 시설 내에서 조금씩 인간관계가 시작되었다.

누가 직원이고 누가 멤버인지 확실히 구분했고, 이름은 물론 어떤 사람인지도 알게 되었다. 왕고참 간호사는 성격도 겉모습과 비슷해서 입이 거칠고 짓궂은 구석이 있지만 나를 싫어하지는 않았다. 원무과 직원들 역시 나를 베짱이로 여기는 것 같았지만, 지금까지 일했던 심리사들이 모두 나와 비슷했다고 했다. 베짱이에 호의적인 사람들이었다. 그들과는 농담을 주고받는 정도로 마음을 터놓았다.

  멤버들과도 조금 가까워졌다. 내 옆에서 신문을 뚫어지게 보던 사람은 도모카 씨고, 끝없이 냅킨을 접었다가 편 아저씨는 유지로 씨다. 자기 이름을 알려준 그들은 내 이름도 기억해주었다. 서로 익숙해진 것이다. 함께 배구나 카드놀이나 젠가를 하면서 대화를 나눈 덕분이었다. 밀실에서 단둘이 대화하는 것이 아니라 모두 함께 있는 곳에서 잡담을 했다. 깊은 이야기가 아니라 얕은 이야기를 했다. 그렇게 시간을 보내니 조금씩 인간관계가 맺어졌다. 시간이 열쇠였다.

  그러던 어느 날, 나는 불현듯 '앉아 있기'라는 최종 필살기를 체득했다. 주간 돌봄시설에서 일한 지 넉 달 정도 된 날이었다.
  여름에 열린 전국고교야구대회에 오키나와 대표로 출전한 고난고등학교가 거침없이 연승한 것이 계기였다. 그해 봄 대회에서 우승한 고난고교는 여름 대회에서도 순조롭게 승리를 이어갔다. 돌봄시설에서도 경기마다 다 함께 응원했다. 언제나 스포츠 신문에서 눈을 떼지 않는 도모카 씨도, 담배 외에는 흥미가 없는 터줏대감도 고난고교의 경기가 있을 때는 텔레비전에 달라붙었다.
  절대적인 에이스 투수 시마부쿠로 선수가 삼진을 잡으면 환성을 지르고, 주장인 가네코 선수가 안타를 때리면 같이 날뛰고, 득점 기회를 놓치면 침울해졌다가, 역전에 성공하면 다 같이 광란에 빠졌다. 메카루, 이레이, 아게나 등 난생처음 들어보는, 오키나와에만 있는 성을 지닌 선수들이 전국대회에서 종횡무진 활약하는 모습이 너무 재미있었다. 나도 고교 야구에 흠뻑 빠져서 있는 힘껏 응원했다.

고난고교는 봄 대회에 이어 여름 대회에서도 우승했다. 쾌거였다. 우승이 확정된 순간에는 멤버와 직원이 모두 하나가 되었다. "우와!" 하고 환성을 질렀고, 왠지 나도 오키나와 사투리로 외쳤다.

"아자! 고난고교, 최고!"

결승전이 끝나고 싸구려 콜라로 다 같이 건배했다. "시마부쿠로 선수, 대단했지." 흥분이 식지 않은 우리는 2회전에 돌입해 선수들을 칭찬하는 등 감상을 나누었다. 왁자지껄 수다가 이어졌다.

흥분은 서서히 가라앉았고 멤버들은 어느새 여느 때로 돌아가 그냥 앉아 있었다. 도모카 씨는 신문을 펼쳤고 터줏대감은 담배를 피웠다. 원무과 직원들은 설거지를 하고 간호사들은 진료 기록을 적었다. 밖에서 불어오는 바람이 기분 좋았다. 그리고 나 역시 아무것도 '하지' 않고 느긋하게 그 자리에 앉아 있었다.

나는, 나도 모르게 그곳에 그냥 '있을 수 있었다'. '있기'를 위협하는 것이 사라졌다. 아무것도 하지 않고 그냥 있을 뿐인데 나 자신이 베짱이 같지 않았다. 고난고교 덕분에 나는 외부인이 아니게 된 것이다.

"대충 앉아 있어."라는 말은 곧 '함께 있어.'라는 의미였다. 그날, 나는 처음으로 돌봄시설의 잔잔한 시간, 지옥의 자유 시간이 편안하다고 느꼈다. 느긋하게 마음 편히 있었다.

문득 보니 다카에스 부장이 건너편 의자에 앉은 채 선잠을 자고 있었다. 도모카 씨가 "지친 모양이네요."라며 빙긋 웃었다. 그리고 다카에스 부장의 벗어진 머리를 쓰다듬으며 "매끈매끈."이라고 속삭였다. 바깥에는 여름날의 태양이 뜨겁게 불타오르고 다카에스 부장의 매끈한 머리는 반짝반짝 날카로운 빛을 냈다.

잠을 자면서 '있기'. 돌봄 달인의 절묘한 기술이었다.

'있다'와 '하다'

'있기'란 신기하다. 지금 이 책을 쓰는 나는 도쿄에서 일하고 있다. 오키나와의 돌봄시설에서 멀리 떨어져 매일매일 바쁘게 지내고 있다. 상담을 '하고', 수업을 '하고', 원고를 집필'한다'. 이렇게 무언가를 '하면', 돈을 받는다. 그게 나의 일상이다.

그렇지만 그 일상이 존재하려면 먼저 내가 그곳에 '있어야' 한다. 당연한 일이라 잊어버리지만, 분명 나는 지금 직장에 잘 '있을 수 있다'.

우리는 평소에 내가 어떻게 '있기'를 할 수 있는지 생각하지 않는다. 물고기가 물을 의식하지 않듯이, 개가 공기를 신경 쓰지 않듯이, 우리는 자신의 '있기'를 밑받침하는 것을 깨닫지 못한다. 당연히 그럴 수밖에 없다.

그렇지만 돌봄시설에 있다 보면 '있기'가 무척 불가사의하게 느껴진다. '있기'가 너무도 간단히 불가능해지기 때문이다. 그럴 때 우리는 '거처란 무엇일까?' 생각하기 시작한다. '있기'가 어려워지면, 우리는 안심하고 있을 수 있는 거처를 원한다. 거처란, '거처가 없어졌을 때' 비로소 깨닫게 되는 것이다. 정말 신기한 일이다.

'있기'란 무엇일까? 거처, 즉 있을 곳이란 무엇일까? 대학 후배인 나카후지 신야^{中藤 信哉}가 『심리임상과 '거처'』²라는 책을 썼다. 처음에는 후배 주제에 책을 쓰다니 건방지다고 생각해서 무시하려고 했다. 하지만 '아니, 뛰어난 후배를 축하해주고 배울 건 배워야지(무시하려다 거꾸로 내가 무시당하지는 않을까. 오히려 후배한테 생색낼 기회일지도 몰라).'라고 생각을 고쳐먹고 구입해서 읽어보았다. 책에는 흥미로운 내용이 쓰여 있었다(분하게도).

오늘날 '있을 곳'을 뜻하는 일본어 '居場所^{이바쇼}'를 오래전에는 'ゐ*どころ^{이도코로}'라고 썼다고 한다. 흥미로운 점은 그 단어 중 'ゐど^{이도}'는 '앉아 있다'를 의미하며, 그와 더불어 '엉덩이'라는 뜻도 있다는 것이다.

즉, 있을 곳이란 '엉덩이를 둘 수 있는 곳'이라는 말이다. 다카에스 부장의 허술한 신입 연수에는 심오한 진실이 담겨 있었

* 본래 일본어 히라가나 중 하나로 '이'에 가까운 발음이었는데 오늘날에는 발음이 유사한 'い'로 대체되었다.

는지도 모른다. 있을 곳이란 '대충 앉을 수 있는 곳'이니 말이다.
 이렇게 바꿔 말할 수도 있겠다. 있을 곳이란 내 엉덩이를 맡길 수 있는 장소다. 엉덩이란 내 눈에는 보이지 않고, 마음대로 제어하기 어렵고, 제대로 똥침을 당하면 기절할 수도 있는 약한 부위다. 우리 몸의 약점이다. 그런 약점을 아무런 불안 없이 맡길 수 있는 장소가 우리의 '있을 곳' 아닐까? 괜찮아, 엉덩이를 무방비하게 맡겨도 똥침을 놓지 않아, 다치지 않아. 이렇게 안심할 수 있을 때 비로소 각자의 '있기'가 가능해진다.
 이와 관련해 도널드 위니코트Donald W. Winnicott라는 소아과 의사이자 정신분석가가 쓴 흥미로운 구절이 있다.

> 바람직한 어머니는 아이에게 전능감을 경험하게 해주며 (…) 어머니는 그것을 반복해서 한다. (…) 그럼으로써 아이는 참된 자기로 자신만의 생활을 가지기 시작한다.[3]

 어려운 문장이니 최대한 쉽게 풀어보겠다. 위니코트의 말은 아기가 엄마에게 완전히 의존할 때 '참된 자기'로 있을 수 있다는 뜻이다.
 "우앙!" 하고 울면 마법처럼 수유를 해주고, "꺄아!" 하고 외치면 더러워진 기저귀를 갈아준다. 이처럼 아기는 완전한 돌봄을 받는 시기를 겪는데, 이때 '뭐든 내 맘대로 된다'는 전능감을 느낀다. '참된 자기'란 그런 상황에서 나타난다.
 '참된 자기'라는 말을 들으면 고독한 고민 끝에 "사실은 디자이너가 되고 싶었어!"라고 '진실된 자신'을 깨닫는 두근두근한 상황을 떠올릴 수도 있겠다. 하지만 그렇지 않다. 그런 것은 '참된 자기'가 아니다. 어떤 면에서 무리하고 있기 때문이다.

위니코트가 말한 '참된 자기'란 멍하니 있는 무방비한 상태를 가리키는 것이다. 나는 목욕탕에 몸을 담그고 절로 "아이고… 좋다…."라면서 긴장을 푸는데, 이럴 때 '참된 자기'가 얼굴을 내민다.

아기가 엄마의 돌봄을 받을 때처럼 무언가에 내 몸을 전부 맡겼을 때 '참된 자기'가 나타난다. 즉, 전혀 무리하지 않고 존재하는 자신이다. 전혀 무리하지 않을 때, 비로소 '있기'가 가능해진다. 내가 야구 경기를 본 뒤에 편히 앉아 있었던 것이 바로 그런 사례다.

반대로 엄마의 돌봄이 실패해서 아기가 더 이상 몸을 맡길 수 없으면, 아기의 마음은 무너질 위기에 직면한다. 생존이 위험해지고, '있기'가 위협을 받는다. 그러면 아기는 엄마의 눈치를 살피고 엄마를 기쁘게 하려 노력한다. 위니코트에 따르면, 그럴 때 '가짜 자기'가 만들어진다.

내가 책상 상판의 나이테를 헤아리고 준코 씨가 주방 보조를 했던 것도 마찬가지다. 환경에 나를 맡길 수 없을 때 우리는 무언가를 '하는 것'으로 가짜 자기를 만들어내고, 어떻게든 그곳에 '있기' 위해 노력한다. 살아남으려고 한다.

우리는 누군가에게 온전히 의지할 때, 의존할 때 '진정한 자신'으로 있을 수 있다. 그럴 수 없으면 '가짜 자기'를 만들어낸다. 그래서 '있기'가 괴로워지면 '하기'를 시작하는 것이다. 뒤집어 말해 우리가 어딘가에 '있기' 위해서는 그곳에 익숙해지고 그곳의 사람들에게 안심하며 몸을 맡길 수 있어야 한다.

몸을 맡긴다. 의지한다. 의존. 이것들에 돌봄과 '있기'의 비밀이 있다고 생각하지만 지금은 더 이상 파고들지 않겠다. 의존은 동굴과 비슷하다. 구불구불하게 얽혀 있고 여러 갈래로 갈리며 어딘가로 이어진다. 물론 당시의 나는 그런 사실을 전혀 몰랐다. 그러니 일단 이야기를 이어가겠다.

다만 한 가지는 말해두고 싶다. 앞서 말한 의존을 우리가 평소 무의식중에 한다는 것이다. 우리는 사실 누군가에게 몸을 맡기면서 살아가고 있다. 그 의존을 깨닫지 못할 뿐이다. 그런데 그렇게 의존하기를 어려워하는 사람들이 있다. 그런 사람들이 주간 돌봄시설로 찾아온다.

주간 돌봄시설의 목표란 유달리 다칠 것을 염려하고 겁먹는 사람들이 엉덩이를 맡기고 앉을 수 있도록 도와주는 것이다. 그래서 '있기' 위한 '있기'를 한다. 돌봄시설에서는 이상한 나라의 동어반복이 벌어진다.

이러한 이유로 내 일은 '어쨌든 앉아 있기'였다. 직원부터 '있기'를 힘들어하면, 어떻게 멤버가 몸을 맡길 수 있겠는가.

준코 씨는 돌봄시설을 떠나고 몇 달 뒤 무더위가 가장 기승을 떨칠 때 돌아왔다. 아직은 시설에 있는 게 불안한지 여전히 무언가를 '하기' 위해서 바쁘게 돌아다녔다. '있기'의 불안을 '하기'로 덜어내는 과정이 반복되었다.

다만 이번에는 준코 씨도 과열되지 않도록 스스로 조절하는 것 같았다. 직원들도 가끔씩 제동을 걸며 지켜봐주었다.

이따금 시설에 있기가 힘들어지면 준코 씨는 밖으로 나갔다. 스스로 진정하려는 것이라 생각했기에 그냥 두고 싶었지만 명색이 의료 기관이라 찾으러 나가야 했다. 그럴 때는 딱히 '할 일'이 없는 내가 주로 찾으러 나섰다.

냉방이 잘되는 시설에서 나가 살인적인 햇빛 아래를 걸어갔다. 동네 슈퍼마켓을 들여다보고 버스정류장에 들르고 커다란 공원을 살펴보았지만, 준코 씨는 어디에도 없었다. 어쩌면 좋을까 알 수 없었다. 더웠다. 이미 집에 돌아갔을 수도 있다고 생각했지만, 마지막으로 병원 뒤에 있는 작은 공원을 보러 갔다. 전혀 손질하지 않아 풀들이 허리 높이만큼 자란 공원 가장 안쪽에 준코 씨가 있었다. 준코 씨는 공중화장실 뒤에서 담배를 피우고 있었다.

"찾아다녔어요." 내가 말했다.
"미안해. 좀 마음이 진정이 안 돼서." 준코 씨가 답했다.
"그랬군요. 돌아갈까요?"
"조금만 더, 여기 있고 싶은데."

그런 것 같아서 나도 담배를 꺼내 불을 붙였다. 시소에 앉았다. 그랬더니 준코 씨는 그네에 앉았다. 뭔가 말해야 할 필요는 없었다. 안정적으로 함께 있는 것이 중요하니까.

나는 느긋하게 담배를 피웠다. 준코 씨도 담배를 피웠다. 두 개비를 연달아 피우면 니코틴이 부족하지 않아 아무런 맛도 나지 않지만, 그래도 한 개비 더 피웠다. 내가 준코 씨를 기다리는 상황보다 둘이 함께 담배를 피우는 상황이 마음 편하기 때문에 불을 붙였다. 게다가 시설로 돌아가 좁은 실내에 '앉아 있는 것' 보다는 아무래도 바깥에 있는 게 좋았다. 왠지 준코 씨의 마음을 알 것 같았다.

문득 준코 씨가 말했다.

"덥네. 분명 더 더워질 거야."

"더운 건 싫은데." 내가 답했다.

사실 그 자리는 커다란 나무 아래라 시원했다. 바람이 불어 땀을 식혀주었다. 우리 둘은 방치된 공원을 멍하니 바라보았다. 지나치게 햇빛이 강한 탓인지 잡초에서 풀내가 확 풍겼다.

그리하여 나는 이상한 나라의 입구에 서게 되었다.

3장

마음과 몸 / **'마몸'을 만지다**

3장

마음가짐

'미몸'을 먼지다

대머리, 뚱보, 말라깽이, 그리고 꼬맹이

"불이 붙었어." 다카에스 업무총괄부장이 오키나와산 맥주를 쭉 들이켰다. "앞으로 더욱 불탈 거야. 전부 탈 때까지 기다려야겠지."

다 마신 맥주잔에 맺힌 물방울을 신이치 씨가 물수건으로 꼼꼼히 닦았다.

"꼭대기까지." 다카에스 부장이 반짝반짝 빛나는 자신의 정수리를 가리키며 주문하기에 나는 맥주잔에 넘칠 만큼 얼음을 넣었다. 허둥대다 떨어뜨린 얼음들이 테이블 위를 데굴데굴 굴렀다.

"진정해, 돈 선생." 신이치 씨가 나를 보고 웃으면서 오키나와산 술을 다카에스 부장의 잔에 따랐다. 나는 거기에 물을 더했다. 마무리로 다카에스 부장이 야만스럽게 맥주잔에 손가락을 찔러 넣어 휘휘 저었다. 부장은 술을 단숨에 꿀꺽꿀꺽 마시고는 만면에 미소를 머금었다. "훌륭해."

"앞으로 더욱 불타겠지요." 다이 씨도 술잔을 비워서 나는 재빠르게 빈 잔에 얼음을 넣고 신이치 씨에게 넘겼다. "이제 막 불붙었으니까요." 신이치 씨는 중얼거리며 술을 따랐다.

소방관들의 대화가 아니다. 주간 돌봄시설 간호사들의 모임이다.

근무를 마친 간호사들은 밤이면 밤마다 병원에서 멀지 않은 저렴한 술집 '루팡'에 모였다.

"또 대머리, 뚱보, 말라깽이가 왔다고 할걸요." 신이치 씨는 종종 이렇게 말하며 웃었다. 대머리란 두말할 필요 없이 다카에스 업무총괄부장(59세)이다. 뚱보란 땅딸막한 체형에 수염이 덥수룩하고 머릿속이 프로야구로 가득한 야구광 다이 씨(36세, 간호과 계장)다. 말라깽이는 건배할 때마다 두 잔씩 마시는데도 늘씬하고 잘생긴 신이치 씨(31세, 간호사)다.

내가 입사한 돌봄시설은 이 대머리, 뚱보, 말라깽이가 주축이 되어 운영되고 있다. 다이 씨가 사령탑에 신이치 씨는 행동대장, 어째서인지 가장 직위가 높은 다카에스 부장은 장보기나 운전 등 잡일을 도맡고 있다.

여성이 많고 인력 변동이 잦은 직장이라 그런지 세 남성 간호사의 유대는 유난히 끈끈했고 퇴근 후에 자주 모였다. 나는 술이 약하고 숙취도 심한 탓에 되도록 평일 술자리는 삼가고 싶었지만 "돈 선생, 빨리 가자."라고 운동선수 같은 다이 씨가 말을 걸면 거절할 수 없었다. 대머리, 뚱보, 말라깽이에 신출내기인 꼬맹이(27세, 심리사)가 더해진 것이다.

심리사라는 직종은 전문직 같지만, 일단 조직에 소속되면 일개 월급쟁이일 뿐이다. 선배가 부르는 술자리는 마다하기 어렵고, 술자리에서도 말단으로서 빈 잔 채우는 일을 맡아야 한다.

나는 그런 월급쟁이다운 처세에 서투르다. 눈치가 빠르지 않고 주의도 산만한 탓에 다른 사람의 잔에 술이 얼마나 남아 있는지 모르는 것이다. 그래서 자주 "돈 박사는 센스가 부족하네."라고 다카에스 부장과 다이 씨에게 혼났다. 그럴 때는 신이치 씨가 웃으면서 내 대신 빈 잔에 술을 따랐다.

게다가 하필이면 간호사들의 대화 주제 중 90퍼센트가 야구였다. 대머리도 뚱보도 말라깽이도 모두 열렬한 요미우리 자이언츠* 팬이라서 틈만 나면 프로야구 이야기를 했다. 안타깝게도 나는 중학생 시절 내내 야구부에서 후보 선수로 벤치만 데웠던 탓에 야구를 살짝 미워해서 프로야구에는 흥미가 없다. 그래서 내가 관심 있는 심령 현상으로 이야기를 돌려보려고 "이 근처에 유령이 나오는 곳은 없나요?"라고 미끼를 던져도 "돈 선생은 자이언츠 감독이랑 만난 적 없어? 도쿄 출신이잖아."라며 다이 씨가 깨끗하게 무시해버렸다.

애초에 엄격하지 않은 집안에서 자란 공부벌레 주제에 대학원까지 가버린 바람에 나는 협동심과 사회성을 완전히 잃어버렸다. 그래서 운동부 같은 간호사들의 결속에 좀처럼 적응하지 못했다. 하지만 어쩔 수 없었다. 월급쟁이니까. 해롱해롱하면서도 술을 계속 홀짝거릴 수밖에. 아, 사회인이란 정말 귀찮아. 월급쟁이는 괴로워.

그렇지만 그날의 술자리는 여느 때와 달랐다. 다카에스 부장도 물수건으로 머리를 반짝반짝하게 닦으며 "돈 박사, 여기 봐! 술을 마실수록 머리가 더 벗어진다!"라고 익살을 부리지 않았다. 그저 말을 아끼며 술잔만 연달아 비웠다. 분위기가 어두웠다.

"앞으로 한참 더 불탈 거야." 다카에스 부장이 술잔에 혀끝을 댔다.

---

* 일본에서 가장 인기 많은 프로야구 구단으로 연고지는 도쿄다.

"예, 활활 타겠죠." 다이 씨가 잔을 비웠다.

"지금도 타고 있을 거고요." 신이치 씨가 잔에 술을 채웠다.

"힘들겠네요." 나는 마음이 아팠다.

그날 밤 우리는 야구가 아니라 화재에 대해 이야기했다. 자이언츠의 감독이 아니라 유리 씨라는 여성 멤버에 대해 이야기했다.

그날은 돌봄시설에 큰불이 나서 간호사들이 정신없이 소화하러 다닌 길고 긴 하루였다.

불을 끄는 간호사

움직이지 않음이 곧 주간 돌봄이니라.

이미 이야기했고 앞으로도 되풀이하겠지만 주간 돌봄시설에는 움직임이 없다. 움직임이 없으니 소리도 없다. 들이치는 햇빛까지 느릿느릿하게 보인다. 일단은 모두 멍하니 앉아서 시간을 보내는 곳이 돌봄시설이다. 때로는 시계도 멈춰버린다.

그날 아침도 그랬다.

오전 프로그램(하필이면 시간을 멈추는 활동 중 하나인 색칠놀이였다)을 마치고 점심을 먹기까지 정말로 시간이 멈췄다. 멤버들은 평소처럼 지정석에 앉아 아무것도 하지 않으며 책상의 한 점을 뚫어지게 보았다. 가끔씩 누군가 스포츠 신문을 넘기거나 터줏대감의 측근인 야스오 씨가 자주 차를 마시러 가는 것 말고는 어떠한 움직임도 없었다. 나는 거실 구석의 의자에 앉아

오래된 저수지처럼 정체된 시간을 멍하니 바라보았다.

너무 지루했다. 입질 한 번 없는 낚시보다도 한가하지 않은가. 졸렸다. 실제로 안쪽 방에서는 새근새근 조용한 숨소리가 들렸다. 담요를 덮고 잠을 자는 멤버들이 있었다. 나도 잠들 것 같았지만 아무리 그래도 근무 시간에 낮잠을 잘 만큼 간이 크진 않았다.

자주 시계를 보았다. 시곗바늘이 전혀 움직이지 않았다. 점심시간은 고사하고 5분 뒤로도 좀처럼 시곗바늘이 나아가지 않았다.

'평화롭네.' 나는 생각했다. 아니, 너무 평화로운 거 아닌가. 한창 일할 때인 20대 후반의 심리사에게는 지나치게 평화로운 곳이었다. 나는 마음속으로 주문을 외웠다.

'시간아, 움직여라.'

내 소원을 진짜로 하늘이 들어주고 말았다.

"죽이려고 그래?" 갑자기 여성이 크게 화내는 소리가 들렸다.

"무슨 소리야? 당신 정신 나갔어!" 남성이 굵은 목소리로 불을 뿜었다.

멈춰 있던 시간의 한구석에서 불길이 치솟았다.

발화점은 안쪽 방. 방금 전까지 조용히 자던 두 사람이 갑자기 다투기 시작했다.

"내가 쓰던 거야!" 20대 여성인 유리 씨가 그렇게 소리치며 담요를 꽉 끌어안았다.

"내가 어떻게 알아!" 막 30대에 들어선 류지 씨가 똑같이 소리쳤다. "말도 안 되는 소리 하지 마!"

단숨에 시설이 긴박감으로 가득해졌다. 평화는 덧없이 불타서 사라지고 전쟁이 벌어졌다.

"나를 죽이려는 거지?" 유리 씨가 꽥꽥 소리 질렀다. "나를 지배하려는 거야!"

"당신 미쳤어?"

"살해당할 거야아아아!" 찢어지는 듯한 비명이 울렸다.

나는 움직일 수 없었다. 얼어버렸다. 시설이 소란스러워졌고 긴박해졌으니 직원인 내가 나서야 했지만, 그래야 한다고 머리로는 알았지만, 애초에 무슨 일인지도 모르는데 어떻게 해야 할지 알 수 없었다. 무엇보다도 살기등등한 상황에 나는 겁을 집어먹었다. 그래서 꼼짝도 안 하고 그저 구경만 했다.

"까불지 마!" 류지 씨가 격렬하게 분노했다. "사과해!"

"네가 사과해!"

"어디다 대고 까불어!" 서로 덤벼들기 직전이었다.

"나를 지배할 거지! 나를 죽일 거야!" 유리 씨가 다시 비명을 질렀다. "살해당할 거야아아아!"

그때 백의의 (말라깽이) 천사가 강림했다.

"자아, 그만, 그만, 그만."

긴장감이라고는 없는 나긋나긋한 목소리가 들렸다. "유리 씨, 류지 씨, 좀 진정해요."

외래에서 접수를 받고 있던 신이치 씨가 소란스러운 소리를 듣고 달려온 것이다. 신이치 씨는 과장스럽게 익살스러운 동작을 취하며 두 사람 사이로 몸을 집어넣었다. 폭력을 막기 위해 스스로 벽이 되었다.

"무슨 일이에요? 무섭게 말하니까 다들 엄청 걱정하잖아요."

팽팽하던 긴장감이 느슨해졌다. 불탈 것 같던 살기를 신이치 씨의 오키나와 사투리가 감싸 안았다.

"류지 씨가 말이야, 날 죽인대!" 유리 씨는 아직 흥분해 있었다.

"무서운 말씀 마세요. 누구도 죽이지 않아요."

"그렇게 말한 적 없어! 이 사람 머리가 이상해!" 류지 씨는 누그러진 분위기에 지기 싫은지 억지로 한 번 더 화를 냈다.

"류지 씨, 심호흡할까요. 천천히, 천천히." 웃음을 머금고 말한 신이치 씨는 류지 씨의 어깨를 단단히 잡았다. 움직임을 막기 위해서다. 그렇게 흥분을 가라앉혔다. 실제로 류지 씨도 처음처럼 열을 내지는 않았다.

어느새 운동복 차림의 뚱보도 유리 씨의 어깨에 손을 올리고 있었다. "두 분, 따로 얘기 좀 할까요."

"그게 좋겠네요." 그렇게 말한 신이치 씨는 멤버들을 둘러보았다. 그리고 미남다운 미소를 지으며 말했다. "여러분, 점심시간이니까 배식 도와주세요."

다이 씨가 류지 씨를, 신이치 씨가 유리 씨를 데리고 각각 상담실로 들어갔다. 뚱보와 말라깽이는 순식간에 화재를 진압했다. 나는 그 출중한 실력을 앉아서 구경만 했다.

간호사와 심리사의 차이

점심의 직원회의, 나는 호되게 야단맞았다.

"도하타! 아까 앉아만 있었지? 내가 다 봤어." 최고참 간호과장 게이코 씨가 크게 화를 냈다. "그럴 때는 말이야. 가장 먼저 달려가서 사이에 끼어들어야지. 신이치가 하는 거 못 봤어!"

입이 열 개라도 할 말이 없었다. 전부 맞는 말이었다. 의료 현장에서 일하는 심리사로서 너무 부끄러워 고개를 숙였다.

"죄송합니다."

지금 돌이켜봐도 정말 한심하다. 나는 타고난 겁쟁이에 싸움을 정말 싫어한다.

초등학생 시절 친구가 골목대장과 한판 붙는 데 함께 싸워달라고 부탁한 적이 있었다. 나는 흔쾌히 승낙하고 100엔도 받았는데, 방과 후가 되자 무서워져서 후다닥 집으로 돌아갔다. 심지어 친구가 준 100엔으로 아이스크림까지 사 먹었다.

'그래, 나는 겁쟁이 심리사다. 그래서 나는 긴급한 상황에서 반사적으로 움직이지 못한다. 겁쟁이인 탓에 멀리서 보기만 한다.'

이렇게 생각했지만, 아니, 틀리다. 그 때문만은 아니다. 내 겁 많은 성격만이 문제는 아니다. 내 명예를 지키기 위해 단언하지만, 애초에 심리사라는 존재 자체가 급박한 상황에서는 한심하다.

돌봄시설에 불이 붙자 간호사들은 눈 깜짝할 사이에 소방관으로 변신해서 소화를 시작했다. 아마 간호사의 선조인 나이팅게일로부터 이어진 전통일 것이다. 나이팅게일은 크림전쟁이 발발하자 곧장 전쟁터로 향했다. 최전선에 뛰어든 것이다. 나이팅게일은 죽음을 겁내지 않고, 불을 무서워하지 않고, 반사적으로 몸을 던졌다. 간호사들에게는 이러한 에토스ethos, 문화적 습성가 있다.

간호사는 무슨 일이 벌어지면 일단 움직인다. 눈앞에서 누군가 쓰러졌을 때, 착란에 빠졌을 때, 다쳤을 때, 아플 때, 도움을 원할 때, 간호사는 즉시 손을 내민다. 몸이 반사적으로 움직인다.

같은 상황에서 심리사는 간호사보다 두 박자 느리게 움직인다. 먼저 '무슨 일이지?'라고 한 박자 생각하고, 그다음 '어떻게 해야 하지?'라고 한 번 더 생각한다. 그러는 데에는 이유가 있다.

정신치료는 눈에 보이지 않는 마음을 다룬다. 예컨대 심한 상처를 입고 제어할 수 없게 된 마음을 다룬다. 여러분도 자신에게 심한 상처를 입히고 아직 깔끔히 정리되지 않은 문제가 있다면 살짝 떠올려보길 바란다(이 책을 계속 읽어야 하니 정말 살짝만).

떠올린 순간, 이성을 잃어버리지 않았나? 자신이 평소와 달라져버린 것 같지는 않았을까? 그랬다면 여러분 마음속에 있는 미묘하면서 섬세하고 야만적인 부분이 드러난 것이다.

그 부분 때문에 심리사들은 마음에 접촉할 때 몹시 신중해진다. 실제로 나는 평소에 말이 빠른 편이다. 일상 대화나 강의에서는 말을 거침없이 술술 한다. 하지만 상담실에서는 매우 천천히 말한다. 상대가 무언가를 말하면 일단 "음."이라고만 반응하고 두 박자 정도 내 속에 그 말을 놓아둔다. 그러다 떠오르는 것이 있으면 말하지만, 그때도 시간을 들여서 충분히 할 말을 음미한다. 그러는 사이에 피상담자가 다음 이야기로 넘어가는 일도 적지 않다.

치료 과정에서 심리사들은 결코 반사적으로 움직이지 않는다. 마음속 고통이 겉으로 드러날 때 반사 신경을 따르면 큰일 나기 때문이다.

부부 싸움에서 "너는 너무 돈을 못 벌어!"라는 말을 들으면 화가 나게 마련이다. 그럴 때, 분노가 이끄는 대로 반사 신경을 따르면 "너야말로…."라고 심한 말을 쏘아붙이게 된다. 그리고 그 말은 반사되어 더욱 심한 말로 돌아온다. 사실 그 상황에서 부부의 마음에는 나를 제대로 배려해달라는 단순하면서 간절한 바람이 있었는지도 모르지만, 반사 신경을 따르면 서로 상처를 헤집을 뿐이다.

마음도 그렇게 까다로운데, 몸은 오죽하겠는가. 몸에는 더 손대기가 어렵다. 누가 내 몸에 손댔을 때, 마음은 더 쉽게 날뛴다. 순정만화를 보면 알 수 있는데, 겨우 하이파이브를 했다고 바로 사랑이 싹트지 않는가? 상담은 밀실에서 단둘이 진행하기 때문에 혹시라도 몸이 닿으면 이상한 일이 벌어지기 쉽다. 성적인 문제가 일어나기도 하고, 상담사가 신흥 종교의 교주처럼 될 수도 있다(그러고 보면 예수는 몸을 만져서 기적을 일으킨 사람이다). 아무튼 성가신 일이 생길 수 있는 것이다.

그 때문에 심리사들은 '무슨 일이지?'라고 한 박자 생각하고

'어떻게 해야 하지?'라고 한 번 더 생각한다. 그런 뒤에야 움직인다. 그 시점에 간호사는 이미 달려와서 몸을 건드리고 있다. 나는 그 뒷모습을 손가락 빨며 지켜볼 뿐이다.

심리사는 마음을 다루기에 신중하고, 간호사는 몸을 다루기에 반사적이다. 이것이 결론이다. 신이치 씨가 유능하고 내가 겁쟁이에 한심한 것은 성격 탓이 아니라 직종에 따른 차이일 뿐이다. 증명 완료.

증명 완료일 리가 있나.

지금 내가 적은 내용에는 진실이 조금쯤 포함되어 있지만, 그래도 좀 이상하다. 몸에 잘 손댈 줄 아는 심리사도 있을 테고, 무엇보다 제대로 된 심리사라면 사건이 벌어졌을 때 서둘러 달려가야 마땅할 것이다. 문제를 정신치료에 떠넘겨서는 안 된다.

이 문제는 더욱 근본적인 것이다. 전철에서 할아버지에게 얼른 자리를 양보하지 못하거나 길에서 쓰러진 사람을 향해 바로 달려가지 못하는 것. 이런 차원에서 나는 겁을 먹은 것이다. 마음이 이러하니 몸이 저러하니 말하는 것보다 근본적인 문제 아닐까?

점점 더 영문을 알 수 없는 글이 되어가니 다시 이야기를 점심시간의 회의로 되돌리겠다.

"이제 어떡할까?" 시설의 리더인 다이 씨가 논의를 진행했다. "이번이 세 번째인데."

둥글둥글한 체형에 요란하게 화장하는 유리 씨는 내가 일하기 전부터 시설에 다녔다. 진단은 조현병. 젊었을 때 발병해 입원과 퇴원을 반복했다. 상태가 좋을 때는 착실하고 붙임성도 있지만, 상태가 나빠지면 환청에 시달리고 심한 피해망상에 빠졌다. 몇 주에 걸쳐 점점 상태가 안 좋아졌는데 최근 며칠 동안 시설에서 자주 문제를 일으켰다.

이번에도 유리 씨가 자면서 덮는 담요 때문에 착란에 빠져 류지 씨까지 소동에 휘말렸다. 사소한 일로 혼란스러워하고 분노를 터뜨리는 일이 반복되었다. 유리 씨에게 괴로운 시기가 갑자기 찾아온 모양이었다.

"약은 잘 먹고 있다지만, 의심스러워요." 신이치 씨가 말했다. "아버님과도 이야기해볼게요."

"그러게, 불이 붙기 시작했어. 또 입원할지도 모르겠는데. 일단 상태를 지켜보자고."

다이 씨의 한마디에 회의가 마무리되려 했다. 하지만 간호과장 게이코 씨가 마지막에 짧게 한마디 내뱉었다.

"다카에스 씨, 다 봤어요."

실은 나도 봤다. 다카에스 부장도 같은 방에 있었지만 저쪽 구석에서 미동도 하지 않고 소동을 지켜보기만 했다. 움직이지 못하는 간호사도 있었던 것이다. 대머리는 나를 보더니 혀를 쏙 내밀었다. 나도 지지 않고 혀를 내밀었다.

상황을 지켜보려 한 것은 좋지만 타기 시작한 불씨는 그리 쉽게 꺼지지 않는다. 그날은 정말 길고 길었다.

그날 오후, 유리 씨는 광란에 빠졌다.

몸에 손을 대는 것

오후 활동은 배구였기 때문에 우리는 자동차 몇 대에 나눠 타고 체육관으로 갔다. 나는 다이 씨가 운전하는 15인승 대형 차량의 조수석에 앉았는데 뒤에서 유리 씨가 공연을 시작했다.

"우라라 우라라." 야마모토 린다 山本 リンダ*가 1973년 발표한 명곡 「저격狙いうち」을 부르기 시작했다. "우라라라."

느닷없이 시작된 열창에 모두 웃음을 터뜨렸다. 나도 웃었다. 유리 씨는 관객 반응이 마음에 들었는지 흥이 최고조에 달해 새로운 메들리를 부르기 시작했다. 살짝살짝 음정이 틀렸는데 그 모습도 귀여워서 모두 웃었다.

운전대를 잡고 있는 다이 씨도 일단은 웃었지만 백미러로 유리 씨를 보더니 심각한 표정을 지었다. 그리고 조용히 유리 씨를 타일렀다. "유리, 힘 빠지겠다. 좀 쉴까?"

유리 씨는 개의치 않았다. "노래방 대회는 언제야? 열 곡 정도 부르려고 연습하고 있는데."

그렇게 말하더니 이번에는 "만나고 싶어서, 보고 싶어서."라며 열창하기 시작했다. 나는 조수석에서 고개를 돌려 유리 씨를 살폈다. 굳은 표정에 비지땀을 흘리고 있었다. 힘들어 보였다.

"나, 가수가 될지도 몰라. 데뷔하라고 제안을 받았거든. 자작곡도 가끔씩 생각하고 있어."

---

* 일본의 가수이자 배우. 1960~70년대를 대표하는 아이돌로 수많은 히트곡을 불렀다.

"위험한데." 다이 씨가 중얼거렸다.

한여름의 체육관은 그야말로 사우나 같았다. 가만히 있어도 땀이 샘솟았고, 체육관 구석구석에서 누군가의 땀 냄새가 풍겼다.

배구는 가장 인기 있는 활동 중 하나였다. 직원과 멤버를 따지지 않고 두 팀으로 나뉘어 경기를 치른다. 단체 경기라서 실수해도 도움을 받을 수 있고, 평소에는 거의 몸을 움직이지 않는 고령 멤버들이 우연히 만들어내는 멋진 장면을 보는 것도 무척 재밌다.

군살 없이 마른 신이치 씨는 겉보기처럼 운동신경이 뛰어났고 다이 씨도 날아다니는 뚱보였다. 가장 의외인 사람은 다카에스 부장이었다. 고등학생 시절 배구부에 소속되어 전국대회 출전을 목표했다고 하는데, 통통한 몸으로 공격을 때리는 족족 득점에 성공했다. 게다가 간호사 세 사람이 모두 승부욕이 강해서 시합은 매번 치열했다. 그들은 언제나 진지했다.

나로 말하면, 대학원에 입학한 22세 이후 운동과는 담을 쌓았기 때문에 당연히 몸을 맘대로 움직이지 못했다. 리시브를 하면 공은 엉뚱한 방향으로 날아갔고, 토스는 공격수의 머리 위를 훌쩍 넘어갔다. 공격하려고 높이 뛰어도 타이밍을 전혀 맞추지 못했다.

"돈 선생 너무 꼴불견이다." 다이 씨가 웃음을 터뜨렸다.

스스로도 꼴불견이라고 생각했지만, 그래도 나는 배구를 좋아했다. 찜통처럼 무더운 체육관에서 흠뻑 땀을 흘리면 내가 재활하고 있는 것 같았다. 배구를 하고 나면 매번 극심한 근육통에 시달렸지만 돌이켜보면 그런 통증조차 오랜만이라 기분 좋았다. 대학원에서 "마음이란, 마음이란…" 하며 공부만 한 탓에 망가졌던 무언가가 회복되는 것 같았다.

한 경기가 끝나고 쉬는 시간. 야스오 씨가 땀을 많이 흘렸는지 물을 몇 잔이나 꿀꺽꿀꺽 들이켰다. 나도 이온음료를 단숨에 마셨다. 맛있었다.

문득 보니 유리 씨가 여전히 "저격!" 하며 야마모토 린다의 명곡을 부르고 있었다. 권총 모양으로 만들어 총알을 쏘는 유리 씨의 손은 서브 연습을 하는 다이 씨를 향하고 있었다.

"유리 씨, 뭐 해요?" 나는 말을 걸었다.

"하나도 안 맞네." 유리 씨는 다시 총을 발사했다. "저격!"

나는 짧게 웃었다. 하지만 마음 편하게 웃을 수만은 없는 긴장감도 느꼈다. 비지땀 탓인지 유리 씨 얼굴의 반짝반짝한 진한 화장이 흘러내리고 있었다. 그리고 강한 체취가 났다. 나도 모르게 숨을 참았다. 유리 씨는 신음하듯이 노래를 부르며 다이 씨를 조준해서 사격했다.

다이 씨를 좋아하는구나. 유리 씨를 보면 자연스레 이런 생각이 든다. 유리 씨는 어머니 없이 아버지만 있는 가정에서 자랐다. 군용지를 소유한 부유한 집안이었다는데, 유리 씨는 외로웠던 것 같다. 그래서 중학생 때부터 불량소년들과 어울려 이런저런 나쁜 짓을 저질렀다고 한다. 고등학교를 졸업한 후에 조현병이 발병해서 입원하기 전까지는 호리호리하게 말라서 이성에 인기가 많았던 모양이다. 하지만 몇 차례 입원과 퇴원을 반복하면서 점점 몸에 살이 붙었고 정신 기능도 조금씩 저하되었다.

유리 씨에게 다이 씨는 어머니 같은 존재일 것이다. 다이 씨는 겉보기에 수염이 덥수룩하고 곰 같지만 실제로는 말로 표현하기 힘든 포용력이 있는 사람이다. 담담하게 일하는 것 같아도 다이 씨는 언제나 멤버들의 상태를 살피고 있다. 고립된 멤버가 있으면 말을 걸고 상태가 좋지 않은 멤버가 있으면 조언을 건넨다. 규칙을 어겼을 때는 정확하게 주의를 준다. 다이 씨는 돌봄시설 전체를 끌어안는 사람이었고, 직원과 멤버 모두 다이 씨를 의지했다. 다이 씨만 있으면 괜찮아. 그런 안도감을 공유했다.

유리 씨도 다이 씨가 자신을 지켜준다고 느꼈을 것이다. 그래서 어린아이가 "이것 좀 봐."라며 엄마에게 말을 걸듯이 다이 씨에게 총을 쏘면서 노래 부르고 춤을 추었다.

그렇다 해도 역시 유리 씨의 행동은 이상했고, 비장하기까지 했다. 나는 돌봄시설에서 얼마 일하지 않은 초보였지만, 그래도 유리 씨가 병적인 무언가에 떠밀리고 있다는 것을 눈치챘다. 유리 씨는 괴로워 보였다. 그래서 나는 말을 걸었다.

"유리 씨, 좀 쉴까요?"

"그럴까? 총알도 안 맞고." 의외로 순순히 따라주었다.

나는 비틀거리는 유리 씨와 함께 관람석으로 걸어갔다. 느리게 걸으며 유리 씨를 진정시키려 했지만, 역시 광란은 가라앉지 않았다. 유리 씨는 갑자기 하마사키 아유미浜崎 あゆみ*로 변신했다. 열창하고 춤을 췄다. 현란하게 스텝을 밟고 점프를 했다.

그때였다. 유리 씨가 착지에 실패했다. 균형을 잃고 기우뚱했다.

"악!"

유리 씨는 작게 비명을 지르며 내 쪽으로 쓰러졌다. 둥그런 공 같은 유리 씨의 몸이 내 가슴으로 파고들었다.

나는 일단 유리 씨를 붙잡았다. 안아서 붙잡았다. 하지만 다음 순간, 나는 또다시 주저하고 말았다. 몸의 무게와 부드러움, 땀이 배어 끈적끈적한 피부, 화장품과 향수 냄새로 뿌옇게 흐려진 체취. 너무 생생했다. 그 모든 감각이 나를 불쾌하게 했고 위태롭게 했다.

안 되겠어! 못 만지겠어!

나는 한순간 허리를 뒤로 뺐다. 내 속의 내가 유리 씨의 몸을 만지길 거부하고 말았다.

체중을 맡길 곳을 잃어버린 유리 씨는 넘어지면서 어깨부터 바닥에 부딪쳤다. "쿵!" 하는 소리가 났다.

"아악!" 유리 씨가 비명을 질렀다. 체육관이 소란스러워졌다. "피가 나! 아파!"

"괜찮으세요?" 나는 그렇게 소리치면서도 어쩔 줄을 몰랐다.

아니, 나는 사실 알고 있었다. 유리 씨를 안아서 일으켜야 했다. 몸은 유리 씨에게 가려고 했지만 내가 그러지 못하게 멈춰 세웠다. 손댈 수 없었다. 어떡하면 되는지 알 수 없었다.

* 1990년대와 2000년대를 대표하는 일본의 가수. 노래뿐 아니라 패션으로도 젊은 여성들에게 큰 영향을 미쳤다.

다이 씨가 허둥대며 달려왔다. 오자마자 유리 씨에게 손을 뻗었다. 몸에 손을 댔다.

"유리 씨, 괜찮아. 진정하자." 다이 씨는 그렇게 말하며 무릎을 꿇고 유리 씨를 안아서 일으켰다.

"같이 갈까?"

"피가 나!" 다이 씨는 반쯤 착란을 일으킨 유리 씨에게 어깨를 빌려주었다.

그 뒤로는 신속했다. 간호사들은 재빠르게 불을 껐다. 다이 씨는 상처를 치료하면서 유리 씨에게 말을 걸어 실은 약을 복용하지 않는다는 사실을 알아냈다. 세 간호사가 상의했다.

"안 되겠는데. 혼자 돌려보낼 수는 없겠어." 다카에스 부장이 결론을 내리고 유리 씨의 아버지에게 전화를 걸었다.

유리 씨의 아버지는 금세 체육관으로 마중을 나왔다. 유리 씨는 그때까지도 흥분해서 "싫어! 혼자 갈 수 있어! 지배하려는 거지!"라고 고함을 질렀다.

소란스러운 와중에도 소방관들은 의연하게 대응했다. 병원에 반드시 갈 것, 진정될 때까지 돌봄시설은 출석 금지라고 전달했다.

"입원해야 할지도 모릅니다. 잘 부탁드립니다." 다카에스 부장이 말했다.

"저야말로 죄송합니다." 유리 씨의 아버지가 정중하게 사과했다.

나는 일련의 상황을 멍하니 서서 바라보기만 했다.

마음과 몸

승합차로 돌아오니, 돌봄시설은 여느 때와 똑같았다. 아무 일도 없었다는 듯 저녁 먹을 때가 되었고 다시 잔잔한 시간이 시작되었다. 움직임 없는 평화로운 시간이 찾아왔다.

유지로 씨는 늘 그러듯 냅킨을 접었다가 펴길 반복했고, 터줏대감은 느긋하게 담배를 피웠고, 야스오 씨는 그 옆에서 콜라를 꿀꺽꿀꺽 마셨다. 간호사들은 진료 기록을 적었고, 원무과 직원들은 설거지를 했다. 무탈하게 하루가 끝나려 했다. 한 시간만 지나면 모두 집에 돌아갈 터였다.

눈앞에 펼쳐진 돌봄시설의 평화를 보고 나는 생각했다.

'사상누각 같은 평화다.'

돌봄시설의 평화 이면에는 언제나 불씨가 숨어 있었다. 오늘은 유리 씨와 류지 씨였지만, 얼마 전에는 도모카 씨였고, 내일은 터줏대감일지도 모른다. 어쨌든 그 불씨는 이따금씩 맹렬한 화염이 된다.

이유는 여러 가지를 꼽을 수 있다. 약을 복용하지 않은 탓일 수도 있고, 인간관계에서 벌어진 사소한 문제 탓일 수도 있다. 계기가 무엇이든 섬세하게 유지되는 균형이 깨지면 불씨는 단숨에 퍼지고 크게 타오른다. 그리고 화염은 눈 깜짝할 사이에 인격 전체를 집어삼키고 익숙한 일상을 무너뜨린다. 유리 씨가 그랬듯 격렬한 혼돈을 일으킨다. 평화로운 돌봄시설이란 사막 위에 세워져 맥없이 붕괴될 수 있는 것이었다. 움직이지 않는 것의 이면에는 끊임없이 격렬하게 움직이는 것이 있었다.

물론 돌봄시설에 한정되는 이야기는 아니다. 우리의 일상도 마찬가지다. 평소에는 사회인, 전업주부, 학생으로 성실하게 살아가는 것 같지만, 상사에게 질책을 듣거나 믿었던 사람이 배신하거나 연인과 헤어지면, 평범하던 일상이 너무나 간단히 불타버린다. 마음속 깊은 곳에 숨어 있던 불씨가 단숨에 퍼져버린다. 그러면 평소와는 다른 자신이 튀어나온다. 학교나 회사를 빼먹기도 하고, 소중한 인간관계를 스스로 망가뜨리기도 한다. 그간 당연했던 '있기'가 불가능해지는 것이다. 우리의 일상 역시 얇은 막으로 유지되고 있을 뿐이다.

다만 돌봄시설은 일상을 유지하는 그 막이 유독 얇다. 그리고 연약하다. 얇은 막은 가연성 물질처럼 쉽게 불이 붙어 순식간에 타버린다.

간호사들은 그 때문에 매일매일 화재를 막는 데 여념이 없다. 불붙은 곳이 있는지 확인하고, 혹시 연기가 보이면 큰불이 되기 전에 끈다. 그럴 때 간호사들은 멤버들의 몸에 손을 댄다. 류지 씨의 어깨를 손으로 잡았듯이, 유리 씨를 안아서 일으켰듯이, 간호사들은 신속하게 손을 뻗는다. 몸에 손댈 필요가 있을 때 간호사들은 반사적으로 손을 뻗는다. 그 덕분에 멤버들을 진정시키고 큰불을 막을 수 있다.

세 간호사들은 모두 10대 때부터 정신과 병원에서 일하며 가장 증상이 심한 환자들을 돌봐왔기 때문에 멤버들이 때로는 몸에 손을 대주길 원한다는 사실을 잘 알고 있었다.

그들의 사례를 봐도 알 수 있듯 '손을 대주길 원하는 몸'은 분명히 존재한다. 다만 여기서 말하는 몸이란, 우리가 흔히 '마음과 몸'이라고 나누는 몸과 조금 다르다. 마음과 분명히 구분하기 어려운, '마음과 몸' 미만의 몸이다. 그런 몸은 마치 유리 씨의 화장처럼 마음과 끈적끈적하게 뒤섞여 있다.

정신과 의사 나카이 히사오 中井 久夫*는 그저 편리하기 때문에 마음과 몸을 나누는 것이라고 말했다. 마음과 몸을 나누면 편리하다. 제어하기 쉬워지기 때문이다. 그렇지 않겠는가. 손가락에 사마귀가 돋았을 때 '마음가짐 탓'이나 '신이 내린 벌'이라고 하면 일만 복잡해질 뿐이다. 그보다는 사마귀를 액체 질소로 태워서 처리하는 게 훨씬 간편하다. 몸에 일어난 일은 몸으로 한정해두어야 편리한 것이다. 마찬가지로 수학 문제를 풀 때마다 요가 자세를 취해야 하면 큰일이지 않겠는가. 혹은 사랑에 빠질 때마다 심장외과에서 치료를 받아야 한다면 누가 사랑을 하겠는가.

마음에 일어난 일 역시 마음에 한정하는 게 훨씬 편하다. 고대 로마 제국의 "분할해서 통치하라."는 격언처럼 몸과 마음을 나누면 쉽게 제어할 수 있다.

실제로 우리가 살아가는 세계를 그나마 제어하고 있는 근대 과학은 철학자 데카르트가 몸과 마음을 나눈 것이 그 시작점이었다고 한다. 데카르트는 세상 만물을 빠짐없이 의심해보는 기

---

* 일본의 의학자, 정신과 의사. 전문 분야는 조현병 치료법으로 일본의 20세기 정신의학을 대표하는 인물 중 한 명이다

이한 프로젝트를 수행하고 "나는 생각한다. 고로 존재한다."라는 경지에 도달했다. 그리고 그로부터 몸과 마음은 별개라는 것을 발견했다. 몸은 몸, 마음은 마음. 그렇게 나눔으로써 데카르트는 뭐가 뭔지 모르게 뒤죽박죽이던 세계를 깔끔하고 편리하게 정리했다.

그렇지만 몸과 마음이 깔끔하고 편리하게 나뉜 상태를 유지하려면, 실은 여유가 있어야 한다. 몸과 마음은 늘 나뉘어 있지 않다. 평소에는 깨끗하게 나뉜 듯한 몸과 마음에도 실제로는 뒤죽박죽 섞여 있는 부분이 있다.

뒤죽박죽인 부분은 여유가 없어지고 궁지에 몰리면 쉽사리 겉으로 드러난다. 싫어하는 사람을 떠올리면 배가 아프고, 긴장하면 손끝이 떨리고, 머리를 얻어맞으면 마음까지 너덜너덜해진다. 그처럼 상태가 안 좋아지면 몸과 마음의 경계는 간단히 무너진다. 그리고 몸과 마음이 뒤섞인 무언가가 나타난다.

그런 몸과 마음에 대해서 나카이 히사오는 다음과 같은 절묘한 말을 남겼다.

> '마음'과 '몸'이라는 단어를 모두 사용하지 않고, 뭐든 좋지만 가령 '마몸'*이라는 단어로 둘을 모두 가리키면 이상한 일이 벌어진다.[4]

---

* 나카이 히사오는 마음을 뜻하는 'こころ(코코로)'와 몸을 뜻하는 'からだ(가라다)'를 조합해 'こらだ(고라다)'라는 단어를 만들어냈다. 이 책에서는 '고라다'를 '마몸'으로 옮겼다.

상태가 나빠져서 '이상'해지면 마음과 몸의 경계선은 불타서 없어진다. 그때 마음과 몸은 '마몸'이 되어버린다. 떠올려보길 바란다. 류지 씨가 분노를 억누르지 못했을 때, 마음이 화를 내면서 몸에 폭력을 휘두르라고 명령하지는 않았다. **마몸**이 화를 냈던 것이다. 유리 씨가 비지땀을 흘릴 때도 **마몸**이 불안에 떨었다.

우리도 마찬가지다. 사랑에 빠졌을 때, 우리는 마음만으로 사랑을 하지는 않는다. 심장이 쿵쿵 뛰는 등 온몸으로 사랑을 한다. 그처럼 불씨가 큰불로 번져 얇은 막이 타버리면 **마몸**이 드러난다.

마몸은 불편하다. **마몸**이 나타나면 스스로를 제어할 수 없게 되기 때문이다. **마몸**은 마구 날뛴다. 그럴 때 우리는 소변을 싸기 직전까지 참았을 때처럼 내가 다른 사람이 된 것 같다고 느낀다. **마몸**에 이리저리 휘둘린다.

이 대목이 무척 중요하다. '마음과 몸'이라는 식으로 깔끔하게 나누면, 나의 것과 타인의 것을 명확하게 구분할 수 있다. '마음과 몸'은 매우 사적이며 누구도 멋대로 침입할 수 없는 신성불가침한 영역이다. 만원 전철에서 누군가와 몸이 닿으면 불쾌하지 않은가. 내 사적인 영역에 타인이 침입했다고 느끼기 때문이다.

그렇지만 일단 **마몸**이 나타나면 그때까지 닫혀 있던 사적인 장소가 타인에게 개방된다. 내 맘대로 제어할 수 없는 **마몸**은 타인을 끌어들인다. 유리 씨의 몸은 넘어지지 않도록 받아주길 원했고, 류지 씨의 몸은 폭력을 휘두르지 않도록 억제해주길 원하지 않았는가. 우리도 마찬가지다. 열이 날 때, 다쳤을 때, 잠이 안 올 때, 눈물이 날 때, 우리의 '마음과 몸'은 **마몸**이 되어 누군가의 손길을 원한다.

그뿐이 아니다. **마몸**은 전염된다. 누군가의 **마몸**을 목격하면 우리의 마음과 몸까지 **마몸**이 되어버린다. 눈앞에서 할머니가 쓰러졌을 때 어쩔 줄 모르고 절로 손을 뻗는 것은 우리의 **마몸**이 반응했기 때문이다. 타인에게 개방된 **마몸**은 실제로 타인의 마몸을 끄집어낸다. 그 대표적인 예가 성행위 아닐까. 그때는 **마몸**과 **마몸**이 뒤섞여서 두 사람 사이에 있던 사적인 경계선이 사라진다.

여기까지 적고, 불현듯 깨달았다.

넘어지는 유리 씨를 내가 붙잡지 못했던 이유는 내 마음과 몸이 **마몸**으로 변해버리는 게 무서웠기 때문이다. 내 사적인 영역을 타인에게 개방하기가 불편했던 것이다.

나는 정신치료를 배우면서 줄곧 '나는 나, 당신은 당신'이라는 사고방식을 주입당했다. 마음의 문제를 다루는 정신치료는 지극히 사적인 내용을 사적으로 다루기 때문에 '나는 나, 당신은 당신'이라는 근대적 개인을 가장 중요한 전제로 삼는다. 그 때문에 나는 엄중하게 관리되는 경계선을 존중하고 무단 침입을 하지 않도록 최대한 신경 쓰는 훈련을 받아왔다. 이러한 점에서 나는 뼛속까지 데카르트의 후예다. 데카르트는 『방법서설』에 다음과 같은 문장을 썼다.

내가 어떤 신체도 갖고 있지 않고 내가 있는 어떤 세계도 어떤 장소도 있지 않다고 가상할 수는 있지만, 그렇다고 해서 내가 전혀 있지 않다고 가상할 수는 없다.[5]

이 글은 데카르트가 '마음과 몸'을 분리하고 근대적 자아를 발견했을 때 남긴 것이다. 이처럼 타인의 접근을 허락하지 않는 압도적 고독이 정신치료의 뿌리에 있다. 그래서 나는 사적인 영역이 붕괴되는 것에 매우 큰 저항감을 느끼고 만다.

그렇지만 돌봄시설은 다르다. 돌봄시설에는 **마음**이 되기 쉬운 사람들이 모여 있다. 고독해지면 '마음과 몸'을 나누는 얇은 막이 타버리기 때문에 그들에게는 누군가와 함께 '있는 것'이 필요하다. 그들은 타인을 향해 열려 있으며, 동시에 타인을 필요로 한다.

그러니 다이 씨도 신이치 씨도 사실은 멤버들의 몸에 손을 댄 것이 아니다. 그들은 멤버들의 **마음**에 손을 뻗었던 것이다. 다이 씨는 자신의 **마음**과 유리 씨의 **마음**을 서로 맞댔다. 그렇게 해서 유리 씨의 '있기'를 확보하려 한 것이다. 균형을 잃고 제어할 수 없게 된 **마음**은 다른 **마음**과 함께함으로써 안정을 되찾기 때문이다.

나는 그런 것을 몰랐다. 나는 나의 **마음**이 두려웠다. 하지만 돌봄시설에 '있기' 위해서는 **마음**에 익숙해져야 한다. 타인의 냄새와 달라붙는 살갗에 익숙해져야 한다. 그러지 않으면 직원이 될 수 없다.

나는 간호사들에게서 배워야만 했다.

그때였다.

"우왁!"

이상한 소리가 났다. 뒤이어 "꽝!" 하는 큰 소리도 났다.

흡연실이었다. 돌아보니 야스오 씨가 입에 거품을 물고 쓰러져 있었다. 온몸이 경련을 일으켰고, 의자에서 미끄러져 떨어지려 했다. '무슨 일이지?'라고 생각하기에 앞서 나는 움직였다. 마몸이 멋대로 반응했다.

흡연실 문을 열었다. 눈앞에 타인의 손길을 바라는 **마몸**이 있었다. 그 **마몸**은 다치질 않길, 숨이 막히지 않길 원했다. 내 마몸은 야스오 씨의 **마몸**에 빨려들었다.

'건드리면 안 돼!'

그런 목소리가 들렸다. 사적인 영역을 중시하는 내 마음이 저항했다. 나는 무시했다. 결심을 굳히고 한 발짝 나아갔다.

그 뒤에는 **마몸**이 멋대로 움직였다. **마몸**은 손을 뻗었다. 마몸이 **마몸**을 만졌다. 누군가 구급차를 불렀다.

그날은 정말 최악의 하루였다.

내가 그만둘 때까지 너도 그만두지 마

이야기를 다시 앞으로 되돌리겠다.

"불탈 때는 어쩔 수 없어." 대머리는 술잔을 비웠다. 말라깽이가 잔을 닦고 꼬맹이가 얼음을 넣으면, 말라깽이가 술을 따르고 꼬맹이가 물을 더했다. "일단 불이 붙으면 말이야. 전부 타버릴 때까지 기다려야 해."

분명 유리 씨는 한창 불타고 있을 것이다. 입원하겠지. 그리고 마음속 무언가가 전부 재가 되면 다시 시설로 돌아올 것이다. 유리 씨의 인생은 지금까지 그런 과정을 반복해왔고, 앞으로도 반복할지 모른다.

"너무 마셨는데." 그렇게 말하면서도 다이 씨는 다시 술잔을 비웠다.

"너무 마셨어요." 신이치 씨도 몇 잔째인지 모를 맥주를 주문했다. "돈 선생, 조심해. 과음하면 저렇게 된다."

"너무 마시면 안 되는데." 나는 저녁에 있었던 일을 떠올리며 술잔을 입으로 옮겼다.

야스오 씨의 발작은 수분 중독이 원인이었다. 하루 종일 수분을 과도하게 섭취한 탓에 혈중 나트륨 농도가 낮아져서 발작까지 일어난 것이다. 야스오 씨는 평소에도 음료를 지나치게 마시기 때문에 다이 씨가 주의를 기울였는데 오늘은 미처 살피지 못했다. 야스오 씨 역시 **마몸**이 안정되면 돌아올 것이다. 그 또한 되풀이되는 일 중 하나다.

"이제 그만 평화롭게 일하고 싶다." 다이 씨가 말했다.

"그러게요. 지치네요." 신이치 씨가 동의했다.

나도 끄덕였다. 평화롭게 일하고 싶다. 그런 생각이 들었다.

"여기에서 일하는 이상 어려울걸." 다카에스 부장이 자조적으로 웃었다.

그렇다. 우리는 평안하지 않았다. 매우 불안정한 상황에 놓여 있었다. 유리 씨와 야스오 씨 때문은 아니었다. 그런 일들은 시설에서 자주 일어났다. 불이 붙으면 소화한다. 그런 소동과 함께 매일매일 살아가는 것. 우리의 삶도, 돌봄시설의 일상도 마찬가지다. 그러니 소동은 일의 일부에 불과했다. 문제가 되지는 않았다.

그때 돌봄시설은 근본적인 위기를 마주하고 있었다. 의사 중 한 명이 그만둔 것을 계기로 조직과 규칙에 큰 변화들이 일어나려 했다. 정말 커다란 변화였다. 앞으로 어떻게 될지 미래가 불투명했고 누구도 예측할 수 없었다. 우리는 돌봄시설이 지금처럼 운영될 수 있을까 불안했다. 우리 직원들이 평화롭지 않았다. 우리 마음속의 불씨도 퍼져가려 했다.

그래서 나는 생각했다. 유리 씨의 동요는 직원들의 동요에서 비롯된 것이 아닐까? 돌봄시설의 규칙들이 변해서 유리 씨가 '지배당한다'는 생각을 품게 된 것은 아닐까? 야스오 씨의 수분 중독은 어수선한 시기에 직원들이 충분히 살피지 못한 탓에 일어난 것이 아닐까?

우리의 불안이 멤버들의 '있기'를 위협하고 있지 않을까?

그 때문에 우리는 더 자주 술집에 모였다. 불안정할수록 쓸데없는 이야기를 나누며 술을 들이켰다.

월급쟁이는 귀찮다. 조직에서 일하면 다른 사람과 맞춰야 하고 내 맘대로 할 수 없어 번거롭다. 하지만 월급쟁이라서 좋은 점도 있다. 상황이 어려워져 불안할 때 함께 불안해할 수 있다. 혼자서 일하면 그럴 수 없다. 조직에서는 모두가 짜증스러운 일을 공유하고 불평한다. 불안을 함께 감당하며 술을 마신다. 그러면 어떻게든 될 것이라는 생각이 든다.

대머리, 뚱보, 말라깽이도 분명 나와 같은 생각을 했을 것이다. 무거운 분위기를 날려버리듯이 신이치 씨가 말했다.

"어떻게든 되겠지. 괜찮아요. 지금까지도 그랬으니까."

부드러운 사투리로 그렇게 말하면 마음이 편해졌다. 그래서 술을 마셨다.

하지만 궁금했다. 전에도 같은 일이 있었나? 무슨 일이었을까?

나는 여전히 돌봄시설을 잘 몰랐다.

다카에스 부장의 눈이 풀리기 시작했다. 부장이 아기 같은 표정을 지으면 슬슬 술자리를 마무리해야 했다. 그런데 다이 씨가 계속 마셨다. 나는 얼음을 넣고 술을 따르고 물을 더한 다음 막대로 휘저었다. 이 일만은 익숙해졌다. 배구를 할 때마다 근육통에 시달리는 건 변함이 없는데, 술에 물을 타는 것만은 능숙해졌다. 다이 씨가 갑자기 뚱딴지같은 말을 했다.

"돈 선생 약속 좀 하자."

"약속요?"

"내가 그만둘 때까지 그만두면 안 된다."

다이 씨의 말을 듣고 신이치 씨가 크게 웃었다.

"돈 선생도 드디어 약속하는 건가. 나도 다이 씨랑 약속했다니까. 돈 박사, 같이 힘내자."

"약속이다. 남자의 약속." 그렇게 말하더니 다이 씨가 술을 단숨에 들이켰다.

나는 만취해서 별생각 없이 약속했다. "알겠습니다. 약속해요."
"약속했다." 다이 씨가 중얼거렸다.

그렇게 나는 대머리, 뚱보, 말라깽이와 동료가 되었다. 드디어 직원의 일원이 된 것이다.
그렇지만 곧바로 깨달았다. 다이 씨는 그만두려는 건가? 그만두지 않겠다는 약속을 굳이 해야 할 만큼 시설은 '있기' 힘든 곳인가? 대체 무슨 일이 일어나는 걸까?
"대체 여기에 무슨 일이 있는 건가요?" 나는 다이 씨에게 물었다.
"비밀." 다이 씨가 웃었다. "2년 버티면 알려줄게."
결국, 나는 답을 듣지 못했다. 하지만 배울 필요도 없이 나는 답을 알게 되었다. 그리고 아는 것에서 나아가 시설에 있는 불길함의 한복판으로 던져졌다.

그렇지만 당시 나는 그런 미래를 전혀 몰랐다.
나는 대머리, 뚱보, 말라깽이가 함께하니 어떻게든 될 거라고 안심하며 막대기로 물과 섞은 술을 휘휘 저었다. 술잔 속 얼음이 딸그랑 소리를 내며 천천히 녹았다.

4장

전문가와
비전문가

보이지 않는
노동

보이지 않는
노동

비몽사몽
기몽가몽

4장

운전사가 된 임상심리사

오키나와에서 일했을 때, 나는 아침형 임상심리학자였다. 아니, 정확히 말하면 '아침 한정' 임상심리학자였다.

늑대인간이 보름달 아래에서 변신하듯, 드라큘라가 깊은 밤에만 하늘을 날듯, 신데렐라가 자정까지는 공주님이듯, 나도 오전 5시부터 7시까지만 임상심리학자였다.

5시에 휴대전화 알람이 울리면 벌떡 일어난다. 전기주전자로 물을 끓이는 동안 베란다에서 담배를 피운다. 이른 아침의 풍경은 언제나 멋지다. 낮에는 찜통처럼 더울 것 같지만 밤바람의 흔적이 남아 있는 새벽은 상쾌하다. 담배를 다 피우면 싸구려 인스턴트커피를 타고 천천히 컴퓨터를 켠다.

그때부터 두 시간 동안 논문을 쓴다. 그 무렵에는 정신질환자의 치료에 대한 논문을 썼다. '간직하기^{containing}'와 '투사적 동일시' 등 주문 같은 전문 용어를 구사하며 정신질환자의 치료에서 무슨 일이 일어나는지, 치료자는 어떻게 개입해야 하는지, 그 결과 마음은 어떻게 변화하는지 등을 썼다.

그렇게 어려운 단어를 사용해서 유머라고는 전혀 없는 논리적인 문장을 쓰고 있으면 스스로에게 도취되었다. 나라는 사람 정말 똑똑한 학자, 자는 시간도 아끼며 학문에 몰두하는 모습 더할 나위 없이 멋지네, 조만간 방송이나 잡지에서 취재 올지 몰라. 그런 상상을 하며 혼자 흥분했다. 하지만 내가 학자일 수 있는 건 두 시간뿐. 7시가 되면 마법이 풀렸다.

7시 45분. 나는 10인승 승합차의 운전석에 앉아 있었다. 반바지에 검은색 폴로셔츠, 밀짚모자와 선글라스를 착용한 차림으로 운전대를 잡고 있었다. 곁눈으로 바다 위의 섬을 보며 운전해서 인적 없는 쇼핑센터의 주차장에 도착했다. 누군가 깜박하고 차에 놔둔 체육관용 운동화 때문에 코를 콕콕 찌르는 땀 냄새가 진동했다.

나는 마중을 나온 것이었다. 앞서 적은 대로 돌봄시설이 개편되면서 직원들이 번갈아 차를 끌고 멤버들의 마중과 배웅을 하게 됐다. 스스로 시설을 오가기 힘든 멤버들을 위한 셔틀버스 운행이 업무에 포함된 것이다.

얼마 전 50대가 된 장발 남성 멤버 다마키 씨는 어김없이 지각이다. 아무런 연락이 없는 걸 보니 곧 올 것 같았다. 땀 냄새에 절은 차 안보다 나을 듯해 밖으로 나가 담배를 피웠다. 아침 공기가 상쾌했다.

주위를 둘러보니 개점 전의 주차장에는 자동차도 사람도 없어서 어쩐지 쓸쓸했다. 문득 맥이 빠졌다. 조금 전까지 복잡한 논문을 쓰던 날카로운 임상심리학자가 지금은 셔틀버스 운전사라는 걸 새삼 깨닫고 깜짝 놀랐다. 대체 내게 무슨 일이 일어난 거야!

바람직하지 않은 생각이 떠올랐다.

'나는 유배된 게 아닐까? 박사 학위까지 받고 승합차 기사를 하는 임상심리사는 전국에 나밖에 없을 거야!'

나는 자기 연민에 빠져들었다. '유배당하면 죽어서 귀신이 된다는데, 그럴 만해. 맞아, 나도 유배당했으니 지인들한테 닥치는 대로 저주를 퍼부을 권리가 있지 않을까.' 이렇게 생각하고 사악한 계획을 세우는데 저쪽에서 굵은 목소리가 들렸다.

"좋은 아침!" 활기찬 인사와 함께 화려한 알로하셔츠를 입은 다마키 씨가 다리를 절룩거리면서 다가왔다. "오늘은 도하타 선생님이네. '미사'가 아니구나. 아쉬운걸."

다마키 씨의 인사에 정신을 차렸다. "안녕하세요. 늦으셨어요."

"아이고, 꿈자리가 뒤숭숭했거든." 다마키 씨는 개의치 않고 사투리로 이야기를 계속했다. "엄청 많은 까마귀가 나한테 점점 다가오는 거야. 아, 심장이 철렁했어."

조현병다운 불길한 꿈이었다. 나는 "큰일이었겠네요."라고만 대꾸하고 더 이상 캐묻지 않았다.

조현병 진단을 받은 다마키 씨는 가족이 없어서 기초생활보장 수급자로 혼자 살았다. 수년 전 다리 상태가 나빠지면서 운동을 못 한 탓에 당뇨병까지 걸렸다. 하지만 아랑곳하지 않고 언제나 설탕을 듬뿍 넣은 커피를 마셨다. 다마키 씨는 불편한 다리 때문에 혼자서 시설을 오가기 힘들어 셔틀버스를 이용했다. 참고로 다마키 씨가 기대한 '미사'란 원무과 직원인 '히가미사'를 가리킨다.

이렇게 멤버와 이야기를 나누면 하루가 시작되었다는 실감이 들었다. 시동을 걸고 운전대를 꺾었다. 승합차로 시골길을 달리며 길가에서 기다리는 멤버들을 차례차례 태웠다. 오디오를 켜니 과격한 클럽 음악이 흘러나왔다. 어제저녁 운전 담당이었던 히가미사가 CD를 두고 내린 모양이었다. 니키 미나즈[Nicki Minaj]가 "fuck"이니 "dance"니 하며 노래를 불렀다.

"느낌 좋은데. 나도 예전에 춤 좀 췄는데." 다마키 씨가 오키나와 전통 춤을 추었다. "다음에 미사랑 밤새 춤추면 좋겠다."

"하하핫!" 나는 웃음을 터뜨렸다.

돌봄시설의 단순노동

아침의 마법이 풀리면 임상심리학자는 운전사가 된다. 그리고 병원의 상담실에 들어가면 임상심리사로 변신한다. 와이셔츠와 면바지로 갈아입고 하얀 가운까지 장착하면 정신치료 전문가가 된다. 상담을 마치고 돌봄시설로 갈 때는 다시 하얀 가운을 벗는다. 그러면 이번에는 보리차를 담당하는 아저씨가 된다. 옷을 갈아입으면서 변신을 거듭한다. 눈코 뜰 새 없이 바쁘다.

돌봄시설에 있을 때 나는 어떤 사람이 될까.

멤버들과 함께 요리하고 설거지를 한다. 청소기를 돌리고 책상과 의자를 걸레로 닦는다. 외출하면 음료를 챙기고 필요한 물품을 승합차에 싣는다. 인원수를 확인하고 운전한다. 멤버들과 이야기를 나눈다. 그리고 시설에서 그냥 앉아 있는다.

시설에서 하는 일 중 90퍼센트는 '엄마'가 하는 듯한 비전문적 노동이었다. 돌봄시설에 있을 때, 나는 임상심리학 전문가가 아니라 그냥 비전문가다. 그런 느낌에 나는 당황했다.

물론 임상심리사 자격도 박사 학위도 분명히 가지고 있으니

(몰락한 사업가가 예전의 명패를 끌어안고 있듯이) 나는 틀림없이 전문가였다. 하지만 임상심리학적인 운전이나 설거지가 있냐고 물으면, 당연히 그런 일은 없다. 적어도 교과서에는 쓰여 있지 않다. 현실에서도 내가 운전하다가 학자로서 깊게 생각한 뒤에 차선을 변경하지는 않았다. 내가 했던 일들은 분명히 비전문적인 단순노동이었다.

나는 이력서의 자격증 칸에 임상심리사와 운전면허를 적었는데, 실무에서 압도적으로 가치 있는 쪽은 열아홉 살에 취득한 운전면허였다. 면허를 딸 때 후면 주차를 좀처럼 해내지 못해서 애먹었는데, 그때 포기하지 않아서 다행이었다.

사실 그런 방면에서 대활약하는 이들은 바로 원무과 직원들이었다. 그들은 고등학교를 졸업하자마자 아무런 자격증도 없이 취직했다. 오키나와의 최저임금은 적은 편이고 일자리도 대부분 비정규직이기 때문에 정규직인 데다 고졸 신입에게 파격적인 급여를 주는 정신과 병원에는 매해 많은 구직자들이 몰렸다(내가 취직한 사정과 똑같다).

그들은 병원의 온갖 일을 맡았다. 본래 사무직으로 채용되었기 때문에 외래 접수, 진료수가 청구, 직원 급여 관리 등은 당연히 했고, 거기에 일주일씩 돌아가며 돌봄시설의 단순노동까지 담당했다. 요리하고, 청소하고, 셔틀버스를 몰았다. 멤버들과 카드놀이를 하고, 함께 배구를 하고, 대화를 나누었다. 원무과 직원들 없이 돌봄시설은 운영될 수 없었.

다마키 씨가 호감을 품은 히가미사도 원무과 직원 중 한 명이다. 엄청 화려하게 화장하고 출근하는 히가미사는 나보다 조금 늦게 입사한 후배인데, 원무과 직원들 중에서도 특이한 이력을 거쳐왔다.

히가미사는 10대 때 임신해서 고등학교를 중퇴했다. 아이 아버지가 홀연히 사라졌지만 결혼하지 않고 혼자 딸을 키웠다. 오키나와 여성들에게는 전형적이라 할 만큼 흔한 일이다. 히가미사는 어머니에게 딸을 맡기고 밤에 일했다. 동네 술집에서 요란한 드레스 차림으로 잔에 술을 따르고 담뱃불을 붙였다. 가끔씩 남자 동창들이 가게에 왔다는데, 그럴 때가 "최악"이었다고 했다.

낮에 일하고 싶었던 히가미사는 고생 끝에 고등학교 검정고시를 통과했다. 그리고 원무과 직원으로 채용되었다.

히가미사는 다른 직원들보다 조금 연상인 데다 (그래 봤자 23세였지만) 리더 기질도 있어서 원무과 직원들의 절대적인 지지를 받았다. 히가미사는 동료들의 도덕적 지주가 되었고 순진한 직장 동료들을 밤 문화로 안내했다.

히가미사의 인솔 아래 원무과 직원들은 화려한 밤거리로 몰려 나갔다. 번화가의 클럽에서 밤새도록 춤추었고, 이따금씩 호스트 클럽에 갔다가 설익은 사랑에 빠져서 성공하기도 실패하기도 했다. 그들에게는 놀기에 충분한 체력과 돈이 있었기 때문에 아침부터 밤까지 일한 다음 밤부터 아침까지 놀았고, 다시 아침부터 밤까지 일했다.

입사 직후의 원무과 직원들은 무척 천진난만하다. 며칠 전까지 고등학생이었으니 그럴 수밖에. 하지만 병원에서 1년만 일해도, 그들의 얼굴은 완전히 어른이 된다.

집에서 부모님을 전혀 돕지 않았고 요리, 빨래, 청소 모두 해본 적 없다던 어린 여성들은 일을 시작하고 얼마 지나지 않아 돌봄시설의 비전문적 노동을 완벽히 해냈다. 당장 엄마가 되어도 손색없을 정도로. 그리고 머지않아 그들은 차례차례 진짜 엄마가 되었다. 사랑에 빠지고, 임신을 하고, 아이를 낳고, 직장을 그만두었다.

히가미사는 "힘내."라며 떠나가는 사람들을 격려했다. 자신의 인생 경험 때문인지 무척 따뜻했다. "남자가 이상한 짓을 하면 당장 얘기해. 나한테 상의해. 뭐, 나도 실패했지만."

청춘의 한복판에 있는 원무과 직원들과 이미 가정이 있는 임상심리사, 그들과 나는 돌봄시설에서 똑같은 일을 했다. 그리고 나는 명백하게 그들보다 쓸모없었다. 정말로, 틀림없이, 치명적으로, 나는 쓸모없었다. 왜냐하면 나는 자동차를 박살 냈기 때문이다.

인생 첫 시말서

돌봄시설 사람들은 자주 외출한다. 배구나 발야구나 배드민턴 같은 걸 하러 체육관에 갔고, 소프트볼을 하러 야구장에 갔고, 근처에 있는 대형 마트에 장보기 실습을 나가기도 했다. 돌봄시설의 영역은 지역 전체에 걸쳐 있었다. 그렇다고 해도 평일 대낮에 주부들이 배구를 하는 옆 코트에서 배드민턴 대회를 치르다 보면 스스로도 지금 일하는 게 맞는지 확신이 들지 않았다.

어쨌든 그렇게 여기저기 돌아다니려면 자동차가 꼭 필요했다. 그래서 간호사도 원무과 직원도 심리사도 모두 운전사가 되었다. 멤버들을 태우고 체육관이든 대형 마트든 가리지 않고 승합차를 몰았다.

가끔 내가 유배당한 것 같아 마음속으로 사악한 계획을 세웠지만, 사실 나는 운전 업무를 좋아했다. 승합차는 운전석 위치가 높고 힘도 꽤 좋아서, 장난감 같은 내 경차와 비교하면 운전할 맛이 났다.

운전하면서 멤버들과 나누는 대화도 재미있었다. 멤버들은 대부분 시설에서 그러듯이 조용히 창밖을 내다보지만, 차 안에서 말을 걸면 예상치 못한 답을 들려주었다.

"벌써 다음 주에 배구 대회예요." 내가 말을 걸자 수분 중독에서 금세 복귀한 야스오 씨가 평소처럼 "네."라고 답했는데, 그 뒤에 "이제 몸이 고물이라 힘들어."라고 살짝 웃으며 한 마디를 보탰다.

차 안에서는 평소보다 대화를 나누기 쉬웠다. 눈을 마주 보지 않아도 자연스럽게 대화가 이어지니까.

"왜 야스오 씨 몸이 고물이에요?" 체육관 주차장에 도착해서 후진으로 주차하기 시작했다.

"○○를 너무 많이 해서." 책에는 쓸 수 없는 파렴치한 발언에 모두 폭소했다.

"뭐야!" 그런 유머를 좋아하는 다마키 씨가 제일 신났다. "엉큼하네. 야스오 씨, 변태였어."

그때였다.
삐삐삐삐삐! 이상한 소리가 울렸다.
돌아보았다. 자동차 뒤 유리 전체에 금이 가 있었다. 무언가에 부딪친 것이었다.
"우와와와와!" 나는 깜짝 놀라 브레이크를 밟았지만 소용없었다. 무언가가 차창을 뚫고 들어왔다. 차가 멈췄다. 야스오 씨의 머리 바로 옆으로 통나무가 불쑥 들어와 있었다.
"죽을 뻔했잖아!" 야스오 씨가 소리쳤다.

사고였다. 주차장으로 튀어나와 있던 통나무를 향해 후진으로 돌진했던 것이다.
허겁지겁 달려온 다카에스 부장이 경찰에 알렸고, 보험사에 전화해서 사정을 설명하고는 대신할 차를 준비해달라고 요청했다. 다른 차를 운전해서 온 히가미사가 엉망진창이 된 승합차를 보고는 무례하게도 피식 웃었다. 나는 열받았지만 입이 열 개라도 할 말이 없었다.
모두가 체육관에서 배구를 하며 땀 흘리는 동안 나는 주차장에서 홀로 경찰관과 보험사 직원을 기다렸다. 아스팔트 위로 산산이 흩어진 유리 파편들이 기운찬 태양빛을 반사하며 반짝반짝 빛났다.
"후진이 어렵다니까."

후진을 못 하는 사람한테 면허를 준 운전학원이 잘못한 거야! 나는 남 탓을 할 수밖에 없었다.

병원으로 돌아간 뒤, 최고참 간호사 게이코 씨에게 흠씬 혼쭐이 났다.

"도하타! 조심 안 할래! 안전이 제일 중요하다고! 제대로 뒤를 봐야지!"

변명의 여지가 전혀 없는 나는 난생처음 시말서를 썼다. "앞으로는 주차할 때 반드시 후방을 돌아보며 차분하게 상황을 확인하겠다고 마음속 깊이 굳게 다짐하는 바입니다."

그렇게 나는 후방 지향적 임상심리사가 되었다.

눈에 띄지 않는 노동

'백미러 강박증'을 앓으면서도 나는 승합차를 운전했다. 운전을 안 할 수는 없었다.

시설의 운전 업무처럼, 이 세상에는 아무리 서툴러도 누군가 하지 않으면 세상 자체가 돌아가지 않는 일이 존재한다.

전문가의 일은 어느 기준 이상으로 해내지 못하면 아예 하지 않는 것이 낫다. 외과 수술도 정신치료도 미숙한 사람이 해서는 안 된다. 자칫 잘못하면 상대에게 치명적인 손상을 입힐 수 있다. 위험 부담이 따르는 일인 것이다. 그래서 전문가들은 훈련을 거듭하고 경험을 쌓아서 일정 기준을 만족시켜야 한다.

비전문적 노동은 다르다. 아무리 손재주가 없어도 설거지는 할 수 있다. 만약 아무도 설거지를 하지 않으면 부엌이 더러워져 결국 밥상을 차릴 수도 없게 될 것이다.

집안일이 그렇듯 일상에 지장이 생기지 않도록 누군가는 해야 하는 비전문적 노동이 있다. 그래서 나는 계속 운전대를 잡았다. 내가 운전하지 않으면 체육관에서 배구를 할 수 없고, 무엇보다 다마키 씨가 시설에 올 수 없었다. 물론 사고를 내는 것은 안 되지만, 어떤 식으로든 운전해서 목적지까지 무탈하게 도착한다면 그것만으로 충분히 합격점을 받을 수 있다. 비전문적 노동이란 그런 일이다. 서로 경주하는 것이 아니기 때문에 체육관까지 천천히 가도 상관없다.

현실적으로는 그런데, 그래도 쉽게 소화하기 어려운 의문들이 남아 있다. 대체 나는 무얼 하고 있는 걸까? 유배당해서 어디로 표류한 것일까? 나는 이곳에서 어떤 사람이 된 것일까?

이런 의문들에 대해 조금 시간을 들여 고민해보고 싶다.

에바 페더 키테이 Eva Feder Kittay 라는 페미니즘 철학자가 쓴 흥미로운 글이 있다. 그는 지금까지 내가 말한 비전문적 노동을 '의존노동'이라고 부른다.

> 의존노동은 취약한 상태에 있는 타인을 수발하는(돌보는) 노동이다. 의존노동은 친밀한 사람들 사이의 관계를 유지해주고, 혹은 의존노동 자체가 친밀함과 신뢰를, 즉 관계를 만들어 낸다.[6]

'의존노동'이란 누군가 보살피지 않으면 살아가기 어려운 사람들을 돌보는 일이다. '약함'을 짊어지고 살아가는 사람들의 의존을 받아주는 일이라고 할 수도 있다.

앞선 인용문처럼 나는 돌봄시설에서 의존노동을 했다. 다리가 불편한 다마키 씨는 버스로 데리러 가지 않으면 시설에 올 수 없었다. 야스오 씨가 망상에 사로잡히지 않으려면 시설에서 누군가가 함께 있어야 했다. 그들은 삶에서 가장 기본적인 것들을 타인에게 의존했고, 우리 직원들은 그들의 의존을 받아주었다.

마치 아기를 돌보는 엄마와 비슷하다. 아기는 스스로 할 수 있는 일이 적기 때문에 엄마가 해주어야 할 게 많다. 기저귀를 갈아주고, 밥을 먹여주고, 빨래를 해준다. 엄마는 아기의 각종 요구를 충족시켜준다. 아기의 의존을 받아준다.

엄마의 의존노동은 폭넓은 영역에서 이뤄진다. '수유는 상관없지만, 기저귀 교체는 계약에 없는 일이에요!'라고 주장하기는 어렵다. 아니, 주장은 할 수 있겠지만, 정말로 아무도 기저귀를 갈지 않으면 아기의 엉덩이는 짓무를 것이다.

돌봄은 이런 엄마의 일과 비슷하다. 무언가 취약성이 있는 사람은 다양한 것들을 요청하게 마련이고, 누군가는 그런 요청에 임기응변으로 대처해야 한다. 그래서 나는 보리차를 내렸고 바닥에 엎지른 국수를 걸레로 닦았다. 결국 누군가는 해야 하는 일이었기 때문이다.

또한 키테이는 의존노동이 전문가의 일로 인정받기 어려운 현실을 강조했다.

의존노동의 일로 바로 떠올리는 것은 한 사람이 온갖 일을 전부 해내는 형태인데, 그 일이 합리화되고 전문화될수록 의존노동이라고 인식되지 않는 경향이 있다.[7]

사회학에서는 어머니가 하는 일을 기능적으로 확산된 일, 전문가들이 하는 일을 기능적으로 특화된 일이라고 한다.[8]

어려운 문장이니 좀더 쉽게 풀어보겠다.

인간이 원시인이었던 시절을 상상해보자. 인간은 무리를 이뤄 생활했고, 모두 비슷한 일을 했을 것이다. 다 같이 사냥을 가고, 땔감을 모으고, 음식을 만들었다. 물론 성별과 연령에 따라 조금씩 다른 역할을 맡았겠지만, 그래도 '나는 은행 ATM 시스템을 만들 테니 너는 커피 품종을 개량해.' 같은 차이는 없었을 것이다. 하지만 점점 사회가 발전하고 복잡해지면서 분업이 진행되고 전문적인 직업이 생겨나기 시작했다.

돌봄 역시 마찬가지다. 원시인들도 아프거나 쇠약해진 사람을 돌봤을 것이다. 걷는 걸 부축해주고, 먹는 걸 도와주고, 잠을 재워주고, 몸을 쓰다듬었을 것이다.

나는 한때 침팬지가 궁금해서 여기저기 취재를 다녔다. 물론 침팬지는 말을 못 하기에 영장류 연구자와 사육사와 수의사를 취재했다. 그들은 침팬지 역시 불안이 심해지거나 우울해지면 서로 몸을 만져주고 깨물어주면서 돌본다고 알려주었다.

의존은 인간에게 본질적인 행위다. 인간은 자신이 약해졌을 때 누군가에게 의지하고 돌봄을 받는다. 혹은 약해진 사람을 도와주고 돌본다. 인간의 본능이다.

원시적이었던 돌봄은 시간이 지나며 점점 분화되어 전문가의 일이 되있나. 몸을 선문으로 신난하는 의사, 음식을 전문으로 만드는 영양사, 마음을 전문으로 다루는 임상심리사가 등장했다. 각자의 영역에 특화된 직업이 생겨난 것이다. 나카이 히사오는 간호가 의학보다 오래되었다는 말을 남겼는데, 그처럼 돌봄은 치료보다 오래된 것이다.

의존노동이란 전문화되지 않고 남아 있는 돌봄을 가리킨다. 그래서 나도 돌봄시설에서 누군가 무언가를 바랐을 때, 가리지 않고 온갖 일을 해서 그 바람을 만족시켜야 했다.

오늘날 문제를 더욱 복잡하게 만드는 것은 의존노동의 사회적 가치가 낮다는 점이다. 키테이는 이에 대해서도 지적했다. 철학자인 키테이는 실제로 장애 당사자인 자식을 돌보면서 매일매일 다양한 갈등을 경험한 모양이다. 그래서 의존노동을 철저하게 파고들었다.

> 포스트산업화 시대에 전문직이 두드러진 것과 비교해, 현대 사회의 개인주의적 성향은 특히 의존노동을 눈에 띄지 않게 만들고 있다. 요구 수준이 높다고는 해도, 많은 보수를 받는 전문직과 비교해 의존노동은 무상이 아닌 경우에도 급여가 몹시 적다.[9]

쉽게 말하면 다음과 같다.

우리는 개인의 자립이 전제인 사회에서 살아가고 있다. 유치원에서도 초등학교에서도 '자기 일은 스스로 하자.'라고 배우며, 가르침대로 해내면 잘했다고 칭찬을 받는다. 이 사회는 자립해서 많은 일을 책임지고 해내는 사람들이 구성하고 있다. 우리 사회는 그런 전제로 운영되는 것이다.

그 때문에 자립한 사람의 가치는 눈에 잘 띈다. 예컨대 남편은 회사에 출근하고 아내는 전업주부로 집에 있다면, 많은 사람들이 남편은 자립해서 훌륭히 돈을 벌고 아내는 남편에게 의존하며 살아간다고 생각할 것이다.

사실은 그렇지 않다. 남편 역시 아내에게 의존한다. 남편은 식사·세탁·청소 등 생존에 가장 기본적인 것들을 아내에게 의존한다. 옛날이야기 속 나무꾼이 종일 나무를 하러 다닐 수 있는 것은 집안일을 도맡은 아내 덕분이다.

의존노동은 눈에 띄지 않는다. 나무꾼은 아내의 가치를 좀처럼 알아보지 못하고, 나무꾼의 아내 또한 스스로 '나는 나무를 베지 못하니 빨래나 해야지.'라고 생각하기 쉽다.

자립을 미덕으로 여기는 사회에서는 의존 자체가 점점 눈에 띄지 않게 된다. 그 때문에 그런 사회에서는 의존을 받아주는 일의 가치가 하찮게 여겨지고 만다. 나무꾼의 아내가 시냇가에서 빨래하는 게 얼마나 힘든지도 모르고 말이다. 옛날이야기의 세계에서 시냇가란 호랑이나 도깨비와 마주칠 수도 있는 위험천만한 노동 현장 아닌가.

주위를 한번 둘러보길 바란다. 의존노동의 사회적 가치는 명백하게 낮다. 소아과 의사는 많이 벌지만 어린이집 선생님은 훨씬 적게 번다. 똑같이 고령자를 위해 일하건만 자산관리사는 연봉이 높고 간병인은 연봉이 낮다. 나라고 다르지는 않다. 나 또한 치료가 돌봄보다 멋있고 가치 있다고 생각했다.

그 생각이다. 그 생각 탓에 나는 상처를 입었다.

시설에서 하는 비전문적 노동의 사회적 가치가 머릿속에 자꾸 떠오르는 바람에 내가 전문가의 나라에서 멀리 유배당했다고 느낀 것이다.

결국 같은 질문을 반복할 수밖에 없다. 나는 대체 뭘 하는 사람일까? 버스를 운전할 때, 보리차를 내릴 때, 그때도 나는 임상심리사일까? 모르겠다. 유배를 당했으니 주위 사람들을 닥치는 대로 저주하겠노라 사악한 계획을 세웠지만, 마음속 또 다른 존재에게 "안 돼. 괴물이 되지는 마."라고 저지당했다.

돌봄시설의 드라이브

돌봄시설에서 일하며 오키나와의 관광지를 대부분 가봤다. 돌봄시설에는 '드라이브'라는 활동이 있는데, 어디를 가도 괜찮았다. 그래서 기왕 나가는 김에 오키나와 북부의 맥주 공장을 견학했다가 남부에서 유명한 튀김을 먹은 다음, 돌아오는 길에는 사탕수수밭을 가로질러 달렸다. 일본에서 손꼽히는 오키나와 북부의 추라우미美ら海 수족관까지 간 적도 있다. 일단 승합차에 타면 가지 못할 곳은 없었다.

그렇지만 어디를 가도 같은 일을 했다. 다 같이 승합차에 타고 출발한다. 도착하면 잠시 숨을 돌리고, 다시 승합차에 타서 돌아온다. 산을 가든 바다를 가든, 안전 운전 끝에 목적지에 도착하면 싸구려 콜라를 마시면서 느긋하게 시간을 보내고 다시 안전 운전을 해서 돌아온다. 그렇게 하루를 보냈다.

그날의 목적지는 하마히가浜比嘉섬이었다. 오키나와 본섬과 다리로 연결된 아름다운 섬. 바다 한복판에 뚫린 기나긴 도로는 언제 달려도 상쾌했다. 얕은 바다를 승합차로 가로지르다 보면 그대로 둥실 날아오를 것 같았다.

그날은 히가미사와 내가 같은 차에 탔다. 가는 길에는 내가 운전대를 잡았다. 백미러 강박증이라 마음속으로 '안전 운전'이라 되뇌었다(주차할 때는 반드시 후방을 확인하자고도). 맡은 일을 제대로 하자. 여유 있게 화장실을 갈 겸 휴게소에 들르자. 인원수를 확인하자. 다 함께 출발하고, 화장실에 들렀다가, 다 함께 무사히 돌아오자. 누구도 주차장에 두고 오지 말자. 마지막 다짐이 가장 중요했다. 「나 홀로 집에」 같은 영화가 있지만, 그 건망증 심한 엄마도 돌봄시설에서 일했다면 결코 케빈을 두고 여행을 떠나지는 않았을 것이다.

내가 운전하는 승합차에는 다마키 씨도 타고 있었는데, 끈질기게 히가미사에게 말을 걸었다.

"미사, 내가 요즘 술이 약해졌거든."

"아아, 그래요."

"그런데 조금만 마셔도 취하니까 오히려 이득이야."

"네에."

더할 나위 없이 대충 대답하는 히가미사는 조수석에서 쉬지 않고 휴대전화를 만지작거렸다.

"미사, 다음에 나랑 한잔하고 춤추러 가지 않을래? 나도 옛날에는 제법 잘나갔거든. 먹고 마시고 여자들이랑 춤도 췄어. 그때가 그리워." 다마키 씨가 말했다.

"사양하겠습니다."

히가미사가 너무 쌀쌀맞은 탓에 내가 끼어들었다.

"그러면 야스오 씨가 다마키 씨랑 놀러 가면 어때요?" 내 말을 듣고 싱긋 웃는 야스오 씨가 백미러로 보였다.

"춤보다는 여자가 안마해주는 곳이 좋은데. 데려가줘."

"와! 야스오 씨, 안 되겠네. 나보다 노는 사람이었어." 다마키 씨가 웃었다.

히가미사의 표정은 전혀 변함이 없었다. 괜히 내가 끼어들어서 분위기만 더 나빠졌다.

섬 안쪽에 있는 얕은 바다와 접한 해안의 주차장에 차를 세웠다. 원무과 직원 중 막내인 히로코 씨가 모두에게 콜라를 나눠주었다. 잠깐 머무르는 곳이었지만 모두 느긋하게 시간을 보냈다. 나는 준코 씨와 야스오 씨를 꼬드겨서 해안의 더욱 안쪽에 있는 동굴을 보러 갔다. 그 동굴은 오키나와의 창세 신화에 등장하는 신들이 살았다고 전해지는 곳이다. 나는 종교와 신화를 좋아해서 하마히가섬을 미리 조사하고 그 동굴에 꼭 가보겠노라 점찍어두었다.

오키나와 방언으로 '가마ガマ'라고 부르는 자연 동굴은 울창한 숲속에 있었다. 오키나와의 성지 우타키는 대부분 숲속에 있

다. 오키나와에는 자연 만물에 영적인 것이 있다는 애니미즘animism 신앙이 남아 있어서 성지라고 해도 불상 같은 조각은 없다. 숲 자체를 신성한 장소라고 여기는 것이다. 조각 대신 향로나 돌 등이 무심히 놓여 있는데 '아, 이게 신앙의 대상이구나.'라고 자연스레 알 수 있다.

하마히가섬의 성지는 오키나와에서는 드물게도 신사처럼 문이 세워져 있어 제법 종교시설다웠다. 그래도 문으로 들어서 계단을 오르니 마지막에는 울창한 숲이 나왔고 그 속에 커다란 바위와 동굴이 있었다. 숲 자체가 성스러운 장소라는 걸 알 수 있었다.

동굴 입구에는 울타리가 있어서 안으로 들어갈 수 없었다. 울타리에는 빨간색과 분홍색 끈이 묶여 있었는데, 그 또한 이국적이어서 보기 좋았다. 울창한 숲이 외부 소음을 막아주는지 무척 조용했다. 서늘하게 시원한 공기 덕분에 절로 사이교西行 법사*의 시가 떠올랐다. "여기에 어느 신이 계신지는 모르겠으나 그 감사함에 절로 눈물이 흐릅니다." 오키나와의 종교성이란 무척 감각적이었다.

"감사한 곳이네요." 내가 말하자 야스오 씨는 전혀 모르겠다는 듯이 고개를 갸웃했다. 준코 씨는 손바닥을 맞대고 조용히 기도했다. 오키나와 사람들은 기도하는 데 익숙한데, 그 모습이 정말 아름답다.

* 12세기 일본의 승려이자 시인. 전국을 방랑하며 수많은 시를 남겼다.

해안에 돌아오니 멤버들이 벤치에 앉아 멍하니 바다를 바라보고 있었다. 그 시선은 바다에서 장난치는 원무과 직원들에게 향하고 있었다. 자외선을 완벽하게 차단하기 위해 타월로 얼굴을 감싸고 선글라스까지 껴서 꼭 농장 일꾼들 같았다. 그들은 얕은 바다에 발을 살짝 담그고 서로에게 물을 튀기며 놀았다.

자세히 보니 다마키 씨도 그들과 함께 즐겁게 물장난을 치고 있었다. 다리는 괜찮은 건가? 뭐, 괜찮겠지.

나무 그늘 아래서 더위를 피하는데, 히가미사가 고령 여성 멤버인 기마 씨의 손을 잡고 내게 다가왔다. 화장실에 다녀오는 듯했다.

"고마워." 기마 씨가 감사 인사를 했다.

"뭘요." 히가미사가 친절하게 답했다. "15분 뒤에 출발할 거니까 쉬고 계세요."

"알았어." 그렇게 말하며 기마 씨는 벤치에 앉았다. 시설에 있을 때처럼 아무것도 하지 않고 편안하게 앉아 있었다. 그곳에 '있었다'.

히가미사가 나를 돌아보며 말을 걸었다.

"소식 들었어?"

"들었어." 나는 바로 답했다. 무슨 이야기인지 알고 있었다.

히가미사는 놀라는 표정을 지었다. "어떻게 알았어?"

"게이코 씨가 말해줬어." 최고참 간호과장이 여기저기 소식을 퍼뜨리고 다녔다.

"임신한 거지? 히로코 씨."

다마키 씨와 함께 물장난을 치는 막내 직원 히로코 씨는 아직 일한 지 1년도 안 됐다. 19세다. 하지만 임신했고 조만간 출산휴가에 들어갈 예정이었다. 비슷한 과정을 거친 원무과 직원들은 대부분 다시 일에 복귀하지 않았다. 그대로 제각각 다른 길을 걸어가는 경우가 많았다.

"그 소식이 아냐." 히가미사는 어처구니없다는 듯이 말했다. "뭐, 그 일도 관계가 있긴 한데."

"응? 그럼 뭐야?" 다른 일도 있다는 건가. 대체 어떻게 돌아가는 거야.

"리에 씨도 이번에 그만둔대. 간호학교에 합격했다고."

"그래? 몰랐네."

리에 씨는 원무과 과장으로 히가미사의 직속상관이다. 리에 씨는 간호사가 될 거구나. 거의 비슷한 일을 하는데 간호사가 훨씬 많이 벌지. 그럴 만도 하네.

그와 동시에 다른 생각도 들었다. "근데 너무 많이 그만두는 거 아냐?"

"그러니까 말이야." 히가미사는 삼라만상을 긍정한다는 오키나와적 맞장구를 쳤다. 그리고 말했다. "그래서 내가 이번에 과장이 될 거야."

"진짜?" 이게 무슨 일이냐. 거의 입사 동기인 주제에 내 상사가 된다는 말인가. 하지만 인생에서 먼 길을 돌아온 탓에 히가미사는 벌써 원무과 직원 중 최연장자였다. 차기 과장은 히가미사가 적임자였다. "큰일이겠네."

"그러니까 말이야." 히가미사는 한숨을 내쉬었다. 좀처럼 일터에 안정이 찾아오지 않았다.

불현듯 다마키 씨가 다가왔다. "미사, 같이 바다에서 놀래?"

"돌아갈 시간이에요. 차에 타세요." 히가미사는 무뚝뚝하게 답했다.

맨몸의 돌봄노동자

시설로 돌아가는 길에는 히가미사가 운전했다. 나는 조수석에 앉았다. 바다 한가운데를 가로지르는 시원한 도로를 달렸다. 바다는 드넓었다. 해가 기울어서 조금씩 노랗게 물드는 하늘이 아름다웠다. 모두 기분 좋은지 웬일로 차 안이 시끌벅적했다.

늘 까불거리는 다마키 씨가 "지금부터 이 몸이 진지한 이야기를 하겠습니다."라고 영문 모를 농담을 펼쳤다. "시작부터 진지하지 않은데요." 내가 지적했는데, 뜬금없이 준코 씨가 "도하타 선생님은 거시기 작을 것 같아."라고 말하는 바람에 모두 폭소를 터뜨렸다. "겁나는 말씀은 삼가주세요." 나는 약간 상처 받았지만 함께 웃었다.

'섹드립'으로 떠들썩한 승합차는 바다에서 멀어져 국도로 진입했고 고속도로를 향해 달렸다. 날이 저물어갔다.

히가미사는 주위가 아무리 시끄러워도 개의치 않고 조용히 운전했다. 말없이 신호를 확인하고 백미러와 사이드미러를 주의 깊게 살폈다. 차가 앞차와 가까워지면 부드럽게 브레이크를 밟았다.

히가미사가 하는 것은 그저 비전문적 단순노동이 아니었다. '어른의 일'이었다. 어른은 모두가 당연하다 여기는 일을 누구도 모르게 진행시킨다. 히가미사는 그야말로 모범적인 의존노동을 했다.

승합차 안은 잔뜩 흥이 올라서 다들 실없는 농담에 푹 빠져 있었다. 그래서 모두 히가미사가 브레이크 밟는 것을 느끼지 못했다. 아니, 히가미사가 운전하고 있다는 사실 자체를 몰랐다. 사고가 나거나 급제동을 하지 않는 이상 아무도 깨닫지 못할 터였다.

의존노동이란 그런 것이다. 앞서도 등장한 정신분석가 위니코트는 다음처럼 말했다.

> 모든 것이 순조로울 때 유아는 무엇이 적절히 공급되고 무엇이 방해하는지 알 방법이 없다. 이런 사실은 육아 과정에서 '안는 자세가 그때그때 달라진다'고 하는, 모친이 일으키는 문제를 고려할 때 일종의 주안점을 준다. 유아는 무언가 순조롭게 진행되지 않을 때, 순조롭지 않다는 사실을 알 뿐이다.[10]

사람은 진정으로 의존할 때 자신이 의존한다는 사실을 깨닫지 못한다. 우리는 어린 시절 저녁밥이 있다는 사실에 일일이 감사하지 않았다. 밥상 이면에 있는 어머니의 수고를 전혀 생각하지 않았다. 옛날이야기 속 나무꾼 역시 아내가 위험을 감수하며 시냇가에서 속옷을 빨아주었다는 사실을 깨닫지 못했다.

어머니가 해주는 일에 아이가 일일이 감사를 전한다면, 뭔가 나쁜 일이 일어나고 있다는 뜻이다. 아이가 제대로 의존하지 못하는 것이기 때문이다. 의존노동은 당연한 일을 지극히 당연하게 제공함으로써 받는 이가 자신이 의존한다는 사실을 깨닫지 못하게 한다.

그러니 의존노동은 손해만 보는 일이라고 할 수 있다. 세상 모든 어머니는 정말 대단하다. 그들이 일을 잘할수록 누구도 고마워하지 않기 때문이다. 고마워하지 않을수록 어머니가 일을 잘하고 있다는 뜻이다. 틀림없이 이런 사정이 의존노동의 낮은 사회적 가치와 관련 있을 것이다. 의존노동은 누구도 깨닫지 못하니까.

그렇지만 평범한 하루, 늘 똑같은 일상, 그리고 돌봄시설은 그렇게 누군가 의존을 받아주는 덕에 유지될 수 있다.

고속도로에 올라 창밖 풍경이 지루해지자 멤버들은 어느새 잠이 들었다. 차 안이 조용해졌다. 히가미사가 음악 소리를 줄였다. 빠른 박자의 클럽 음악이었다.

"무슨 노래야?" 나는 별 생각 없이 물었다.

"몰라. 클럽에서 자주 들리던데." 히가미사가 무뚝뚝하게 답했다.

침묵. 앞차의 후미등이 붉게 빛났다.

히가미사가 갑자기 입을 열었다.

"돈 선생은 아무렇지도 않게 멤버들이랑 얘기 잘하네."

그러고 보니 히가미사는 차 안에서 거의 말하지 않았다.

"왜?"

"피곤하잖아." 히가미사가 한숨을 뱉었다. "무슨 말을 하면 좋을지 모르겠어. 우리는 그런 공부도 안 했고."

전문성은 보이지 않는 곳에 분명히 존재한다. 히가미사의 말을 듣고 그런 생각이 들었다. 히가미사를 비롯한 원무과 직원들은 태연해 보였지만 실은 당황하고 있었다.

그들은 시설에서 빠뜨릴 수 없는 존재이며 일도 잘했다. 요리하고 운전하면서 일상을 뒷받침했다. 그저 단순해 보이는 의존노동을 맡았다. 맡은 일을 훌륭하게 해냈다. 하지만 의존노동은 빨랫감, 음식, 자동차를 다루기만 하는 일이 아니다. 키테이도 말하지 않았는가. 다시 한 번 인용한다.

> 의존노동은 취약한 상태에 있는 타인을 수발하는(돌보는) 노동이다. 의존노동은 친밀한 사람들 사이의 관계를 유지해주고, 혹은 의존노동 자체가 친밀함과 신뢰를, 즉 관계를 만들어낸다.

이 말대로다. 돌봄은 친밀한 관계를 만들어내는 일이며, 관계를 빼고는 의존노동을 논할 수 없다. 그리고 돌봄시설에는 인간관계를 어려워하는 사람들이 모여든다.

안정감 있게 달리는 승합차 안에서도 사람 사이의 거리는 너무 가깝기도 너무 멀기도 했다. 멤버들은 누군가와 함께 있는 것을 어려워하는 사람들이기 때문이다. 멤버들은 직장에 있지 못하고 다른 공동체에도 있지 못해서 돌봄시설로 모인 사람들이다. 주간 돌봄시설이란 사람과 함께 있는 것이 어려워진 사람들이 함께 '있기'를 시도해보는 곳이다.

히가미사를 비롯한 원무과 직원들은 사무직인 줄 알고 취직했다가 갑자기 정신장애 당사자의 '어려움'과 직면했다. 말을 걸어도 금방 대화가 끊기는 곤란함, 다마키 씨 같은 멤버의 급작스러운 성적 접근, 예고 없이 툭하면 일어나는 착란. 원무과 직원들은 그런 '취약성'과 마주해야 했다.

그런 상황은 원무과 직원들을 만성적으로 상처 입혔을 것이다. 나는 마음의 돌봄이란 취약한 사람들 곁에 있으면서 상대방을 다치지 않게 하는 일이라는 걸 조금씩 알아가고 있었다. 하지만 말처럼 쉬운 일은 아니다. 실은 돌보는 사람도 자칫하면 상처 입는 취약한 상태에 노출되기 때문이다. 의존노동자는 자신에게 의존하는 이가 짊어진 온갖 어려움을 소화해내야 한다.

키테이는 의존노동자들에게 '둘리아^{doulia}'가 필요하다고 주장했다. 출산하고 아기를 돌보는 엄마를 위해 이래저래 도와주는 사람을 둘라^{doula}라고 한다. 키테이는 둘라에서 착안하여 의존을 받아주는 사람들을 돌봐주는 모든 것을 둘리아라고 불렀다. 둘리아는 둘라의 복수형이다. 계속 타인의 의존을 받아주기 위해서 돌봄을 제공하는 사람들에게는 그들을 뒷받침해줄 많은 것이 필요하다.

나에게도 둘리아가 있었다. 그중 가장 중요한 것은 임상심리학이었다. 나는 멤버들과 적정 거리를 유지하면서 처신하는 법을 임상심리학으로부터 배웠다. 또한 멤버들의 취약성을 심리학적으로 이해한 덕에 그들을 상처 입히지 않을 수 있었고, 나 역시 상처를 피했다고 생각한다. 무엇보다도 임상심리학은 돌봄의 가치와 의미를 가르쳐주었다. 설령 내가 하얀 가운을 벗고 체육복으로 갈아입어도 내가 전문가라는 사실은 변치 않았다. 의존노동을 할 때도 나는 어쨌든 임상심리학이라는 옷을 걸치고 있었다. 그 전문성 덕분에 돌봄노동자로서 생존할 수 있었다.

원무과 직원들은 나와 달랐다. 그들은 맨몸이었다. 그들은 정신장애의 어려움과 맨몸으로 맞섰다. 자신들이 무슨 일에 휘말렸는지도 모르고 친밀한 관계라는, 가장 상처 입기 쉬운 사적인 것을 제공했다.

원무과 직원들이 비교적 빨리 이직하거나 임신과 출산으로 일을 그만두는 배경에는 지금 말한 어려움이 있지 않았을까. 그들이 밤마다 지나치게 클럽에 다닌 것은 매일같이 생기는 상처를 치유하기 위해서였는지도 모른다.

그래서일까. 히가미사는 무뚝뚝했다. 히가미사는 운전할 때 음악을 크게 틀었다. 무언가를 차단하려는 것 같았다. 자신에게 닥쳐오는 정체 모를 것으로부터 스스로를 지키기 위해, 클럽 음악으로 맨몸을 감쌌던 것이다.

"히가미사는 간호학교에 갈 생각 없어?"

나는 간호학교 진학을 결정한 리에 씨 역시 분명 자신을 지킬 수단을 원했을 것이라고 생각했다.

히가미사는 진저리를 쳤다. "뭐? 됐네요. 딸내미도 있는데."

"그렇구나."

"사무만 봤으면 좋겠다. 진료수가 청구는 재밌거든." 히가미사가 웃었다. 요란한 화장이 허물어진 자리로 어린아이 같은 표정이 드러났다. 그랬지. 히가미사는 아직 어렸다.

날이 저물어갔다. 병원이 보이기 시작했다. 병원에 남아 있는 원무과 직원들은 멤버들을 기다리며 저녁밥을 만들었을 것이다.

"다 왔어요." 나는 멤버들을 깨웠다.

전문가는 하루에 녹아든다

주간 돌봄시설의 전문가란 무엇일까.

그곳에는 분명 직종별 전문성이 있었다. 간호사는 간호사의, 심리사는 심리사의 일을 했다. 표현을 바꿔보자. 간호사는 간호사답게, 심리사는 심리사답게 멤버들을 대했다. 각자의 방식으로 멤버들과 관계를 맺었다.

다만 각자의 전문성은 겉으로 잘 드러나지 않았다. 나는 승합차를 운전해도 임상심리사였지만, 그래도 운전 자체는 빨간불에 멈추고 파란불에 앞으로 가는 것을 반복할 뿐이었다. 그런 일상 속에 전문성이 녹아들었다.

다양한 전문성을 지닌 직원들이 다 함께 비전문적 노동을 했다. 마치 돌봄과 치료가 뒤섞인 수용액 같았다. 그중 하나라도 빠지면 돌봄시설은 유지될 수 없었다.

그런 돌봄시설의 특성은 내 치료에도 조금씩 녹아들었다. 나는 정신치료 전문가가 되기 위해 오키나와까지 갔다. 마음속 깊은 곳에 개입하는 전문가가 되고 싶었다. 하지만 돌봄시설에서 일하는 동시에 외래에서 치료를 진행할수록 나는 '굳이' 마음속 깊은 곳에 손대지 않는 치료를 지향하게 됐다. 정신질환과 성격장애가 있는 중증 환자를 대할 때 깊이 파고들지 않았고, 일상을 뒷받침해주는 것에 가치가 있다고 여기게 되었다. 돌봄이 섞인 치료를 시작한 것이다.

그런 내용을 매일 아침 논문에 적었다. 정신치료 업계를 고려해서 좀더 치료다운 논문을 써야 논문이 흥행할 것이라고 생각은 했지만, 내 논문이 나와 비슷한 일을 하는 누군가의 둘리아가 되길 바라며 새벽에 일어나 돌봄이 녹아든 치료에 대해 썼다(이 책을 쓰는 동기도 마찬가지다).

내 속에서도 이런저런 것들이 뒤섞인 수용액이 만들어지기 시작했다.

나들이에서 돌아온 멤버들은 간단하게 저녁을 먹고 귀가할 준비를 했다.

"집에 갈까요." 나는 멤버들에게 말하고 승합차에 올라탔다. 인원수를 확인하고 출발했다.

"오늘 재밌었어." 다마키 씨가 말했다. "바다 예쁘더라."

"정말 즐거웠죠." 진심으로 즐거운 나들이였다. "또 가고 싶네요."

승합차가 땅거미 속을 달렸다. 전조등이 비추는 곳에 다마키 씨를 내려주는 쇼핑센터가 나타났다.

"도하타 선생님, 집 근처에 가서 내려주면 안 될까? 다리가 아파서."

규칙대로 쇼핑센터 주차장에서 내려줘야 했지만, 다마키 씨가 지친 것도 사실이라 "좋아요."라고 승낙했다.

커다란 승합차는 쇼핑센터 앞의 모서리를 돌아서 주택가의 복잡한 골목으로 들어섰다. 마치 곰돌이 푸가 꿀단지 속으로 몸을 욱여넣는 것 같았다.

저 앞에서 한 번 꺾으면 다마키 씨가 사는 아파트였다.

운전대를 돌리는 그 순간.

끼기기기기긱!

불길하기 그지없는 소리가 났다. 소름이 쫙 돋았다.

"선생님! 뭐 하는 거야!" 다마키 씨가 당황했다. "이거 긁은 소리인데."

"아아아아아!" 나는 절규했다.

모두 내려준 다음에 차체를 확인해야겠다. 틀림없이 게이코 씨한테 혼날 거야. 말해봤자 입만 아프지. 그냥 쇼핑센터에서 다마키 씨를 내려줄걸.

아아, 내일 출근하면 또 시말서를 쓰겠네. 논문은 두 편만 쓰면 박사가 되는데, 시말서를 몇 장 쓰면 돌봄 전문가가 될까.

모든 사람을 배웅하고 돌아가는 길, 커다란 승합차가 국도를 달렸다. 백미러를 확인하니 주변 차들의 전조등이 반사되었다.

오디오를 켰다. 히가미사가 좋아하는 니키 미나즈가 느릿한 발라드를 불렀다.

나는 신중하고 부드럽게 브레이크를 밟았다.

시간에 대한 고찰

　독자 여러분, 안녕하십니까. 다들 무탈하고 평안하신지요.

　갑자기 말을 걸어서 죄송합니다. 이쯤에서 잠깐 쉬면 좋을 것 같아서요.

　지금 이 책을 어디에서 읽고 계신지는 모르지만, 혹시 집이라면 따뜻한 차라도 마시는 게 어떨까요. 전철이라면 박하사탕을 먹어도 좋겠습니다. 입안이 시원해져서 기분 좋으니까요. 아, SNS에 접속해보는 것도 좋겠네요. '『있기 힘든 사람들』을 읽는 중. 저자가 SNS를 하라고 해서 씀. SNS에 있기.' 이렇게 써보면 어떨까요. 아니, 책 광고를 해달라는 말은 아닙니다. 물론 흑심이 전혀 없지는 않지만, 어쨌든 잠깐 쉬자고 제안을 드린 겁니다.

　저도 숨 좀 돌리겠습니다. 마침 박하사탕이 있어요. 역시 시원하네요. 맛있어요. 그리고 담배도 피워볼까요?

　좀 죄송하네요. 쓸데없는 얘기를 길게 써서. 지구 환경이 유한하다는 건 저도 압니다. 그래서 이렇게 장황한 사족으로 종이를 낭비하는 것에 양심의 가책도 느끼고 있고요. 실은 설명하기 좀 어려운 것이 있습니다. 그래서 막간을 이용해 쓰려고 했는데 결국 이렇게 되네요. 그래도 제대로 설명하는 게 좋겠지요. 응, 그래요. 다 큰 어른이 도망치면 안 됩니다.

　눈치챈 분도 있을 것 같은데, 실은 1장에서 4장까지

2년 정도 시간이 지났습니다. 제가 돌봄시설에서 4년 동안 일했으니 벌써 절반이 지난 셈이지요.

"진짜? 이제 겨우 등장인물 소개가 끝난 거 아냐?"라고 말씀하실 거기 독자 분, 그렇긴 합니다. 뭐라 변명할 수도 없네요.

시간의 흐름이 엉망진창입니다. 등장인물을 소개하고 싶어서 여러 일화를 썼는데, 이 일화들이 실은 꽤 시기가 겹치기도 하고, 잇달아 일어나기도 했습니다.

저도 압니다. 책으로 나와야 하니 착실하게 시간의 흐름을 따라서 써야겠지요. 알고 있습니다. 하지만 어려운 걸 어떡합니까.

'말 같지도 않은 소리! 그러면 글쓰기 연습부터 다시 해요! 내 독서 시간은 소중하다고요!'

혼내지 마세요. 저도 최선을 다하고 있습니다. 그런데 돌봄시설이라는 곳이 글로 묘사하기가 참 어렵습니다. 정말이에요.

더 정확하게 말하면 돌봄시설의 '시간'을 쓰는 게 어렵습니다. 아주 어려운 작업이지요. 그러니까 이 책에서 시간이 엉망진창으로 흐르는 것은 제 탓이 아닙니다. 돌봄시설 탓이죠. 그 또한 돌봄시설의 본질입니다. 결코, 제 탓이 아닙니다.

선을 그리는 치료의 시간

죄송합니다. 저 정도 되는 사람이 잠시 이성을 잃었네요. 무척 중요한 대목이니 좀더 설명하겠습니다. 자, 박하사탕 한 알 더 입에 물고, 차도 한 잔 더 마셔보세요. 그러는 사이에 설명을 마칠 테니까요.

어째서 돌봄시설의 시간을 쓰기가 어려울까? 이 질문

에 답하기 위해 우선 치료의 시간과 돌봄의 시간을 비교해보겠습니다.

치료의 시간을 묘사하기는 비교적 간단합니다. 그림으로 표현하면 다음과 같겠지요.

치료의 시간은 빙글빙글 도는 동시에 왼쪽에서 오른쪽으로 흘러갑니다. 왜냐하면 치료는 변화를 목표하기 때문입니다. 불안을 가라앉힌다든지, 가족 관계를 회복한다든지, 목적이야 제각각 다르겠지만 기본적으로 치료는 A라는 상태에서 B라는 상태로 옮겨 가는 것을 목표합니다.

물론 인간의 마음이 그리 쉽게 변하지는 않습니다. 제자리에서 빙글빙글 돌거나, 일진일퇴를 반복거나, 지금 어디에 있고 무엇을 하는지 헛갈릴 때도 있습니다. 그래도 나중에 돌이켜보면 어떤 길을 걸어왔는지 뚜렷이 보입니다. 시간이 착실히 선처럼 흘러가죠.

치료의 시간은 글로 쓰기 쉽습니다. 제가 지금까지 몇 년을 치료에 대한 논문을 써왔는데, 설마 시간을 묘사할 줄 모를까요. 선을 그리며 흐르는 시간은 저도 글로 잘 쓸 수 있습니다. 그 시간들이 제대로 이야기를 구성하기 때문입니다.

이 점에 대해서 지노 보시千野 帽子가 쓴『사람은 왜 이야기를 원하는가』[11]라는 책을 참고해봅시다. 저자는 이야기의 기본 구조를 '평형상태 → 비상사태 → 새로운 평형상태'라고 설명합니다.

좀더 쉽게 이야기하겠습니다. 처음에는 평화로운 일상이 펼쳐집니다. 매일 똑같은 일들이 반복되지요.「도라에몽」을 보면 그렇지 않습니까. 대체로 주인공 진구가 여름방학을 평범하게 보내는 장면으로 시작합니다. 하지만 그대로 여름방학이 끝나면 이야기가 되지는 않겠지요. 지루할 테니까요.

그 때문에 사건이 일어납니다. 하늘에서 마법소녀가 뚝 떨어지든지, 공룡 알을 손에 넣든지. 그렇게 일상이 돌변합니다. 마법 세계의 다툼에 휘말리거나 원시 세계에서 공룡 사냥꾼과 싸우는 등 비상사태에 돌입하지요. 여차여차해서 이런저런 일들이 벌어지지만, 마지막에는 도라에몽의 신기한 도구와 진구의 용기로 세계를 구하고 평범한 여름방학으로 돌아갑니다. 결말에서 진구는 조금이나마 성장해 있고, 세계는 전과 똑같은 것 같아도 조금은 달라져 있죠.

이런 이야기가 '평형상태 → 비상사태 → 새로운 평형상태'를 따르는 대표적인 사례입니다. 독자 여러분도 인생의 위기에서 비슷한 일을 경험하지 않았습니까? 입시에 실패하거나 연인이 배신하거나 일에서 실수하면, 일상은 사라지고 비상사태가 찾아듭니다. 그런 상황에서 이리저리 헤매면서 발버둥 치다 보면 점점 새로운 일상이 만들어지죠. 새 학교에 가거나 연인과 화해하는 등 결말은 다양하겠지만 우리는 이야기 끝에 사소해도 성장과 성취를 이뤄냅니다.

이런 이야기에서 시간은 선을 그리며 흘러갑니다. 한창 일이 진행될 때는 모르지만 안정된 후에 보면 시간은 뒤에서 앞으로, 과거에서 미래로 흘러가 있죠. 그렇게 선을 그리며 흘러간 시간은 이야기로 묘사하기 쉽습니다. 시작이 있고 끝이 있으니까요.

제가 지금 글을 쓰면서 깨달은 것인데, 치료란 시간이 잘 흘러가도록 돕는 일이었군요. 치료자가 직접 마음에 손대서 변화를 일으키는 것이 아니라, 멈췄던 시간이 다시 흐르도록 도와주고 시간이 마음을 변화시키길 기다리는 일이었습니다.

원을 그리는 돌봄의 시간

'정신치료의 시간은 선을 그리며 흘러간다. 그래서 이야기로 쓰기 쉽다.' 하지만 돌봄은 다릅니다. 다음 그림을 같이 보지요.

돌봄시설의 시간은 소용돌이처럼 빙글빙글 돌아갈 뿐입니다. 물론 돌봄시설에도 선이 있기는 합니다. 각 멤버들은 인생의 특정한 시기만 시설에서 보내니, 그런 점에서는 시작과 끝이 있는 선을 그리지요. 하지만 돌봄시설 자체의 시간은 제자리에서 빙글빙글 돌 뿐입니다.

왜 그럴까요. 앞서 말한 이야기의 기본 구조에 빗댄다면 돌봄시설은 비상사태가 아니라 평형상태를 제공하는 곳이기 때문입니다. 멤버들은 모험을 하러 시설에 오는 것이 아닙니다. 그들은 안전한 기지와도 같은 일상을 찾아서 시설에 찾아오는 것입니다.

시설의 시간은 계속해서 소용돌이처럼 원을 그립니다. 실제 그곳에서는 거의 똑같은 하루가 반복됩니다. 아침 체조를 하고, 조회를 하고, 오전과 오후 활동을 하고, 그 사이에 밥을 먹고, 집으로 돌아갑니다. 매일매일 빙글빙글 같은 자리를 돌 뿐이지요.

하루보다 크게 따져봐도 마찬가지입니다. 봄에는 하마오리浜降り(해조류를 캐러 가는 오키나와의 봄 행사입니다)와 전국고교야구대회 관전, 여름에는 해변 파티와 또 전국고교야구대회 관전, 가을에는 배구 대회, 겨울에는 크리스마스 파티가 있습니다. 그곳에서는 똑같은 계절을 반복하며 똑같은 1년을 보냅니다.

돌봄시설의 시간은 둥근 고리와 같습니다. 하루를 보든 1년을 보든 시간은 빙글빙글 같은 지점을 돌 뿐이죠.

마치 애니메이션 「사자에 씨サザエさん」* 같습니다. 매주 일요일 오후 6시 반이 되면 평범한 전업주부 사자에 씨와 가족들의 평온한 일상이 방송됩니다. 사소한 사건이 일어나지만, 주인공 가족은 비상사태로 돌입하지 않습니다. 사춘기가 되어 골치 썩이는 아들도 없고, 갑자기 불치병에 걸리는 남편도 없지요. 주인공 사자에 씨가 가족에 의문을 품고 여행을 떠나 인격적 성숙을 이뤄내는 일도 절대로 일어나지 않습니다. 사자에 씨와 그 가족은 끝없이 원을 그리며 살아갈 뿐입니다.

선을 그리는 시간이 인생의 일부이듯이, 원을 그리는 시간도 인생에 존재합니다. 오히려 우리 일상의 대부분이 원을 그립니다. 3주 전 화요일에 무슨 일이 있었는지 기

* 1969년부터 지금까지 매주 일요일 저녁에 방영되는 일본의 국민 텔레비전 애니메이션.

억납니까? 7주 전 화요일과 3주 전 화요일, 그리고 이번 주 화요일은 대체로 비슷할 것입니다. 그날들이 비슷하기 때문에 우리는 안정적으로 일상을 꾸릴 수 있습니다. 지금 여러분이 차분하게 독서할 수 있는 것도 원을 그리는 시간 덕분 아닐까요? 만약 다른 차원에서 쳐들어온 악당이 우리 세계를 멸망시키려 한다면, 한가하게 책을 읽을 수는 없겠지요(그럴 때는 세계를 지키는 데 전념합시다).

우리는 두 가지 시간을 살아가고 있습니다. 하나는 선을 그리는 시간으로 우리에게 이야기를 줍니다. 다른 하나는 원을 그리는 시간으로 우리에게 일상을 줍니다.

"선은 인생에 관여하고, 원은 생활에 관여한다." 소설가 엔도 슈사쿠遠藤 周作*라면 이렇게 말할지도 모르겠습니다.

돌봄다운 돌봄

제가 하려는 이야기가 잘 전달되었을까요? 제가 잘 썼는지 걱정입니다.

이 책에서 시간을 깔끔하게 그리지 못한 것은 제 탓이 아니라, 돌봄시설의 시간이 원을 그리기 때문이라고 말하고 싶었습니다. 끝없이 원을 그리는 일상을 글에 담기란 정말 힘듭니다.

어느새 책 속의 시간이 2년이나 지났습니다. 여러분도 모르는 사이에 앞선 글의 이면에서는 시간이 쉬지 않고 빙글빙글 같은 자리를 돌았습니다. 생각해보면 저는 시설

---

* 일본의 소설가로 일본 현대 문학에 막대한 영향을 끼치며 노벨 문학상 후보에도 올랐다. 기독교를 주제로 한 여러 작품을 집필했다.

에서 일한 지 2년쯤 되었던 그 무렵에 가장 돌봄다운 돌봄을 했던 것 같습니다. 실제로 요즘도 불현듯 생각나거나 꿈에서 보는 것은 모두 그 무렵에 시설에서 있었던 일입니다.

그때는 다카에스 부장이 있고, 다이 씨가 있고, 신이치 씨가 있고, 히가미사가 있었습니다. 친해진 멤버들은 고정 출연자나 다름없었죠. 저 역시 반복되는 일상을 보냈습니다. 상담을 하고, 카드놀이를 하고, 야구를 하는 등 비슷한 날들이 이어졌습니다. 그 무렵 저는 원을 그리는 시간의 일부였습니다. 혹은 저의 시간이 그리는 원과 돌봄시설의 원이 거의 겹쳤던 시기죠.

하지만 그 뒤로 원은 순식간에 끊겨서 사라졌습니다. 원에 칼집을 내면 기다란 선이 됩니다. 선이 되면서 비로소 시설에도 이야기가 만들어졌지만, 아직은 그에 대해 말하지 않겠습니다.

어떤가요? 제가 잘못하지 않았다는 게 전해졌을까요?
좋아요. 그러면 막간 설명을 마치겠습니다. 괜찮겠지요? 박하사탕도 다 먹었지요? 준비가 되면 후반전을 시작하죠.

다음 장에는 그냥 넘기기 아까운, 제가 가장 돌봄다운 돌봄을 했던 시기의 일을 쓰려 합니다. 끝없이 원을 그리는 시간 속에서 벌어진 일입니다. 끝없는 원에서 달려 나간 짧은 선에 대한 이야기죠. 그리고 원을 계속해서 그리다 보면 반드시 찾아오는 지루함에 대한 글입니다.

그럼 다시 뵙기를. 안녕히 계십시오.

5장

원과 선

지루함을 느끼지 못하는 사람들

윤과 신

지우임을
그때끼지 못하는
사람들

연약해서 괴로워

"사라지고 싶어." "없어지고 싶어." "힘들어."
"무서워." 사람을 죽이면 어쩌지." "괴로워."

상담실에는 이런 절실한 말들이 넘쳐흐른다. 이 말들은 다양한 맥락에서 등장한다. 자포자기하면서 내뱉을 때가 있는가 하면, 입버릇처럼 말할 때도 있다. 아니면 누구에게도 의지하지 못했던 사람이 용기를 내어 쥐어짠 말일 때도 있다.

나는 이런 말들은 잠시 마음속에 놓아둔다. 그리고 "없어지고 싶어." 같은 말들에 담긴 마음을 신중하게 음미한다. 그 말에 포함된 자기혐오, 친밀한 사람을 향한 분노, 그리고 나에게 의존하고 싶다는 바람을 음미한다. 그리고 그 말에 절망만 가득한지, 아니면 조금이나마 희망이 담겨 있는지 확인한다. 이처럼 마음을 받아들이는 데는 시간이 걸린다.

정신치료에서 하는 소통은 평범한 대화와 조금 다르다. 인사치레라든지 사탕발림 같은 것을 최대한 배제하고, 마음과 마음의 소통이 순수하게 나타나길 목표한다.

"괴로워."

긴 침묵이 깨졌다. 12월의 상담실에 목소리가 울렸다.

"예." 나는 대답했다. 그리고 피상담자의 말을 마음속에 두었다.

쥐어짜낸 말에서 새어 나오는 마음을 음미했다. 그가 지금까지 걸어왔을 인생이 차례차례 떠올랐다.

"괴로워."

"음."

"연약해서 연약해서." 어? "괴로워."

무슨 말이지? 가만 들어보니 천장이 쿵쿵 울리고 있었다. 위쪽에서 "괴로워." 하는 목소리가 들렸다. 영문을 모르는 피상담자가 천장을 가리켰다.

"위에서 뭘 하는 거예요?"

(죄송합니다. 좀 과장해서 썼습니다. 소설적 효과를 노렸는데, 이 글은 지어낸 이야기입니다. 아무리 저라도 골든봄버ゴールデンボンバー*의 노래를 피상담자의 말과 혼동하지는 않습니다.)

상담 중에 골든봄버의 노래가 들린 것은 사실이다. 환청이 아니었다. 상담실 위는 돌봄시설 멤버들이 지내는 넓지 않은 거실인데, 그곳에서 멤버들이 골든봄버의 명곡 「연약해서女々しくて」의 안무를 따라 추고 있었다. 연례행사인 크리스마스 파티가 머지않아서 장기자랑을 연습하는 것이었다.

머리끝까지 화가 났다. 아래층이 울리니 상담할 때는 연습하지 말아달라고 부탁했는데, 이러는 법이 있나.

상담을 마치고 주의를 주러 2층에 올라가서 보니 역시 멤버들이 삐걱대며 춤추고 있었다. 중심에 있는 것은 하에바루였다.

---

* 일본의 밴드로 연주하는 척하며 춤을 추는 코믹한 공연으로 유명하다.

흠뻑 땀에 젖은 하에바루가 나를 봤다.

"아, 도하타 선생님. 이제 꽤 호흡이 맞아요." 얼굴 가득 미소를 지으며 하에바루가 말했다. "지금 상담하세요? 없으면 같이 춰요!"

불순물 없는 순수한 웃음이 내 독기를 날려버렸다. 잔소리하려는 마음이 사라졌다. 할 수 없지, 큰일도 아니고. 오늘 상담은 모두 마쳤으니까 한판 뛰어볼까.

하에바루가 노래를 틀자 전주가 흘러나왔다. 나도 준비 자세를 잡았다.

"연약해서 연약해서."

하에바루가 노래에 맞춰 양팔을 격렬하게 흔들었다. 소름 끼치도록 징그러운 게 진짜 골든봄버 못지않았다. 나도 휙휙 손을 흔들었다. 내 모습은 틀림없이 엄청 징그럽겠지.

"연약해서 괴로워."

돌을 쌓는 소년

하에바루를 이야기해보겠다.

내가 돌봄시설에서 일한 지 1년이 지나 여러 일에 익숙해졌을 무렵 하에바루가 시설에 찾아왔다. 당시 하에바루는 대학교 1학년이었다. 나도 아직 20대였기 때문에 하에바루가 사촌동생 같아서 자꾸 신경 쓰였다.

하에바루의 진단 결과는 미묘했다. '조현병 의심됨.' 아버지와 함께 자위를 해보고 싶다는 등 고등학생 시절부터 기이한 언동을 보였지만 환청이나 망상이 확실하게 있지는 않았고, 막상 대화해보면 소통 능력도 나쁘지 않았다. 누가 봐도 명백한 조현병은 아니었고, 사회공포증 같은 질환인가 하면 그렇다고 말하기도 어려웠다.

하에바루는 고등학생 때부터 상태가 이상해졌다. 학교에는 성실히 다녔지만 집에 돌아오면 방에 틀어박혔다. 그리고 성性과 관련한 기이한 생각을 이따금씩 드러냈다. 하에바루가 걱정된 어머니가 병원에 데려갔고, 좀더 상태를 지켜보기로 했다. 하에바루는 성적이 좋아서 대학교에도 진학했지만, 1학기를 절반밖에 다니지 못했다. 그 후로는 자기 방에 틀어박혀 생활했고, 결국 돌봄시설에 다니게 되었다.

시설에 다니기 시작한 하에바루는 좀처럼 적응하지 못했다. 다른 멤버들과 함께 앉아 있지 못했고, 툭하면 반지하의 탁구장으로 피신해 이어폰을 귀에 꽂고 음악을 들었다. 그럴 때 하에바루는 눈을 감고 무언가에 집중했다.

하에바루에게 무엇을 하느냐고 물으면, 머리에 구멍이 뚫린 것 같다고, 그 구멍을 메울 돌을 만드는 중이라고 했다. 물론 실제가 아닌 상상 속의 돌이다.

누에가 고치를 짓듯이 신중을 기해서 돌을 만들고, 그 돌을 머릿속 구멍에 끼워 넣었다. 하지만 언제나 돌이 약간씩 틀어져서 구멍에는 조금씩 빈틈이 남았다. 그래서 하에바루는 매일매일 돌을 만들고 끼워 넣는 작업을 해야 했다. 그러지 않으면 불안해서 앉아 있을 수 없다고, 하에바루는 힘들어하며 말했다.

그런 이야기를 하는 하에바루는 내 눈에 유리 세공품처럼 보였다. 생각 없이 만졌다가는 쉽게 부서질 무언가를 간신히 지키고 있는 것 같았기 때문이다. '아직 어린데….' 나는 자주 그런 생각을 하며 슬퍼했다.

다른 직원들도 나와 비슷하게 생각한 모양이었다. 가끔씩 하에바루처럼 직원들에게 열의를 불어넣는 멤버가 나타났다. 그런 멤버를 보면 '어떻게든 해주고 싶다.'라는 생각이 절로 든다. 하에바루의 어린 나이와 순진함이 우리에게 불을 붙였던 것 같다. 그래서 직원들은 하에바루에게 종종 말을 걸었다.

다이 씨는 점심시간에 하는 소프트볼 연습에 열심히 끌어들였고, 신이치 씨는 같이 산책하자고 제안했다. 원무과 직원들은 요리를 가르쳐주려 했다. 게으름뱅이인 다카에스 부장까지 웬일로 스포츠 신문에 실린 뉴스를 알려주었다. 하에바루가 시설에 있을 수 있도록 모두 자기만의 방식으로 접근했다.

나는 어떻게 했는가 하면, 하에바루와 게임을 하려 했다. 카드놀이부터 화투, 젠가, 오셀로, 장기까지. 온갖 게임을 하자고 했다.

내게 그 게임들을 가르쳐준 사람은 멤버들이다. 돌봄시설의 잔잔한 시간이 견디기 힘들었을 때, 멤버들은 내게 게임을 권했다. 다마키 씨는 화투를, 터줏대감은 장기를 가르쳐주었다. 그들과 게임을 즐긴 덕분에 내가 시설에 잘 있었기 때문에 이번에는 내가 하에바루에게 게임을 가르쳐주려 했다.

곰곰이 생각해보면 나는 평생 할 게임을 돌봄시설에서 전부 했던 것 같다. 여러 번 말했지만, 돌봄시설에서는 할 일이 별로 없기 때문에 흐르는 시간이 아득하고 몹시 지루했다. 그 지루함을 달래기 위해 우리는 오로지 게임에 매달렸다. '있기' 위해서는 적당히 시간을 때울 수단이 필요했다.

그렇지만 하에바루는 게임에 어울리려 하지 않았다.

"저는 됐어요." 하에바루는 고지식한 표정으로 게임을 거절할 때가 많았다. "균형이 깨질지도 몰라서요."

하에바루는 게임을 하면 쌓아둔 돌이 무너져버린다고 생각하는 듯했다. 하에바루에게는 돌이 가장 중요했기 때문에 다른 일들은 되도록 피하려 했다. 잠깐 눈을 돌리면 하에바루는 어느새 반지하에 틀어박혀 있었다. 머릿속으로 돌을 연마하는 작업에 몰두했다.

"컨디션은 어때?" 내가 걱정하며 말을 걸면 그래도 답하긴 했다.

"저도 잘 모르겠는데 지금은 돌을 만드는 데 집중해야 할 것 같아요. 반드시 해야 하는 일이에요."

하에바루는 매 순간을 절실하게 필사적으로 살았다. 그에게는 지루할 틈이 없었다. 여백이 전혀 없는 그의 삶이 나를 슬프게 했다.

한가함과 지루함 사이의 돌봄

지금부터 지루함에 대해 진지하게 생각해보겠다. 굳이 왜 그래야 하냐고 묻는다면, 돌봄시설에서 지루함이 매우 중요한 현상이기 때문이다.

우선 전제로 삼을 것은 돌봄시설이 지루한 장소라는 사실이다. 나는 이 책을 쓰기 위해 여러 돌봄시설을 취재했는데, 단언컨대 어디를 가도 매우 지루한 곳이었다. 단 한 곳, 지루하지 않은 시설이 있었다. 그곳은 해야 하는 일이 엄격히 정해져서 멤버도 직원도 모두 바빠 보였다. 아마 조현병보다 증상이 가벼운 사람들이 모인 곳이라 그랬던 것 같은데, 그래도 내 눈에는 그 시설의 사람들이 왠지 긴장하고 지쳐 보였다.

돌봄시설은 지루한 곳이다. 본질적으로 숙명적으로 지루할 수밖에 없다. 뒤집어 말하면 지루함은 돌봄시설이 돌봄시설답기 위한 필수 요소라고도 할 수 있다. 지루하지 않다면 그곳은 돌봄시설이 아니다.

돌봄시설뿐 아니라 우리 생활에도 반드시 지루한 시간이 있다. 생각해보자. 여러분의 집도 지루한 장소 아닌가? 만약 집에 있을 때마다 현기증이 날 만큼 비일상적인 일들이 벌어진다면 얼마나 힘들겠는가(신혼부부가 피곤한 이유이기도 하다). 만약에 집에서 살 떨리는 생존 경쟁이 펼쳐진다면, 그곳에서 어떻게 생활하겠는가. 학교도 직장도 마찬가지다. 지루한 시간이 있기 때문에 우리는 안심하고 그곳에 있을 수 있다.

지루함은 결코 나쁜 것이 아니다.

그렇지만 지루함을 견디기 어려운 것도 사실이다. 나도 지루한 것을 질색한다. 아무 일도 없는 잔잔한 시설에서 가만히 앉아 있기란 정말이지 고통스러웠다. 자극이 없는 것을 참지 못했다. 지금도 마찬가지다. 담배를 피울 때도 한 손으로는 스마트폰을 들고 SNS에 글을 남긴다. 나는 그토록 정보 처리 의존증이 심하고 지루함에 취약하다.

왜 그럴까? 우리는 지루할 때 대체 무엇을 체험할까?

철학자 고쿠분 고이치로國分 功一郎는 『한가함과 지루함의 윤리학』이라는, 지루함을 다루지만 내용은 전혀 지루하지 않은 책에서 '붙잡힘'과 '공허 방치'에 의해 지루함이 성립된다고 논했다. 좀더 자세히 설명해보겠다.

우선 다음 기차가 올 때까지 역에서 네 시간을 기다려야 하는 상황을 가정하자(철학자 하이데거의 실제 경험이라는데, 동정을 금할 수 없다). 그런 상황의 지루함을 고쿠분 고이치로는 '지루함의 첫 번째 형식'이라고 부르며 다음과 같이 썼다.

> 지루할 때는 시간이 느리게 간다. 시간이 늘어진다. 지루해하는 우리는 이 늘어지는 시간에 의해 곤란해지는 것이다. (…) 늘어지는 것이 우리를 곤란하게 하는 것은 그것이 단순히 늘어지고 있을 뿐만 아니라 우리를 붙잡고 있기 때문이다. 우리는 지루해하면서도 늘어지는 시간에 붙잡혀 있는 것이다.[12]

내가 돌봄시설에서 체험한 것이 그대로 묘사되어 있다. 아무리 앉아 있어도 점심시간이 되지 않았고 오후 활동이 시작되지 않았다. 돌봄시설의 시간은 굼뜨게 흘렀다. 내가 자주 언급한 잔잔한 시간이란 굼떠서 아예 움직이지 않는 시간을 가리키는 것이다. 그럴 때 나는 어디에도 가지 못하고 '지금, 여기'에 붙잡혀 있었다.

고쿠분은 지루함을 한층 더 파고들었다. 앞선 문장만으로는 지루함을 전부 설명할 수 없기 때문이다. 어째서 '붙잡힘'으로써 우리는 지루해질까? 그 답은 다음과 같다.

> 붙잡히면 아무것도 없는 곳에서 허무한 상태로 방치되기 때문이다. 아무것도 할 것이 없는 허무한 상태를 인간은 견딜 수 없다. 그러니까 "지루함과 함께 대두되는 공허 방치에 빠져들지 않기 위해서", 우리는 뭔가 할 일을 갈구한다.[13]

맞는 말이다. 내가 게임을 하거나 책상 상판의 나이테를 헤아렸던 것이 좋은 예다.

고쿠분의 설명은 이어진다. 공허에 방치되는 것이란 무엇인가? 실제로는 주변에 다양한 것이 있는데도 공허에 방치되는 까닭은 무엇인가?

> 거기에는 사물이 있다. 그러나 그 사물들은 우리를 향해 아무것도 들이대지 않는다. 우리를 완전히 내버려두고 있다. 공허 방치란 단순히 사물이 없다는 것이 아니다. 사물이 우리에게 아무것도 제공하지 않는다는 것을 의미하는 것이다.[14]

역시 맞는 말이다. 무조건 맞는 말이다(점점 맹신자가 되고 있다). 내가 변방의 돌봄시설에서 느꼈던 것을 이보다 잘 표현할 수는 없다. 나는 내버려져서 지루해했다. 그야말로 그런 상태였다.

이대로 가면 내가 정말로 맹신자가 되어버릴 것 같으니 이쯤에서 고쿠분 고이치로의 글은 그만 따라가고 우리의 의문을 탐구해보겠다. 우리의 의문은 지루함보다 살짝 앞선 곳에 있다.

그 의문이란 하에바루에 관한 것이다. 그는 지루해하지 않았다. 아니, 하에바루뿐 아니다. 많은 멤버들이 시설에서 지루해하지 않았다. 내가 지루해서 죽을 것 같던 시간을 그들은 평온하게 보냈다. 하에바루가 돌을 만들었듯이 멤버들은 자신만의 세계에 빠져 있었다.

왜 그랬을까? 왜 그들은 지루함을 느끼지 않았을까?

그 단서는 앞선 인용문에 등장하는 '공허 방치'에 있다. 지루함이란 공허에 방치되는 것을 가리키며 우리에게 무언가를 제공하는 것이 전혀 없는 상태를 의미한다.

하에바루가 지루해하지 않았다는 것은 당시 그가 공허 속에 있지 않았다는 것을 뜻한다. 무언가가 하에바루에게 말을 걸고, 손을 내밀었던 것이다. 영화 「미녀와 야수」처럼 주전자와 촛대가 노래하고 춤추는 세계를 말하려는 건 아니다. 아무리 이상한 나라의 돌봄시설이라 해도 물건들은 침묵할 뿐이다. 선반도 접시도 노래하지는 않는다.

그런 것이 아니라, 하에바루를 비롯한 멤버들의 세계에는

'무언가'가 가득했다는 말이다. 이를테면, 환청. 환청이란 아무것도 없는 곳에 울리는 목소리다. 어떤 멤버는 "뇌가 뚫리고 있어."라고 종종 말했는데, 그 멤버의 공간은 우주에서 쏟아지는 전파로 가득했다. 그리고 피해망상. 어떤 멤버는 누가 뭐라 하지 않는데도 차가운 시선을 느꼈다. 이런 시선을 딱히 조현병 당사자만 느끼는 건 아니다. 등교를 거부하는 아이는 전혀 관계없는 일도 자신을 향한 공격으로 받아들인다. 평범한 직장인도 회사를 쉰 이튿날에는 괜히 동료들의 시선이 따가운 것 같다고 느낀다. 사실은 아무것도 없는데, '무언가'로 가득하다고 느끼는 것이다. 이처럼 공허는 이따금씩 충만으로 변화한다.

지루할 틈이 없는 게 당연하다. 나쁜 것밖에 없는 공간에서는 매 순간이 절실할 수밖에 없다. 어떻게든 견뎌야 하는 위험한 시간이 계속 이어지는 것이다. 나에게 지옥 같았던 잔잔한 시간이 멤버들에게는 '무언가'가 휘몰아치는 시간이었던 것이다.

그 때문일 것이다. 하에바루가 돌을 만든 이유는. 하에바루는 자기 머리에 구멍이 뚫려 있으며 그것을 메워야만 한다고 했다. 물론 현실에서 하에바루의 머리에는 구멍 따위 없었다. 두개골, 두피, 머리카락이 착실히 자리를 지키고 있었다. 하에바루도 그 정도는 알고 있었다. 그래도 구멍에 집착할 수밖에 없었다. 하에바루에게는 '나는 닫혀 있지 않다.'라는 감각이 있었기 때문이다.

오스트리아 출신 정신분석가 폴 페더른[Paul Federn]은 '자아경계'

라는 개념을 제창했다 (페더른은 간호사 게르트루트 슈빙Gertrud Schwing과 함께 조현병을 치료한 것으로도 유명하다). 자아경계란 자신과 바깥 세계, 또는 자신과 타인, 또는 자신의 의식과 무의식 사이에 만들어진 경계막을 가리킨다.

자아경계는 매우 중요하다. 사람은 자아경계가 분명한 덕에 내 생각과 남의 생각을 혼동하지 않는다. 현실과 공상을 헷갈리지 않는다. 반대로 자아경계가 흔들리면 여러 가지 귀찮은 일이 벌어진다. 예를 들면 환청이 있는데, 육성과 바깥에서 들려오는 소리가 혼선을 일으키는 것이다.

자아경계 덕분에 우리는 타인과 함께 있어도 스스로를 지킬 수 있다. 자아경계는 '자신'을 구분해주고, '자신'을 둘러싸주고, '자신'을 '자신'으로 유지해주는 경계선이기 때문이다.

나는 하에바루가 말한 구멍이 머리가 아니라 자아경계에 뚫렸던 것이라고 생각한다. 그 구멍에서 많은 것들이 흘러넘쳤고, 그 구멍으로 많은 것들이 침입했다. 공허한 공간에는 구멍에서 흘러넘친 '무언가'가 가득했을 것이다. 그 무언가는 하에바루를 가만두지 않았다. 말을 걸었다. 위협했다. 도저히 지루할 틈이 없었을 것이다. 그럴 수밖에 없지 않겠는가. 마치 귀신의 집에 들어간 듯이 하에바루는 매 순간 손에 땀을 쥐었을 테니 말이다.

필요한 건, 원이었다. 제 역할을 해내는 자아경계는 둥근 원처럼 우리를 감싸준다. 그 작은 원은 우리가 일상을 보낼 수 있도록 해준다. 내면의 원이 잘 닫혀 있을 때 우리는 어떤 위협도 받지 않고 제자리에 있을 수 있다. 하지만 그 원에 구멍이 뚫리거나 흠집이 생기면 안절부절못하게 된다. 교실에서 알몸이 되거나 상처투성이 몸으로 소금물에 빠지는 것과 마찬가지다.

나카이 히사오는 "조현병 환자들이 '지루해한다면' 꽤 호전되었다고 할 수 있다."라고 말했다. 지루함이란 우리를 지켜주는 내면의 원이 잘 닫혀 있음을 뜻하는 위대한 성과다. 즉, 공허란 원이 닫혀 있다는 증거다. 하에바루는 돌을 쌓아서 자신의 원에 뚫린 구멍을 메우려 했다. 다른 멤버들도 마찬가지다. 그들이 스스로를 가두었던 것은 공허한 공간을 가득 채운 무언가로부터 자신을 지키기 위해서였다. 멤버들은 터져버린 원을 꿰매려 했다. 하지만 빈틈을 전부 없애지는 못했다.

그렇다면 어떻게 해야 터져버린 원을 잘 보수할 수 있을까? 그 과정에 돌봄시설의 끝없이 원을 그리는 시간이 어떤 영향을 미칠까? 이 의문들에 답하기 위해 앞선 이야기를 이어가겠다.

하에바루는 그 뒤에 어떻게 되었을까?

하에바루의 회복

결론부터 말하면, 하에바루는 변했다. 하에바루는 돌봄시설에 적응했고, 잘 있게 되었다.

극적인 계기는 없었다. 열정적인 교사의 뜨거운 가르침이 불량 학생을 단번에 바꾸는 드라마 같은 일은 돌봄시설에서 일어나지 않는다(오히려 돌봄시설에서는 극적인 일을 막는 것이 중요하다). 아니, 무슨 일이 있었을 수도 있다. 하지만 나를 비롯한 직원들은 모르는 일이었고, 아마 하에바루 본인도 몰랐을 것이다. 끝없이 원을 그리며 반복된 일상 덕분에 하에바루가 조금씩 바뀌었다고 할 수밖에 없다.

아무튼 하에바루는 변했다. 변화의 조짐은 하에바루가 놀 수 있게 된 것에서 보였다.

하에바루는 화투에 푹 빠졌다. 처음에는 내가 꼬드겨도 거절하거나 마지못해 어울렸지만, 점점 화투를 즐겼다. 심지어 하에바루가 먼저 화투를 치자고 했다. 그는 머릿속으로 돌을 주물럭거릴 때 같은 진지한 표정으로 "화투 치실래요?"라고 말했다. 너무 진지한 게 외려 귀여워서 나도 모르게 웃었다. "좋아, 할까?"

기묘함이라고 할지, 어색한 구석은 여전히 남아 있었다. "멧돼지, 사슴, 나비를 다 모으면 안 돼요. 왠지 안 될 것 같아요." 하에바루는 종종 그런 영문 모를 고집을 중얼거렸다. 하지만 하에바루는 틀림없이 화투를 즐겼다. 패를 다 맞추면 "좋았어!"라고 외쳤다. 화투 말고는 전부 잊고 기뻐하거나 아쉬워할 수 있게 되었다. 놀이에 푹 빠질 수 있었다.

하에바루는 화투를 하면서 다른 멤버들과도 관계를 맺어갔다. 모두들 그를 아꼈다. 터줏대감은 담배를 주려다 거절당했고, 오지랖 넓은 준코 씨는 사탕을 지나치게 많이 주었다. 모두가 하에바루에게 콜라를 사주었다.

그러면서 하에바루의 행동 범위가 넓어졌다. 하에바루는 점심시간마다 소프트볼에 참가하게 되었다. 다이 씨는 즐겁게 하에바루를 훈련시켰다. 운동신경이 나쁘지 않은 덕에 하에바루는 유격수라는 중요한 자리를 맡게 되었고 팀에 꼭 필요한 존재가 되었다. 하에바루 스스로도 운동을 즐겼다.

소프트볼만이 아니었다. 하에바루는 나들이와 배구 등 여러 활동에도 적극적으로 참여했고, 남는 시간은 화투를 치면서 보냈다. 하에바루는 가끔씩 농담까지 입에 담았다. 그리고 어느새 머릿속의 돌을 운운하지 않았다. 그의 원 주위를 얇은 막이 둘러싼 것 같았다.

하에바루는 돌봄시설에 어울리게 되었다. '있기'가 가능해졌다. 물론 줄곧 회복만 한 것은 아니었다. 상태가 호전되다 악화되는 등 파도가 쳤지만, 그래도 하에바루는 분명히 변했다.

"하에바루, 건강해졌네." 열심히 소프트볼을 가르치던 다이 씨가 기뻐하며 말했다. 그리고 결정했다. "크리스마스 파티를 맡겨볼까."

이제 이야기는 춤 연습이 나왔던 처음으로 돌아간다.

돌봄시설에서는 매년 크리스마스 파티를 열었고, 멤버들은 몇몇 조로 나뉘어 장기자랑을 했다. 물론 직원들이 도와주긴 했지만, 멤버들 중에서 조장을 뽑아 한 달 동안 장기자랑을 연습했다.

하에바루도 조장이 되었다. 그의 조에서는 당시 유행하던 골든봄버의 안무를 추기로 했다. 나는 그 조의 담당 직원이었다. 하에바루는 맡은 역할에 몰두했다. 무언가가 맞아떨어졌는지,

열심히 장기자랑 연습에 매달렸다.

우리는 매일매일 하에바루의 지시에 따라 유튜브로 뮤직비디오를 보며 「연약해서」의 안무를 따라 했다. 정말로 죽을 만큼 춤을 췄다.

"도하타 선생님, 더 징그러운 느낌이 나야 하니까 동작을 크게 해주시면 안 돼요?" 나는 종종 하에바루의 지적을 받았다.

"알았어, 잘할게."라고 답하면 하에바루는 평소처럼 진지한 표정으로 머리를 숙였다. "진짜 중요한 부분이니까 잘 부탁드려요."

크리스마스 파티

크리스마스 파티 당일에는 멤버도 직원도 다들 기분이 들떴다. 전날 이것저것 장식해둔 거실은 여느 때와 달리 화려했고, 탁자 위에는 콜라와 초콜릿 파이, 감자칩 등 과자가 잔뜩 놓여 있었다.

돌봄시설에 있으면 종종 계절을 잊는다. 시무식과 종무식 등이 없어서 끝없이 반복되는 일상에 쉼표를 찍기가 어렵다. 그저 계속해서 작은 원을 그릴 뿐이다. 그래서 봄에는 꽃구경, 여름에는 물놀이 등 계절에 맞춘 행사를 일부러 개최한다. 크리스마스 파티도 그런 행사다. 그 행사 덕분에 우리는 '벌써 크리스마스구나.'라고 생각할 수 있었다. 작은 원 너머에서 천천히 회전하는 커다란 원을 깨닫는 것이다.

최대한 크리스마스답게 장식한 실내는 오늘이 특별한 날이라는 것을 알려주었다. 사실 평소와 똑같은 하루일지도 모르지만, 그래도 우리는 설렜다. 기분 탓인지 언제나 자기만의 세계에 가라앉아 있는 멤버들도 들뜬 것처럼 보였다.

"레이디스 앤드 젠틀맨! 타임 해즈 컴! 지금부터 크리스마스 파티를 시작합니다!"

그 무렵에는 내가 행사 사회를 담당했다. 대학원에서 논문을 쓰며 단련한 화술로 크리스마스 분위기를 돋우는 것이 내 일이었다.

"먼저 다카에스 부장의 인사말이 있겠습니다."

운동복 바지에 폴로셔츠를 입고 정수리에 반짝거리는 크리스마스 장식을 단 부장이 느릿느릿 마이크 앞에 섰다.

"여러분… 머리카락은 안녕하신가!" 부장의 절규에 모두 박수쳤다. "여러분, 고마워요. 오늘은 크리스마스 파티니까 다들 내 머리 못지않게 빛나주길 바랍니다."

크리스마스 파티는 장기자랑 대회로 이뤄졌다. 최우수상을 두고 각 조가 한 달 동안 연습한 장기자랑을 공연했다.

첫 공연은 예전에 유리 씨와 크게 싸웠던 류지 씨가 원무과 직원 유카 씨와 한 피아노 앞에 나란히 앉아 연주했다. 사실 이 공연에는 작은 사랑 이야기가 얽혀 있지만, 그 이야기는 다음 기회로 아껴두겠다. 연주를 시작하자, 전후 사정을 아는 멤버들은 신이 나서 휘파람을 크게 불며 짓궂게 놀렸다. 류지 씨는 부끄러워하는 것 같았다. 뛰어나다 할 수 없는 엉망진창 피아노 연주가 외려 서투른 연애 감정을 잘 드러내는 매우 좋은 공연이었다.

"원더풀! 엑설런트! 넥스트!" 나는 괴상한 영어로 사회라는 중대한 임무를 수행했다.

다음은 히가미사가 이끄는 여성 멤버들의 핸드벨 연주였다. 「고요한 밤 거룩한 밤」과 「울면 안 돼」를 연주했는데, 크리스마스다운 음색에 박수가 쏟아졌다. 코를 후비면서 연주한 멤버가 악수하자고 내민 손을 잡으며 싫은 표정을 감추지 못한 히가미사 때문에 웃음이 터졌다.

"원더풀! 뷰티풀! 넥스트!" 흔들림 없는 사회가 이어졌다.

다음은 다이 씨가 이끄는 멤버들의 공연이었다. 다이 씨와 신이치 씨, 그리고 다마키 씨를 비롯한 멤버 일곱 명이 화려한 폭탄 머리 가발을 뒤집어쓰고 등장했다. 카라의 명곡 「미스터」가 흘러나오자, 검정 레깅스를 입은 근육질 엉덩이들이 흔들흔들하기 시작했다. 약동감이 지나치게 넘쳤다. 마지막에는 다이 씨가 관객 쪽을 돌아보고는 "땡큐! 모두 사랑해요!"라면서 손 키스를 날렸다.

"토할 것 같네요." 정말로 토할 것 같았기 때문에 영어를 깜박했다. "자, 다음은 골든봄버의 「연약해서」입니다. 넥스트!"

공연이 시작되었다. 「연약해서」의 뮤직비디오를 따라 한 무대였다(유튜브 등을 참조하길 바란다. 정말 똑같이 했다).

우선 거품 경제 시기의 잘나가는 여성처럼 옷을 입은 유리 씨가 하이힐로 또각또각 소리를 내며 등장했다(류지 씨와 크게 싸웠던 그 여성 멤버다. 상태가 좋아져서 퇴원하고 다시 시설로 돌아왔다). 유리 씨가 약 부작용 탓에 휘청거려서 모두 폭소했다.

그리고 하에바루가 유리 씨를 뒤쫓아서 등장했다.

"저기, 잠깐 기다려봐. 진짜 미안하다니까." 하에바루는 유리 씨에게 버림받은 한심한 남자 역할이었다. 하에바루는 이내 무릎 꿇고 납작 엎드렸다. "날 버리지 마. 부탁이야. 잘못했어."

유리 씨는 비웃으면서 "건드리지 마."라고 내뱉었다. "약해빠져서는!"

볼품없이 차인 하에바루가 일어섰다. 음악이 시작되었다. 야스오 씨를 비롯한 남성 멤버들과 내가 무대에 올랐다.

"연약해서, 연약해서, 연약해서, 괴로워."

아쉽지만 내 필력으로는 우리의 춤이 얼마나 징그러웠는지 얼마나 웃겼는지 표현할 수 없다. 애초에 그런 걸 글로 옮길 수 있을까? 누구든 학창 시절 하굣길에 선생님 성대모사를 기가 막히게 잘하는 친구 때문에 배꼽 빠지게 웃은 적이 있을 것이다. 그때의 웃음을 글에 온전히 담을 수 없는 것과 마찬가지다.

자세히 적지는 못하지만, 그날 우리는 정말로 웃긴 세기의 공연을 펼쳤다. 하에바루의 춤은 어찌나 훌륭한지, 누구보다 소름 끼치게 징그러웠다. 음악이 끝나고 박수갈채가 쏟아졌다. 하에바루는 땀에 흠뻑 젖어서 숨을 헐떡였다.

모든 장기자랑이 끝났다. 다카에스 부장 등 심사위원단이 협의하는 사이에 우리는 준비해둔 케이크를 나눠 먹었다. 다른 멤버들이 "재밌었어." "멋지더라."라고 말을 걸자 하에바루는 쑥스러워했다.

드디어 결과 발표. 다카에스 부장이 반짝이는 이마에 붙여둔 작은 메모지를 잡아떼더니 읽었다.

"우승은, 골든봄버!"

"우와!" 환호성이 터졌다.

"만세!" 하에바루가 기뻐했다. 진심으로 기뻐했다. 그리고 다카에스 부장이 주는 상장을 받았다.

"해냈구나." 다카에스 부장이 하에바루의 어깨를 두드렸다.

"감사합니다." 하에바루는 만면에 웃음을 머금고 상장을 받았다.

마지막으로 다 같이 크리스마스 캐럴을 불렀다. 슬슬 올해도 끝이라고 생각하니 왠지 숙연해졌다. 그때 안 보인다 싶던 다카에스 부장이 갑자기 여장을 하고 나타났다.

마이크를 쥔 다카에스 부장은 여자 가수의 모창을 시작했다. 감정에 흠뻑 젖어 노래하는 부장은 그저 흉측했다. 그때 언제나 끝없이 냅킨을 접었다 펴는 신비로운 멤버 유지로 씨가 갑자기 "에잇! 망측하네!"라며 환성을 질렀다. 유지로 씨는 부장의 공연에 난입하더니 갑자기 닭처럼 걸으며 파티장을 빙글빙글 돌았다. 유지로 씨의 기행에 모두 크게 폭소했다.

큰 웃음과 함께 크리스마스 파티가 끝났다. 크리스마스 장식을 정리하니 파티장은 곧 평소 같은 돌봄시설로 돌아갔다. 문득 주위를 둘러보는데 장식을 떼는 하에바루가 울적해 보였다.

"괜찮아?" 내가 물었다. "피곤해?"

"괜찮아요. 피곤하진 않아요. 근데…." 하에바루는 크리스마스 트리의 장식을 떼서 종이상자에 담았다. 그리고 진지한 표정으로 말했다. "뭔가 허전하다고 할지."

나는 종이상자 뚜껑을 닫았다. "그렇구나."

"잘 모르겠어요." 하에바루가 머리를 긁적였다.

크리스마스 파티가 끝나면 연말이 찾아온다. 그 뒤에는 새해다. 내년에도 오늘 같은 크리스마스 파티가 열릴까. 나는 그렇게 생각하면서 하에바루와 함께 뒷정리를 계속했다.

놀이의 치유

연말연시의 연휴를 지내고 새로운 한 해를 맞이한 뒤에도 하에바루는 생기가 없었다. 연초에 다 같이 신사에 새해 복을 기원하러 갔는데, 시끌시끌한 일행과 대조적으로 하에바루는 따분해 보였다.

아무래도 이상했다. 평소처럼 장기나 화투를 하자고 해도, 거절하기 미안해서 어울리기는 하는데 즐기지는 않는 것 같았다. 그렇지만 금세 부서질 것 같은 긴장감 속에서 돌을 쌓던 예전과는 달랐다. 하에바루는 절체절명의 위기에 있지는 않았지만, 왠지 기나긴 잠에서 깨어버린 듯했고, 그에 당황하는 것 같았다. 그런 분위기였다.

하에바루는 게임 대신 컴퓨터로 인터넷 서핑을 시작했다. 시설에 설치된 컴퓨터로 이런저런 단어들을 검색해보았다. 무엇을 보는지 궁금했지만, 상관하지 않았다. 혼자 무언가 하고 싶을 때도 있는 법이니까.

나는 하에바루가 축제 뒤에 기분이 가라앉은 상태인가 생각했다. 그만큼 크리스마스 파티에 심혈을 기울였기 때문이다. 하지만 아무래도 그것만은 아닌 듯했다.

말을 걸어보니 하에바루는 이렇게 답했다.

"뭔가 심심해서요. 시설에 있으면 시간이 길게 느껴져요."

놀라웠다. 하에바루가 시설을 지루해하고 있었다.

다시 한 번 지루함에 대해 진지하게 고찰해보고 싶다. 지루해하지 않았던 하에바루는 어떻게 지루함을 느끼게 되었을까? 하에바루에게 대체 무슨 일이 일어난 걸까?

복습해보자. 고쿠분 고이치로에 따르면 지루함이란 꾸물거리는 시간에 붙잡히는 것이며, 공허에 방치되는 것이다. 하지만 하에바루는 '자아경계(자신을 둘러싼 원)'에 구멍이 뚫려 있었기 때문에 '무언가'가 공허를 가득 채우고 있었다. 그 무언가가 그를 위태롭게 만들었기 때문에 지루할 틈이 없었다.

이를 바탕으로 단순하게 추리하면, 터져버렸던 하에바루의 자아경계가 돌봄시설의 반복되는 일상이 그린 원에 둘러싸이면서 꿰매진 것이라고 볼 수도 있다.

그렇지만 그렇게 간단한 이야기는 아니다.

왜냐하면 애초에 하에바루의 가정과 학교, 즉 일상에서도 시간은 원을 그렸기 때문이다. 하에바루가 시설에 온 것은 자아경계가 터진 탓에 집과 학교의 원을 그리는 시간에 있을 수 없었기 때문이다. 원 안에 있지 못하는 것이 하에바루의 문제였다. 그러니 어째서 돌봄시설의 원만이 하에바루의 터져버린 자아경계를 고칠 수 있었는지 고민해야 한다.

구체적으로 생각해보자. 하에바루는 시설에서 무엇을 했을까? 특별한 치료 프로그램을 받았는가 하면, 물론 그러지는 않았다. 우리가 했던 것은 단순한 시간 때우기였다. 원을 그리는 시간이 만들어내는 공허에 방치되지 않기 위해 화투를 치고, 소프트볼을 하고, 크리스마스 파티를 여는 등 기분 전환에 힘썼다.

더 단적으로 말하면, 우리는 놀았다.

그렇다. 바로 놀이다. 놀이에 비밀이 있다.

왜냐하면 하에바루의 회복은 놀 수 있게 된 것과 같은 시기에 이루어졌기 때문이다. 무슨 의미일까? 대체 놀이란 무엇일까?

우리는 놀기를 좋아한다. 일이나 공부라면 의욕이 생기지 않지만, 놀이라면 없던 힘도 샘솟는다. 일을 놀이로 삼자고 하는 자기계발서가 많은데, 그처럼 놀이는 마음의 자발적인 작용이라고 여겨진다. 좋은 것이고 즐거운 것이라고 말이다.

그렇지만 사실 놀이란 누구나 할 수 있는 것이 아니다. 놀지 못하는 사람도 있다. 혹은 놀 수 없는 때가 있다. 우울할 때는 게임조차 싫어진다. 등교를 거부하는 아이는 장난감에 둘러싸여도 손을 대지 않는다. 하에바루도 그랬다. 처음에는 놀지 못했다. 마음이 절박할 때 우리는 놀이를 할 수 없다.

그래서 '놀이의 정식분석'을 개척한 위니코트는 다음처럼 말했다.

> 정신요법은 놀이의 두 가지 영역, 즉 환자의 영역과 치료자의 영역이 중첩될 때 비로소 성립된다. 정신요법은 함께 노는 두 사람에 관계하는 것이다. 이 내용에서 자연스럽게 도출되는 결론은 다음과 같다. 놀이가 이뤄질 수 없을 때 치료자가 해야 할 작업은 환자를 놀 수 없는 상태에서 놀 수 있는 상태로 이끌려 노력하는 것이다.[15]

위니코트가 말하는 것은 놀이의 치유력이다. 위니코트에 따르면 놀이는 두 인간이 중첩되는 곳에서 이뤄진다. 위니코트는 두 인간이 중첩되는 곳을 '중간영역'이라든가 '잠재적 공간'이라고 불렀다. 간단히 말하면, 놀이란 무언가와 무언가 사이에서 일어난다는 것이다.

내가 지나치게 비약했는지도 모르겠다. 까다롭지만 재미있는 내용이기도 하니 좀더 차근차근 설명해보겠다. 위니코트라는 학자가 워낙 간단한 단어를 사용해서 이해할 수 없는 이야기를 하는 사람이다. (어려운 것은 내 탓이 아니다!) 이해하기 어려운 이유는 위니코트가 관계의 미묘하고 섬세한 부분을 다루기 때문이다.

먼저, 모래밭에서 놀고 있는 아이를 떠올려보자. 아이는 열심히 모래성을 쌓고 있다. 우리 눈에는 아이가 혼자 노는 것으로 보인다.

그렇지만 위니코트에 따르면 아이는 혼자 놀고 있지 않다. 아이의 마음에는 '엄마'가 있다(당연하지만 생물학적 엄마만 가리키는 건 아니다. 피가 이어지지 않아도 아이를 돌봐주는 사람이면 된다). 여기가 위니코트를 이해하기 어려운 지점이다. 아이는 모래성만 생각하고 있고, 제3자인 우리 눈에도 혼자 노는 것으로만 보인다. 하지만 실제로 아이의 마음속에는 분명히 엄마가 있다. 그런 사실은 아이가 놀이를 중단했을 때 드러난다.

아이는 가끔씩 손을 멈추고 뒤를 돌아본다. 뒤쪽 벤치에 앉아 있는 엄마를 확인한다. 뒤에 엄마가 있을지 불안해지는 것이다. 그러면 놀이는 중단된다. 그때 엄마가 스마트폰을 만지작거리느라 눈치채지 못할 수도 있지만 대체로는 아이에게 손을 흔들어준다. 그러면 아이는 안심하고 다시 놀이에 몰두한다.

그렇다. 놀기 위해서는 누군가가 마음속에 있어야 한다. 그 사람이 사라지면 불안해지고 놀 수 없게 된다. 아이는 마음속에서 엄마 품에 안겨 있어야 놀이를 할 수 있다. 타인과 잘 중첩되었을 때 놀 수 있는 것이다.

그 중첩은 자기와 타인 사이에서만 일어나는 것이 아니다. 다시 아이를 잘 지켜보자. 우리가 보기에 아이가 하는 일은 모래 덩어리를 반죽하는 것이다. 아이 자신도 잘 알고 있다. "뭘 하니?"라고 물으면 "모래놀이요. 보면 알 것 같은데요."라고 답할 것이다(왠지 냉소적인 아이를 떠올렸다). 하지만 사실 모래 덩어리는 그 아이에게 로봇 제국의 웅장한 요새이기도 하다. 아이는 로봇 제국이라는 상상의 세계에서 놀고 있다.

놀이는 현실과 상상이 중첩될 때 벌어진다. 둘 중 하나만 없어도 더 이상 놀이가 아니게 된다. "그냥 모래를 만지는 거예요."라는 건 재미없고, "로봇 제국의 요새예요. 진짜 위험해요. 지금 만들지 않으면 세계가 멸망할 거예요."라며 비지땀을 흘리면 다른 의미로 위험하다. 너무 절박해서 더 이상 놀이라고는 할 수 없는 것이다.

놀이는 중간에서 일어난다. 주관과 객관 사이, 상상과 현실 사이, 아이와 엄마 사이. 이처럼 놀이는 **자기와 타인이 중첩될 때 이뤄진다.** 이 말은 곧, 사람은 누군가에게 의존하고 몸을 맡길 때 비로소 놀 수 있다는 뜻이다.

그런데 이 말에는 동시에 역설도 있다. 타인과 중첩되어서 놀이를 할 수 있는 한편, 놀이로 자기와 타인을 중첩시킬 수도 있다는 것이다.

여러분의 어색했던 첫 데이트를 떠올려보길 바란다. 처음에는 너무 긴장해서 논다는 느낌이 들지 않았겠지만, 억지로라도 볼링을 치고 노래방에서 노래하는 와중에 점점 즐거워져서 결국에는 단둘이 있는 데 익숙해지지 않았는가? 전학 간 학교에서 친구를 사귀는 것도 비슷하다. 처음에는 어색했지만 같이 놀다 보면 어느새 평범한 친구가 되어 있다.

긴장해서 몸이 잔뜩 굳어 있어도 놀이에 휘말리면 어느새 즐기게 된다. 타인과 자신을 중첩시킬 수 있게 된다. 내 몸을 맡길 수 있게 된다.

닭과 달걀 같은 이야기다. 의존하면 놀 수 있고, 놀면 의존할 수 있다. 놀이는 두 가지 사이에서 벌어진다. 사실 '닭이 먼저냐, 달걀이 먼저냐' 하는 질문 자체가 일종의 사고 놀이 아닌가.

돌봄시설의 프로그램에 놀이가 많았던 것은 단순히 시간을 때우기 위해서가 아니었다. 돌봄시설의 치료적인 장치였다. 함께 놀면서, 놀지 못했던 사람을 놀 수 있게 한다. 자기와 타인을 중첩시킬 수 있게 한다.

돌이켜보면 다카에스 부장도, 다이 씨도, 신이치 씨도 모두 놀이의 달인이었다. 그들은 언제나 즐겁게 놀았다. 소프트볼이든 배구든 크리스마스 파티든, 곰곰이 생각하면 촌구석에서 하는 사소한 시간 때우기에 불과하다. 하지만 간호사들은 놀이에 몰입했다. 정말로 신나게 즐겼다. 그렇게 함으로써 멤버들 역시 놀이에 빠지게 했다.

멤버들도 모두 놀이의 달인이었다. 운동뿐 아니라 카드놀이, 화투, 장기. 그들은 열심히 했다. 나와도 놀아주었다. 그들의 놀이에 내가 중첩되게 해주었다. 그럼으로써 나 역시 조금은 놀 줄 아는 사람이 되었다.

하에바루는 돌봄시설의 놀이에 휘말렸던 것이다. 사람과 함께 있을 수 없던 하에바루는 놀면서 자신과 돌봄시설을 중첩시켰다. 돌봄시설에 몸을 맡겼다. 그렇게 하면서 터져 있던 하에바루의 원은 돌봄시설의 시간이 그린 원과 중첩되었고, 수리되었다. 나는 그랬다고 생각한다.

원을 두른 채 달리는 소년

정리해보자. 원에 구멍이 난 탓에 하에바루는 지루할 틈이 없었다. 하지만 놀이를 매개 삼아 하에바루는 자신의 원과 돌봄시설의 원을 중첩시켰다. 그럼으로써 하에바루의 터진 원이 꿰매졌다. 하지만 그래서 모두와 행복하게 살았다는 해피엔드는 아니다. 뒷이야기가 있다.

언젠가 놀이도 시들해지기 때문이다.

저녁이 되면 모래놀이는 끝나고, 즐거운 데이트도 반드시 헤어질 때가 온다. 그때 로봇 제국의 요새는 그저 모래 덩어리로 변하고, 영혼의 짝꿍 같았던 두 사람은 서로가 타인임을 실감한다.

하에바루도 그랬다. 화투든 소프트볼이든 크리스마스 파티든, 시들해지면 시간을 때우는 장난에 불과해진다. 아무리 중대한 일로 여기며 달라붙어도, 변두리 돌봄시설에서 이뤄지는 놀이에 불과하다. 그간 착각했던 것이다. 착각을 깨달으면, 마법이 풀린다. 뭔가 허무해진다. 그리고 지루함이 찾아든다.

고쿠분 고이치로는 그렇게 찾아오는 지루함을 '지루함의 두 번째 형식'이라고 부른다. 두 번째 형식은 기차를 네 시간씩 기다려야 할 때 느끼는 '지루함의 첫 번째 형식'과 조금 다르다. 첫 번째 형식에서는 '무언가에 의해 지루해지는 것'이 문제였던 반면, 두 번째 형식에서는 '무언가에 관해서 지루해지는 것'이 문제다. 예를 들어 기분 전환이나 시간 때우기를 위해 파티 같은 일을 벌여도 왠지 따분한 것이 지루함의 두 번째 형식이다. 하에바루는 바로 그런 지루함과 직면했던 것이다.

지루함의 두 번째 형식에 대해 고쿠분 고이치로는 다음처럼 말했다.

두 번째 형식에서는, 자신이 자신에게 시간을 할애하여 파티에 갈 수 있다. 시간에 쫓기지 않는다. 자신과 마주할 만한 여유도 있다. 그래서 거기에는 '안정'과 '제정신'이 있다.[16]

그랬다. 하에바루에게는 '안정'과 '제정신'이 있었다. 그것들은 하에바루의 원이 닫히면서 달성되었다. 더 이상 하에바루를 위협하는 것은 없었다. 뚫린 구멍으로 불법 침입을 당하지 않고 제대로 지냈다. 그래서 놀이의 착각에서 깨어났을 때 하에바루는 공허와 마주하게 되었다. 그리고 지루해했다.

하에바루는 인터넷에서 이것저것 검색해보기 시작했다. 자신을 구속하던 것들에서 해방되어 자유로워졌기 때문이다. 지루해진 하에바루는 새로운 것을 찾기 시작했고, 이윽고 찾아냈다. 울창한 인터넷 숲에서 새로운 것을 발견했다.

바로 오토바이 면허다.

면허만 있으면 혼자서도 어디든 갈 수 있다. 하에바루는 그 가능성에 푹 빠졌다. 시설에서도 면허 시험 참고서를 펼치고 열심히 공부하기 시작했다. 결국 무사히 면허를 취득했고 가족이 오토바이를 사주었다.

면허를 딴 직후 하에바루는 자랑스러운 표정으로 오토바이에 올라타서 시설에 왔다. "멋있다." "대단해." 멤버와 직원들이 치켜세우는 게 부끄럽지만은 않은 모양이었다.

그 뒤로 하에바루는 점점 시설에서 멀어졌다. 그때까지 지나칠 만큼 성실하게 출석했지만, "일이 좀 있어서."라며 쉬는 날이 늘어났다. 시설 바깥의 세계를 발견한 것이다.

돌봄시설은 변화한다. 분명 그곳에서는 시간이 원을 빙글빙글 그리지만 그래도 조금씩 시설은 변해간다. 멤버들 개개인의 시간은 선을 그리기 때문에 그들은 어느 날 시설에 찾아왔다가 어느 날 떠나간다. 그러면 시설도 조금은 변한다.

직원들도 마찬가지다. 직원들의 직선적 시간은 돌봄시설의 원을 그리는 시간과 교차하며 커다란 원을 그린다. 그리고 직원들도 어느 순간 시설에서 떠나간다. 이 세상에 영원한 것은 없다. 각각의 선이 각각의 궤도를 그릴 뿐이다. 나도 지금은 돌봄시설의 원에서 벗어나, 도쿄에서 새로운 원을 그리고 있다. 그렇게 돌봄시설은 변해간다.

그럼에도 나는 돌봄시설을 떠올릴 때면 그 크리스마스 파티를 준비하면서 그렸던 원을 생각한다. 그때 나는 돌봄시설에 흠뻑 빠져서, 돌봄시설 안에 녹아들어 있었다. 정말로 좋은 시절이었다. 그래서 하에바루가 떠났을 때 나는 그의 회복이 진심으로 기뻤지만, 솔직히 조금 쓸쓸했다.

돌봄시설은 그렇게 변해간다. 일상은 시시각각 변한다. 그때 우리는 분명 무언가를 잃어버리기도 한다. 영원한 것 따위는 없는 법이다. 그렇다. 그 무렵부터 내 돌봄시설은 조금씩 손상되었고, 아무도 멈추지 못했다. 하지만 아직은 그 이야기를 할 때가 아니다.

하에바루가 시설을 떠나고 몇 달 뒤, 딱 한 번 그를 보았다. 나는 멤버들과 바다에서 열리는 축제를 보러 가려고 승합차 운전석에 앉아서 차를 몰고 있었다.

일직선으로 쭉 뻗은 국도는 그날도 정체가 극심했다. 바깥은 찜통더위였고 태양이 이글거리며 아스팔트를 태웠다. 나는 차창을 빈틈없이 닫고 시원한 에어컨 바람을 쐬면서 멤버들과 농담을 주고받았다.

불현듯 반대 차선에서 달려오는 오토바이가 눈에 띄었다. 본 적 있는 하얀색 오토바이였다. 운전자는 하에바루였다. 변함없이 진지한 표정으로 정면을 보고 있었다. "하에바루!" 나는 차창을 내리고 크게 부르며 손을 흔들었다. 멤버들도 "어이!"라고 외쳤다.

하에바루는 우리를 눈치채지 못했다. 순식간에 눈앞을 지나쳐 갔다. 우리는 하에바루를 눈으로 쫓았지만 뒷모습밖에 보이지 않았다.

하에바루의 오토바이가 달렸다.

꽉 막힌 도로에서 차와 차 사이를 누비며 달렸다. 곧장 나하시로 향했다.

대학교에 가는 걸까. 알 수 없었다. 하에바루가 어디로 향하는지는 몰랐다. 하지만 이제 하에바루에게는 갈 곳이 있었다. 그 사실이 나를 기쁘게 했다.

하에바루는 자신의 선을 똑바로 달렸다. 원을 두른 채 달렸다.

한없이 진지한 오토바이 소년이 국도를 달려갔다.

6장

북극곰과
고래

사랑에 약한
남자

사랑에 오한

넘지

프레
북극곰가

6장

좋은 날의 소프트볼

"잡아!" "훔쳐!" "둘 다 죽여!"

강도가 아니다. 테러도 혁명도 내전도 아니다. 물론 환청도 아니다.

소프트볼이다.

도주 상황이 아니라 협살, 소매치기가 아니라 도루, 무차별 살인이 아닌 더블 플레이다. 관중석을 차지한 고양이들이 하품으로 합창하는 야구장에서 사건은 벌어졌다. 친구와 적으로 나뉘어 서로를 쓰러뜨리는 데 혈안이 되었다. 소프트볼은 야만적이다.

우리는 작은 야구장에서 소프트볼에 열중했다. 주모자는 고교 야구 선수 출신인 다이 씨다. 다이 씨는 프로야구 선수가 되겠다는 꿈이 깨진 뒤에도 매년 신인 드래프트 시기가 오면 자기를 지명하지 않을까 기대하는 진짜 야구광이다. 그래서 휴일에 사회인 야구팀에서 뛰는 것만으로는 만족하지 못하고 돌봄 시설 멤버들과 함께 소프트볼을 했다. 그렇게 다이 씨는 야구를 일로 삼겠다는 꿈을 이뤘다.

우리는 점심시간마다 소프트볼 훈련을 했다. 식사를 마치면 나는 멤버들과 옷을 갈아입고 운동장으로 나갔다. 그리고 집중하며 캐치볼을 했다. 나는 흙과 풀 냄새를 맡으며 야스오 씨에게 힘껏 커다란 하얀 공을 던졌다. 평소에는 멍한 야스오 씨도 야구는 잘했다. 공을 어떻게 던져도 귀신같이 받아내고는 비실 비실 힘없이 공을 던졌다.

캐치볼 뒤에는 호랑이 감독 다이 씨의 수비 지옥 훈련이 이어졌다.

"간다! 받아!"

다이 씨가 날린 타구가 외야로 높이 치솟았다. 하얀 공이 파란 하늘에서 춤을 췄다. 류지 씨는 발이 빨라서 눈 깜짝할 사이에 공이 떨어지는 지점에 자리 잡았다. 공이 글러브로 빨려 들어갔다.

"나이스 캐치!"

곧바로 류지 씨는 송구 자세에 들어가 포수를 맡은 신이치 씨를 향해 공을 던졌다. 약간 빗나갔다.

"송구까지 확실히!" 다이 씨의 고함이 울렸다.

오키나와의 햇빛은 살인적이기 때문에 30분만 몸을 움직여도 멤버와 직원 모두 땀에 푹 젖었다. 볼도 빨갛게 달아올랐다. 그래서 연습을 마치면 언제나 커다란 나무 아래에서 차가운 콜라를 마셨다. 그늘에서 시원한 바람을 맞으며 마시는 콜라는 최고로 맛있었다.

그런 최고의 시간에도 다이 씨는 열정적인 지도를 멈추지 않았다.

"류지 씨, 뜬공은 잘 받는데 땅볼이 아직 멀었어. 너무 겁먹지 마."

"옙." 류지 씨는 땀을 닦아내며 답했다.

"하에바루는 자꾸 공을 흘리니까 글러브 가운데로 잡아봐."

"옙." 하에바루가 진지한 표정으로 답했다. (돌봄시설의 시간은 빙글빙글 돌기에 이번에도 시간 순서가 엉망진창이다.)
"그리고 돈 선생은 너무 느려. 내일부터 근력 운동 시작하자."
"옙." 나는 콜라를 꿀꺽꿀꺽 마셨다.

돌봄시설에서 우리는 매일매일 공을 던지고, 배트를 휘두르고, 땀을 흘렸다. 고교 야구부 못지않았다. 고교 야구 선수와 다른 점은 우리의 실력이 거의 제자리였다는 것이다.

투구 자세는 계속 꼴사나웠고, 긴장하면 공을 엉뚱한 방향으로 던졌다. 땅볼 타구는 언제나 제대로 못 잡고 가랑이 사이로 흘렸다. 나는 4년 동안 거의 매일 소프트볼을 했지만 전혀 잘하지 못했다. 류지 씨도 야스오 씨도, 다른 멤버들도 마찬가지였다. 아마도 잘하기 위한 연습이 아니라, 연습하기 위한 연습이었기 때문일 것이다.

그래도 한 달에 두 번씩 실전을 치렀다. 멤버와 직원을 막론하고 실력이 비슷하게 두 팀으로 나누어 승부를 겨뤘다. 사투를 펼쳤다. 다들 승부욕을 불태웠다.

"젠장!"

언제나 "응."이라는 최소한의 언어만으로 살아가는 터줏대감조차 실수하면 아쉬워했다. "깡!" 하고 배트가 공을 때리는 소리가 나면 벤치에 멍하니 앉아 있던 도모카 씨와 유지로 씨도 타구가 어디로 날아가는지 눈으로 쫓았다.

만루 상황에서 타구가 외야로 높게 날아가면 "태그업이야!"라는 외침이 들렸고 3루 주자인 야스오 씨가 전력 질주를 했다.

그야말로 도깨비 같은 모습으로 달렸다. 보기 좋게 득점에 성공하면 "와아!" 하는 환성이 터졌다. 그리고 한 방이년 역전할 수 있는 상황에서 다이 씨가 홈런을 날려 하이라이트를 완성했다.

스스로 4번 타자를 맡은 다이 씨가 배트를 휘두르면 하얀 공이 파란 하늘로 둥실 떠올랐다. 분명히 묵직한 공인데 마치 종이비행기처럼 날아갔다. 하얀 공은 외야 너머에 있는 나무를 가볍게 지나쳐서 시가지로 사라졌다. 다이 씨는 천천히 3루를 돌아 홈을 밟았다. 열광하는 멤버들이 벤치 앞에서 그를 맞이하며 하이파이브를 나눴다. 다이 씨의 홈런은 아름다웠다.

소프트볼은 흥미진진했다. 우리는 승부에 혈안이 되었다.

어느 돌봄시설에서든 스포츠를 한다. 우리처럼 운동장과 체육관에서 본격적으로 하는 곳이 있는가 하면, 시설 내에서 탁구 정도를 하는 곳도 있고, 페트병으로 플라스틱 공을 맞추는 미니 골프를 하는 시설도 있다. 어쨌든 돌봄시설에서는 무언가 스포츠를 한다.

아마도 돌봄시설이 너무 평화롭기 때문일 것이다. 귀에 딱지가 앉았을 테지만 이 책의 주제이기 때문에 또다시 반복한다. 돌봄시설에는 움직임이 없기 때문에 시간이 정체된다(살짝 정체된 게 딱 좋기도 하다). 지루할 정도로 평화로운 곳이다.

다만, 앞서 살펴봤듯 돌봄시설의 평화는 본질적으로 사상누각 같다. 위태롭게 균형을 잡고 있는 평화다. 멤버들은 연약해서 잘 깨지고 툭하면 폭발하는데, 약물 요법과 돌봄으로 그것들을 억누른다. 돌봄시설의 이면에는 늘 무언가가 꿈틀댄다.

그래서 돌봄시설은 그 이면에서 꿈틀대는 것들을 처리하기 위한 장치를 마련한다. 가득 찬 가스를 빼주고, 고여 있는 시간이 움직이도록 휘저어주는 갖가지 이벤트를 개최한다. 노래방 대회, 크리스마스 파티, 소풍, 해수욕 등.

그런 것을 일본의 민속학에서는 '좋은 날과 여느 날ハレとケ'이라고 한다. 끝없는 일상, 즉 '여느 날ケ'이 반복되면 점점 바싹 마른 논처럼 여기저기 균열이 생긴다. 균열이 폭발적으로 퍼지면 돌봄시설의 평화는 위태로워진다. 그래서 이따금 '좋은 날ハレ'을 끼워 넣어 갈라지기 전에 물을 대는 것이다.

좋은 날이란 곧 축제를 뜻한다. 축제에서는 평소에 금지되었던 일들이 허용된다. 광대가 왕을 놀릴 수 있고, 젊은이가 노인에게 장난칠 수 있고, 체면 차리지 않고 농담을 쏟아낼 수도 있다. 한순간 비일상이 나타난다.

대표적인 예가 스포츠다. 스포츠는 승패를 가르기 때문에 평소 가두었던 공격성이 드러난다. 미적지근한 미니 골프에서도 결정적인 순간에는 사느냐 죽느냐를 걸고 진검 승부를 벌인다. 그렇게 이면에서 꿈틀대는 것을 스포츠로 발산하면 잔잔한 시간으로 돌아간다. 돌봄시설의 평화가 다시 성립되는 것이다.

그래서 우리는 소프트볼을 할 때 야만적이었다.
"잡아!" "훔쳐!" "둘 다 죽여!" "이 자식아, 걷어차버린다!"
응? 걷어차는 게 소프트볼에 있었나?
축제에는 위험 부담도 따른다. 해방된 것을 제어하지 못하면 사건이 터진다.

폭발하다

그때 나는 (외야의 평화를 지키기 위해) 중견수 수비를 보고 있었다. 다이 씨의 홈런으로 승패는 거의 결정됐기 때문에 평소처럼 인생에서 화났던 일들을 반추하며 멍하니 있었다. 그러는데 "깡!" 하는 소리가 났다. 정신이 번쩍 들었다. 타구는 이미 머리 위를 넘어가고 있었다.

큰일 났다! 1루 주자인 류지 씨가 달리기 시작한 게 보였다. 서둘러서 공을 쫓았다. 외야 가장 깊숙한 곳에서 공을 줍고 힘껏 던졌다. 그 순간 나는 발이 휘청거리며 넘어졌다. 발목이 꾹 꺾이는 느낌이 들었다.

그래도 공은 유격수 하에바루를 훌쩍 넘어 포수인 다이 씨까지 일직선으로 날아갔다. 기적 같은 송구. 류지 씨는 3루를 돌아 홈으로 돌진했다. 포수와 접전.

"아우트으으!"

심판인 다카에스 부장이 메이저리그 심판을 흉내 낸 요란한 동작으로 주자의 사망을 선고했다.

류지 씨가 격분했다. "왜요! 제대로 홈 밟았는데!"

"아우트으으!" 다카에스 부장은 재미있는지 요란한 판정을 반복했다.

"까불지 마!" 류지 씨가 폭발했다. "이 자식, 걷어차버린다!"

류지 씨는 홈 근처에 떨어져 있던 포스 마스크를 걷어차더니 다카에스 부장에게 다가갔다. 긴장이 팽팽해졌다. 멤버들은 누구도 움직이지 못했다.

정말로 한 대 때릴 것 같던 순간, 다이 씨가 둘 사이에 조용히 끼어들었다.

"류지 씨, 진정 좀 할까." 다이 씨는 천천히 부장과 류지 씨 사이로 들어가서 **마음**에 손을 댔다. 폭력을 막았다. 불을 껐다. "잠깐 얘기하자."

이런 상황에서 다이 씨는 카리스마 넘치기 때문에 흥분했던 류지 씨도 순간 움직임을 멈췄다. 긴장이 풀렸다. 두 사람은 이야기를 나누러 야구장 뒤쪽으로 사라졌다.

소프트볼은 축제이자 비일상이기 때문에 가끔씩 폭발한다. 사건이 일어난다.

그때 나는 무엇을 했느냐면, 쓰러진 채 상황을 지켜보았다. 원래는 현장으로 달려가야 했지만, 다리가 너무 아팠다. 발목이 나간 게 틀림없었다.

사랑에 걸려 넘어지다

병원에 돌아와서 다이 씨가 봐주었는데 역시 염좌인 듯 발목이 통통 부어 있었다.

"돈 선생은 너무 허둥대서 문제야." 다이 씨가 발목을 보며 놀렸다. 하지만 야구광인 만큼 내 송구에 대한 평가를 빠뜨리지 않았다. "송구는 끝내줬어."

다이 씨는 붕대를 감고 내 발목을 고정해주었다. 나를 돌봐주었다.

"잘하지? 전에 일한 병원에서는 주사도 내가 제일 잘 놨어."

확실히 능숙했다. 우락부락하게 굵직한 손가락이 솜씨 좋게 붕대를 감았다. 마치 고릴라 엄마가 나를 돌봐주는 것 같았다.

다이 씨는 야구광일 뿐 아니라, 돌봄시설의 아버지였고, 어머니였다. 의연히 규칙을 지키게 하는 동시에 세심하면서도 폭넓게 사람들을 돌봤다. 멤버들은 다이 씨를 완전히 신뢰했고, 직원들도 마찬가지였다. 다이 씨는 돌봄시설의 정신적 지주였다.

직원회의의 중심에는 늘 다이 씨가 있었다. 그때도 응급 처치를 받는 나와 처치를 하는 다이 씨를 다른 직원들이 둘러싸고 회의했다. 사건이 일어나면 직원들은 모여서 의논했다. 정보를 공유하고 방침을 정했다. 그날의 회의 주제는 물론 류지 씨였다.

그 무렵 류지 씨는 연달아 문제를 일으켰다. 짜증이 많아졌고, 다른 멤버와 충돌하거나 직원에게 화풀이를 했다. 상태가 좋지 않았다. 아직까지는 직접 폭력을 휘둘러 누군가를 다치게 하지 않았지만, 스포츠를 하다 너무 흥분하면 고함을 지르거나 불만을 터뜨리는 일이 잦아졌다. 그러고 나면 류지 씨는 자기혐오에 빠지는지 홀로 우울해했다. 표정도 험악했다. 그러다 무언가 계기가 있으면 또 사건을 일으켰다.

다이 씨가 면담을 해보니 환청이 더욱 심해진 모양이었다.

"죽어버려!"라든지 "너는 변태야!" 같은 말이 들린다고 했다. 환청은 주로 류지 씨가 이성을 생각할 때 들리는 모양이었다.

"역시 유리 씨와 사귀는 게 부담인 거 같아요." 다이 씨가 말했다.

"아이고!" 다카에스 부장이 외쳤다. "유리 씨, 치명적인 여자네."

애초에 류지 씨는 사랑에 약했다.

당시 갓 30세였던 류지 씨는 대학생 때 조현병이 발병하여 입원을 거친 뒤 돌봄시설에 다니기 시작했다. 류지 씨는 순조롭게 회복했다. 젊은 남성 멤버들의 숙명대로 다이 씨가 이끄는 돌봄시설 야구단에 들어갔고 타고난 운동신경 덕에 팀의 핵심이 되었다. 그러면서 다른 멤버들과도 교류하게 되었고, 이윽고 돌봄시설의 분위기 메이커가 되었다. 류지 씨는 빠른 속도로 사회 복귀까지 해낼 것 같은, 이른바 '고기능 멤버'였다.

그렇지만 류지 씨는 사랑에 걸려 넘어졌다.

류지 씨는 여러 사람과 차례차례 사랑에 빠졌다. 상대는 원무과 직원들이었다. 원무과는 자주 사람이 바뀌었는데, 류지 씨는 새로운 직원이 들어올 때마다 사랑에 빠졌고 상태가 나빠졌다. 좋아하는 사람을 생각하거나 성적인 것이 머리에 떠오르면, 환청이 들려서 매우 불안해했다. 그러면 한동안 돌봄시설을 쉬었다.

류지 씨가 힘들어할 때 이야기를 들어준 사람이 다이 씨다. 다이 씨는 간호사답게 누군가를 좋아하는 건 나쁜 일이 아니며 성적인 감정 또한 지극히 자연스러운 것임을 알려주고, 다만 불안해질 것 같으면 되도록 생각하지 말자고 조언했다.

비슷한 일이 반복되었다. 류지 씨는 회복하고, 사랑에 빠져 상태가 나빠지고, 다시 회복하고, 또 사랑에 빠져 상태가 나빠졌다. 그렇게 류지 씨가 돌봄시설에 다닌 지 5년이 지났다. 제자리에서 빙글빙글 원을 그렸다.

그렇지만 류지 씨는 빙글빙글 돌면서도 착실하게 전진했다. 새로 들어온 원무과 직원 유카 씨를 사랑했던 게 계기가 되었다. 그 전에 류지 씨는 하필이면 히가미사를 좋아했는데, 히가미사가 워낙 무뚝뚝한 탓에 찰나의 사랑으로 흐지부지되었다. 그리고 그 대신 유카 씨를 좋아하게 되었다.

유카 씨는 뱀을 반려동물로 기를 만큼 4차원 캐릭터였기 때문에 류지 씨가 호감을 보내도 겁먹지 않았다. "저 인기 많은가 봐요! 꺄, 어떡해!"라면서 웃어넘겼다.

유카 씨의 태도는 그간 자신의 사랑과 성욕 때문에 힘들어하던 류지 씨를 조금 안심시켰다. 류지 씨는 사랑 때문에 혼란스러워하면서도 자신을 유지할 수 있었다. 그러던 와중에 뜻밖에도 류지 씨는 유카 씨에게 크리스마스 파티에서 함께 피아노를 연주하자고 제안했다(앞서 잠깐 등장했던 장면이다).

아직 10대였던 유카 씨는 띠동갑 가까이 나이가 많은 남성의 접근에 약간 당황했지만, 원래 상냥한 데다 특출한 낙천가였기 때문에 "어려워요! 꺄!"라면서 함께 연습했다.

그 경험이 류지 씨에게 큰 도움을 주었을 것이다. 사랑은 날 것 그대로가 아니라 피아노 연주라는 형태를 취했다. 류지 씨는 좋아하는 사람과 거리를 두면서도 함께 '있기'를 해냈다. 최종

목표는 이루지 못했지만 즐길 수 있었다. 류지 씨에게 매우 의미 있는 경험이었을 것이다. 사랑을 견딜 수 있었고, 사랑이 힘든 것만은 아님을 체감할 수 있었다.

진짜 사건이 일어난 것은 그 직후였다.

류지 씨는 느닷없이 유리 씨와 사귀기 시작했다. 류지 씨와 담요 한 장을 두고 죽이네, 살해당하네 하며 사투를 벌였던 그 유리 씨 말이다. 아무런 전조도 없이 갑자기 일어난 일이라 나는 허를 찔린 것 같았다. 다른 직원이나 멤버도 비슷했을 것이다. 다이 씨도 깜짝 놀랐다. 왜냐하면 두 사람은 달라도 너무 달랐기 때문이다.

연애 경험이 전혀 없고 말주변도 없는 류지 씨(운동복 말고 다른 차림은 본 적도 없다). 화려하고 수다쟁이에 연애 경험이 풍부한 유리 씨(겉보기는 그냥 날라리 같다). 그런 두 사람이 연애하다니 꿈에도 생각지 못했다.

"꺄! 류지 씨, 대단해요, 꺄!" 짝사랑에서 해방된 유카 씨는 신난 것 같았지만, 나와 간호사들은 굳이 말하면 걱정부터 했다. 유리 씨는 지금까지 여러 멤버들과 연애를 했고 모두 금방 헤어졌기 때문이다. 타오른 사랑의 불꽃이 금세 차여서 꺼져버리면 류지 씨가 괜찮을지 불안했다.

그렇지만 연애를 막을 권한은 누구에게도 없었다. 무엇보다도 알콩달콩하면서 행복해하는 두 사람을 보면 축복해주고 싶었다. 다른 사람들도 비슷하게 생각했는지, 다마키 씨는 툭하면 놀려댔다.

"어때? 두 사람 벌써 뽀뽀했어? 나한테만 말해봐."

"엉큼해요, 다마키 씨. 어떻게 말을 해." 유리 씨가 슬쩍 웃었다. 그러고는 "말 못 하지?"라며 류지 씨를 보았다. 하지만 류지 씨는 웃음을 참지 못하며 선언해버렸다.

"해버렸습니다."

허를 찔린 다마키 씨는 흥분하며 두 사람을 놀렸다. "와! 대단한데! 진도가 장난 아니야."

"말하면 어떡해." 유리 씨가 류지 씨를 팔꿈치로 쿡쿡 찔렀다.

"미안." 류지 씨는 풀이 죽으면서도 미소를 지었다.

"뜨겁네요, 꺄!" 유카 씨가 웃었다.

류지 씨는 행복해 보였다. 하지만 역시 연애는 사건일 수밖에 없었다. 그 무렵부터 류지 씨는 조금씩 과열되었다.

파괴와 성장의 사랑

돌봄시설에서는 가끔 사건이 일어난다. 아니, 지금 돌이켜보면 사건이 끊이지 않았다. 이 사건이 수습되면 저 사건이 터졌고 다른 사건도 함께 진행되었다. 하지만 그와 동시에 돌봄시설은 평화로웠다. 3장에서 적었듯이, 돌봄시설의 평화는 여러 사건을 끌어안으면서 유지되었다.

우리는 그래서 직원회의를 비밀리에 진행했다. 정보와 대응을 공유하는 것은 사건을 끌어안으며 시설의 평화를 유지하는 데 필수였다. 직원회의에서는 각자 솔직하게 의견을 말했다.

"소 잃고 외양간을 고치면 안 돼." 간호과장 게이코 씨가 말했다. "류지 씨에게 몇 번이나 얘기했는데도 규칙을 어긴 거니까. 시설을 쉬게 하는 것도 고려해야 해."

게이코 씨는 대체로 강경파였다. 돌봄시설의 평화를 지키기 위해서라면 다소 가혹한 조치도 필요하다고 주장했다.

"그러게." 다이 씨가 끄덕였다.

간호사들은 기본적으로 안전제일 평화주의자다. 불이 붙으면 최대한 빨리 소화한다. 그래야 주위는 물론 당사자에게도 안전하다고 생각한다. 전염병이 그렇듯이 작은 실수와 안이한 판단 탓에 생명이 걸린 중대한 문제가 발생할 수 있음을 간호사들은 직접 경험해봐서 잘 알고 있다. 사건은 위험 부담을 증가시킨다. 그러니 한시라도 빨리 불을 꺼야 한다. 간호사들은 그렇게 생각한다.

그렇지만 불을 끌 수 있는 수단은 많지 않다. 일단 멤버의 마음에 불이 붙으면 그리 쉽게 꺼지지 않는다. 단숨에 마음을 진정시키는 마법의 주문 따위는 당연히 없고, 약조차도 잠깐의 위안거리밖에 되지 않는다. 옛날에 큰불이 났을 때와 비슷하다. 소방 기술이 발전하지 않았던 옛날에는 불이 나면 대체로 다 탈 때까지 기다릴 수밖에 없었다. 그래서 당시 소방관들의 일이란 불타는 집 주변을 전부 부숴서 불이 번지지 않게 막는 것이었다.

돌봄시설의 소방관인 간호사들도 마찬가지다. 불이 번질 것 같으면 그들은 돌봄시설이 통째로 휘말리지 않도록 발화점을 격리한다. 구체적으로 불붙은 멤버에게 출석 정지 또는 이용 금지 같은 처분을 내린다.

처음에 나는 그런 방식이 매정하다고 생각했고, 올바르지 않은 가부장적 대응이라고 생각하기도 했다. 뭔가 더 할 수는 없을까 고민했다. 하지만 갈수록 그 역시 돌봄의 일환이라고 여기게 되었다.

일단 타기 시작한 불은 제어할 수 없다. 비정해 보일지라도 불붙은 멤버를 격리하면 주위 멤버들의 상처를 최소한으로 줄일 수 있고, 불타고 있는 당사자의 혼란도 최소한으로 억제할 수 있다. 상처 주지 않는 것, 혹은 상처를 최소한으로 줄이는 것이 돌봄이라면, 권력을 휘두르는 듯한 비정한 처분 역시 돌봄일 수 있다. 간호사들은 돌봄시설의 평화를 지키기 위해 필요한 일을 하는 것이다.

이런 사실을 잘 알면서도 사실 나는 사건이 벌어졌을 때 반드시 평화주의자는 아니었다. 간호사에게 사건이란 일상 질서의 파괴를 뜻하며, 되도록 일어나서는 안 되는 일이다. 그래서 평화를 지키기 위해서 진화에 힘쓴다. 하지만 심리사는 조금 다르다. '상담사'라는 단어에 친절한 인상이 있을지 모르지만, 심리사들은 안정과 평화만을 중요하게 여기지는 않는다. 물론 안정과 평화가 소중하다는 데 이견은 없지만, 때로는 평화를 잃고 괴로운 경험을 하거나 갈등을 겪는 것 역시 마음에 중요하다고 생각한다.

이런 생각의 바탕에는 정신치료의 발상이 있다. 돌봄의 기본은 고통을 제거하거나 완화하는 것일 텐데, 정신치료는 상처나 역경과 똑바로 마주하는 것을 가치 있게 여긴다. 고통과 마주보며 충분히 고뇌하고 충분히 침울해야 한다는 것이다. 얼핏 부정적으로 보이는 그런 경험이 마음의 성장과 성숙으로 이어진다고 심리사는 생각한다. 야구를 잘하기 위해 힘든 훈련이 필요한 것과 마찬가지다.

오해를 무릅쓰고 말하면, 나는 사건을 싫어하지 않는다. 오히려 사건이 터지면, 지금 굉장히 중요한 일이 벌어지고 있다고 생각한다. 나도 전력을 다해야 한다고 더욱 집중한다.

사건이란 신기하다. 사건은 재앙인 동시에 재생이기도 하다. 잠시 멈춰서 사건에 대해 생각해보겠다(꼭 탐정이 된 것 같다).

철학자 슬라보예 지젝Slavoj Žižek은 제목부터 '사건event'인 책에서 다음처럼 정의했다.

> 사건이란, 안정된 도식 전부를 뒤엎을 만한 새로운 무언가가 갑자기 출현하는 것이다.[17]

지젝은 사건이 일상을 갑자기 부수듯이 등장하는 무언가고, 파괴의 범위는 일부분에 머무르지 않으며 일상을 지탱하는 틀 전체를 아우른다고 지적했다. 분명히 맞는 말이다. 사고는 뒤처리가 끝나면 원래대로 돌아간다(그것도 어려운 일이지만). 하지만 사건은 다르다. 9·11 테러를 계기로 이슬람교에 대한 인식이 전혀 달라져 보안이 강화되고 전쟁이 벌어졌듯이, 사건은 그때까지 있었던 틀 자체를 파괴한다. 그리고 사건의 한복판에 있으면 무엇이 어떻게 돌아가는지 모르게 된다. 사건 때문에 평범하던 일상이 전복되는 것이다.

그러니 사건에는 두 측면이 있다고 할 수 있다.
우선 사건은 일상을 파괴한다. 그때까지의 자신을 파괴한다. 질서가 혼란스러워지고 위험성이 급증한다. 하지만 동시에 사건은 새로운 세계를 열어젖힌다. 새로운 자신을 만들어낸다. 파괴가 창조로 연결된다.

흥미로운 점은 지젝이 사건의 사례로 예수의 부활, 석가모니의 득도, 「강남스타일」의 세계적 인기(마야력에서 세계가 멸망한다고 하는 날에 유튜브 조회수 10억 회를 돌파했다고 한다) 같은 전 세계적 사건과 나란히 '사랑'을 거론했다는 것이다.

> 진지하게 사랑할 때 그야말로 무언가에 홀린 것 같지 않은가. 사랑이란 이른바 예외적 상태가 영원히 이어지는 것 아닐까. 일상생활의 적절한 균형이 흔들려 모든 호감이 마음속 깊이 있는 '그것'으로 채색된다.[18]

지젝은 『샌드맨』이라는 유명 그래픽 노블의 저자인 닐 게이먼Neil Gaiman의 문장을 인용한다. 사족이지만 이 그래픽 노블은 모래 남자의 이야기라고 하는데, 과연 모래 남자는 사랑을 할까? 상대는 누구일까? 「겨울왕국」의 엘사일까? 이런 시답잖은 의문은 제쳐두자.

사랑을 하면 우리는 약해진다. 가슴이 열리고, 마음이 열리고, 누군가 들어와 엉망진창이 된다. (…) 그 순간, 당신의 인생은 더 이상 당신의 것이 아니게 된다. 사랑은 당신을 점령한다. 당신 속으로 침입한다. 당신을 먹어치우고, 어둠 속에서 흐느껴 우는 당신을 방치한다.[19]

이 글대로 사랑은 지극히 위험천만하다. 자칫하면 큰불로 번진다.

실제로 돌봄시설에서 사랑이 싹트면 온갖 어려운 일들이 일어난다. 시설 내에서 인간관계가 힘들어지거나, 환청이 강해지거나, 정서가 불안정해진다. 커플끼리 상처를 주고받기도 한다. 특히 조현병 멤버들은 사랑에 약하다. 애초에 조현병 당사자들은 성적인 문제가 얽혀 발병한 경우가 적지 않다. 사춘기와 청년기 같은 불안정한 시기에 사랑에 빠지거나 성적으로 접근하거나 혹은 접근을 당하면서, 마음의 부담이 한계를 넘어 증세가 나타난 사례는 일일이 셀 수 없을 정도다.

아마도 사랑이란, 우리 마음속의 가장 약한 부분이 관장하는 감정인 모양이다. 그래서 사랑에 빠지면 약함이 흘러넘쳐서 상처가 만연해진다.

왜 그럴까? 왜 사랑은 그토록 파괴적일까?

이 질문에 대해 이런저런 심리학적 설명이 이뤄져왔지만, 나는 심층심리학의 대가인 카를 융$^{Carl\ Jung}$의 설명을 좋아한다. 융은 아내와 자신의 불륜 상대를 동거시키기도 했고 환자와 사랑에 빠지기도 했던 사람이라 그런지 사랑에 대한 글도 설득력 있게 썼다.

융에 따르면, 사랑을 할 때 남성은 '아니마^{anima}'가, 여성은 '아니무스^{animus}'가 마음속에서 꿈틀댄다고 한다. 아니마와 아니무스는 일상을 살아가는 '자신'과 정반대되는 '자신'을 가리킨다. 다시 말해 남성은 남성답게 살아가고 있으니(그러지 않는 사람도 있지만), 마음 깊은 곳에는 자신이 살아가지 않은 인생의 다른 면으로서 여성성, 즉 아니마가 있다. 여성이라면 그 반대로서 자신이 살아가지 않은 인생의 다른 면인 남성성, 즉 아니무스가 있다.

앞서 언급한 모래 남자는 매일 뜨겁고 건조한 사막에서 살아가니, 그와 정반대되는 존재는 차갑고 습한 겨울왕국에서 살아가는 엘사라고 할 수 있다. 그래서 모래 남자는 자신에게 없는 것을 가지고 있는 엘사에게 어쩔 수 없이 끌리고 만다.

이렇게 말할 수도 있다. 사랑을 할 때 우리는 현실에 있는 누군가에게 마음을 준다. 곁에서 보면 틀림없이 상대방이 존재한다. 하지만 사실 사랑은 자기 내면의 아니마 또는 아니무스가 외부 세계에 투사된 결과이기도 하다. 모래 남자는 엘사를 사랑하는 동시에 자기 내면의 아니마에 휘둘리고 있다. 그럼으로써 자신이 살아보지 못했던 또 다른 삶을 살아가려 하는 것이다.

그 때문이다. 그래서 사랑은 지금까지의 일상을 뒤엎는다. 현실에서 살기 위해 어렵게 쌓아온 자신을 내면에서 떠오른 정반대되는 것이 파괴한다. 사랑에 눈먼다는 말이 있는데, 사랑 탓에 현실을 잃어버리는 것이다. 그래서 사랑은 사건이다.

그렇지만 사랑이 상처를 주고 파괴만 하는 것은 아니다. 앞서 말했듯 사건에는 또 다른 측면이 있다.

돌봄시설 멤버들끼리 연애하다 결혼하고, 안정된 관계로 이어지는 경우가 분명히 있다. 아이가 태어나기도 한다. 그들은 태풍 같은 비일상에서 살아남고 역경을 뛰어넘어 새로운 일상을 세운다. 사건이 그들의 인생에 좋은 결과를 가져다준 것이다. 그들은 자기만의 안식처를 손에 넣고 가족을 위해 일하기 시작한다. 그러면서 인생은 새로운 국면을 맞이한다. 소중한 것들이 쌓여간다.

멤버가 아니라도 마찬가지 아닌가. 사랑은 사람을 어른으로 만들어준다. 순정만화를 보면 잘 알 수 있다.

순정만화의 구조는 대체로 비슷하다. 이야기의 초반, 주인공 소녀는 아직 어린아이에 불과하다. 덜렁대고 태평하고, 식탐이 많을 확률이 매우 높다. 주인공에게는 자신이 여성이라는 자각이 없다. 그러다 주인공에게 사건이 일어난다. 사랑에 빠진다. 대체로 농구부나 축구부에 소속된 어딘지 우수에 찬 남자아이를 좋아한다. (밝고 활기찬 소녀에게는 어둡고 조용한 소년이 아니무스에 해당한다. 그리고 왠지 그런 소년이 탁구부에 소속된 경우는 거의 없다.) 사랑에 빠진 소녀는 혼란스럽고 상처 입기 쉬우며 우울한 상태에 놓인다. 자신이 무슨 상황에 놓인 건지 전혀 알지 못한다.

그렇지만 아옹다옹 들썩들썩 삐걱삐걱 이러이러하면서 (이 과정은 무한히 늘릴 수 있다) 주인공은 혼돈을 극복하고 소년과 맺어진다. 그 이야기에서 어린아이였던 주인공은 어른으로 성장한다. 주인공은 자신이 여성임을 받아들인다. 소녀는 새로운 여성이 되고, 그 앞에는 전과 다른 세계가 펼쳐진다. 순정만화의 골격은 거의 이렇다.

먼 길을 돌아왔지만, 사건은 일상을 파괴할 뿐 아니라 성장과 성숙도 불러일으킨다는 것을 말하고 싶었다. 그리고 심리사, 특히 정신치료를 하는 심리사는 사건의 긍정적 가능성을 중시한다.

문제는 과연 사랑이 류지 씨에게 새로운 것을 가져다줄지, 아니면 류지 씨를 손상시킬지 하는 것이었다. 당시 나는 류지 씨가 사랑에서 무언가를 손에 넣지 않을까 생각했다. 류지 씨는 그 정도로 강한 사람이지 않을까 생각했다. 그래서 직원회의에서 말했다.

"직원이 아니라 멤버를 사랑한 것은 처음이니, 이 곤경을 뚫고 나가면 큰 의미가 있지 않을까요. 게다가 류지 씨는 물건에 화풀이를 하지만 사람에게는 그러지 않으려 조심하고 있어요. 제대로 현실을 보고 있다고 생각해요."

류지 씨는 현실을 잃어버리고 사랑에 삼켜지지 않았다. 현실에 발을 딛고 스스로 현실을 부수지 않으려 조심했다. 아니마가 완전히 류지 씨를 집어삼킨 것은 아니었다.

비록 사건이 이어졌고, 사랑은 위험했지만, 류지 씨는 그걸 극복하고 뭔가를 얻으리라고 생각했다.

"맞는 말이야." 다이 씨는 이번에도 끄덕였다.

회의는 다이 씨를 중심으로 진행되었다. 한 사람씩 각자의 생각을 이야기하면 다이 씨에게 축적되었다. 다이 씨는 냉정하고 섬세하게 생각했다. 고릴라 같아도 그럴 때는 섬세했다. 마지막으로 다이 씨가 말했다.

"일단 좀더 지켜보자."

결국 그렇게 결론이 났다. 게이코 씨 말대로 위험이 확산되면 출석 정지를 할 수 있지만 일단 상태를 지켜보기로 했다.

이러쿵저러쿵해도 우리가 할 수 있는 일은 '지켜보는 것'뿐이었다.

돌봄시설에 마법은 없다. 사건을 명쾌하게 해결하는 명탐정도 없다. 애초에 마음의 문제에는 특효약이 없다. 시간이라는, 효과가 더디게 나타나는 만능약밖에 없다. 우리는 정체된 것 같아도 천천히 흐르는 시간이 마음을 어떻게 변화시키는지 지켜보았다. 주의 깊게 지켜보았다. 그러기 위해 회의를 거듭했다. 간호사는 간호학적 견해를, 심리사는 심리학적 견해를 이야기했다(돌봄시설에서 심리사의 전문성이 드러나는 장면이다).

아무 생각 없이 상태를 바라보는 것이 아니라 무슨 일이 일어나고 있는지 생각하면서 살펴보는 것. 돌봄이란 그런 것이다(실은 상담도 마찬가지지만).

"그럼 다들 힘내요." 회의를 마치며 다이 씨가 말했다.

"수고하셨습니다." 모두 제자리로 돌아갔다. 각자 다양한 생각을 품고 멤버들에게 갔다.

북극곰과 고래의 싸움

결론부터 말하면 류지 씨의 사랑은 덧없이 끝났다. 두 사람은 어느새 이별했고 유리 씨는 금세 다른 멤버와 사귀었다가 또다시 헤어졌다. 그래도 유리 씨는 태연히 지냈다.

"치명적인 여자야." 다카에스 부장이 한숨을 내쉬며 매끈한 머리를 쓰다듬었다. "나도 조심해야지."

뭘 조심하겠다는 건지 모르겠지만, 사정이 있겠지. 유리 씨에게도 여러 사정이 있을 것이다. 유리 씨는 자신의 외로움 탓에 누군가에게 기대고 싶어했고, 그래서 이 사람 저 사람 가리지 않고 사랑에 빠졌지만, 결국 누구도 유리 씨의 마음을 받아주지 못했다. 그 역시 슬픈 일이다.

차여버린 류지 씨는 비참했다. 밥을 거의 먹지 않았고 잠도 못 자는 것 같았다. 변함없이 짜증 가득한 상태가 이어졌고, 무엇보다 지쳐 보였다.

류지 씨는 그래도 돌봄시설을 쉬지 않았다. 지금까지 류지 씨는 상태가 나빠지면 집에 틀어박혀서 회복하는 데 반년 정도 시간이 걸렸지만, 이번에는 달랐다. 그 대신 시설에 나와도 홀로 지냈다. 여느 때면 1층에서 사람들과 수다를 떨 시간에 반지하의 탁구장으로 몸을 숨겼다. 작은 방 구석에 누워 있는 시간도 늘어났다. 가끔씩 쓸쓸하게 피아노를 만지작거리기도 했다.

점심시간의 소프트볼도 "오늘은 쉴게요. 좀 피곤해서요."라며 빠졌다. 배구를 할 때는 시합을 뛰지 않고 견학했다. 그렇게 류지 씨는 혼자 근심 속으로 가라앉았다.

그러는 사이에 류지 씨가 짜증을 억제하지 못하는 일은 없어졌다. 눈에 띄는 행동도 거의 사라졌다. 얼핏 보면 류지 씨는 꽤 안정된 것 같았다. 게이코 씨는 "다행이야, 다행."이라고 했지만, 내 눈에 류지 씨는 여전히 사건의 한복판에 있는 것으로 보였다.

류지 씨는 자신을 억누르기 위해 사투를 벌이고 있었다. 류지 씨의 상처는 여전히 아물지 않았고, 자신의 내면에서 활활 타는 사랑의 불꽃 때문에 괴로워했다. 그 불꽃은 류지 씨를 해치고 흥분시키고 초조하게 만들었을 것이다. 그때 류지 씨는 부서지기 직전이었다고 생각한다. 그리고 류지 씨는 그런 자신과 싸웠을 것이다. 그 싸움은 마음속에서 이뤄졌기에 밖에서는 안정된 듯이 보였지만, 사실 류지 씨는 소용돌이 한복판에 있었다.

정신분석의 창시자 지그문트 프로이트 Sigmund Freud는 '잘 고뇌한다'라는 것이 무엇인지 다음처럼 말했다.

> 여기서 싸우는 두 힘은 유명한 이야기 속의 북극곰과 고래처럼 서로 만날 기회가 없다. 둘이 같은 기반 위에서 만나게 될 때에야 비로소 화해할 가능성이 생길 것이다. 나는 그들이 같은 기반 위에 설 수 있도록 주선해주는 것이야말로 치료의 유일한 과제라고 생각하고 있다.[20]

사람의 마음속에는 북극곰과 고래가 살고 있는데, 그들은 빙하의 위아래라는 다른 세계에서 살기 때문에 평소에는 만날 일이 없다. 서로의 존재를 모른다.

이 비유에서 북극곰은 의식, 고래는 무의식이다. 아니면 북극곰은 자아, 고래는 아니마 또는 아니무스라고 해도 좋다. 중요한 것은 북극곰과 고래가 한판 붙음으로써 우리 마음이 풍요로워진다고 프로이트가 생각했다는 점이다. 자기 내면에 있는 것과 마주하고 갈등하는 것에 가치가 있다고 프로이트는 생각했다.

돌봄시설 멤버들 중에는 고래의 힘이 압도적으로 강한 사람도 있다. 고래가 손쉽게 빙하를 쪼갤 정도다(빙하란 앞서 말한 자아경계라고 봐도 무방하다). 빙하를 쪼갠 고래는 북극곰을 깊은 바닷속으로 끌고 가버린다. 그럴 때 마음은 매우 위험해진다.

특히 사랑은 고래를 흉포하게 만드는데, 그때 류지 씨의 마음속에서는 아예 빙하가 산산조각 나서 고래가 북극곰을 삼켜버리려 했을지도 모른다. 그래서 북극곰은 불안해했고 짜증을 냈고 차분할 수 없었다.

사건이 일어난다는 것은 바로 그런 상황을 가리킨다. 마음속에서 강대한 고래와 북극곰이 혈투를 벌였기 때문에 류지 씨는 외부를 차단했다. 고래를 자극하지 않고 빙하 아래로 돌려보내기 위해 노력했던 것이다. 류지 씨는 그렇게 고래의 맹렬한 공격을 견뎠다.

사건은 눈에 띄지 않는 곳에서 일어났다. 그 사건은 얼핏 류지 씨가 홀로 임하는 고독한 싸움으로 보였다. 하지만 류지 씨는 혼자가 아니었다. 류지 씨는 돌봄시설에 매일 출석했다. 혼자 있지 않으려고 했다. 일단 돌봄시설에 오면 말을 걸어주는 이들이 있었다. 다마키 씨, 준코 씨, 도모카 씨, 모두 류지 씨와 인간관계를 쌓아온 사람들이다.

그들과 말을 섞는 시간은 매우 짧았다. 아마 류지 씨가 자기 마음속에서 벌어지는 일을 이야기하지는 않았을 것이다. 그래도 타인과 같은 공간에 함께 있는 것, 그리고 타인이 말을 걸어주는 것은 류지 씨의 북극곰을 도와주었다. 그 덕에 북극곰은 현실에 있을 수 있었다.

그뿐이 아니다. 매일 잠깐이지만 류지 씨는 다이 씨와 대화했다. 다이 씨는 류지 씨를 무척 걱정했다. 대화라고 해도 몸 상태나 수면 상태 같은 별것 아닌 일을 물어보았다. 사건의 한복판에서 몸은 마음을 지키는 성벽이 되어준다. 가끔씩 다이 씨는 요즘 들리는 환청이나 사랑에 대해서도 물었다. 류지 씨는 "별로 안 좋아요." 또는 "좀 나아졌어요."라고 다이 씨에게 알려주었다. 다이 씨는 그저 "그래, 알았어."라고만 답했다.

류지 씨는 오래전부터 알아온 다이 씨를 굳게 믿었다. 그렇게 신뢰하는 사람이 함께해주었다. 자신을 지켜봐주었다. 그런 사실이 괴로운 마음을 지탱했다. 나는 당시 두 사람이 한구석에서 대화하는 모습을 자주 목격했다. 고래가 출렁출렁 유빙을 흔들고 있었다.

변치 않는 것과 변하는 것

석 달 뒤, 우리는 어김없이 소프트볼 수비 훈련을 했다. 바람이 살짝 시원해졌지만 여전히 뙤약볕은 살인적이었고 나도 류지 씨도 얼굴이 새빨개져서 공을 쫓아다녔다.

아무래도 고래의 기세가 한풀 꺾여서 빙하 아래로 다시 가라앉은 듯했다. 류지 씨는 혼자 있는 시간이 줄었고 예전처럼 멤버들과 대화를 나눴다. 소프트볼에도 복귀했다.

류지 씨는 유리 씨와도 자연스럽게 대화했다. 애쓰지 않고, 불안해하지 않고. 그럴 때 류지 씨는 여드름 흉터가 남아 있는 볼에 부드러운 미소를 머금었다.

전부 원래대로 돌아간 것 같았다.

전부 예전으로 돌아갔다. 아무것도 변치 않았다. 류지 씨는 전처럼 돌봄시설에 다녔고, 유리 씨도 변함없이 활기가 넘쳤다. 예전과 같은 평화가 돌아왔다.

사건이 일어나고, 괴로운 시기를 헤쳐 나와 새로운 일상을 만든다. 앞서 나는 사건이 성장과 성숙을 불러일으킨다고 적었다. 그런데 사건이 끝나고 실제로 벌어진 일은 전부 원래대로 돌아간 것이었다.

돌봄시설에 있으면, '치료'가 무엇인지 점점 알 수 없게 된다.

몸의 치료는 그래도 명백하다. 다친 사람, 아픈 사람이 일시적인 치료를 원해서 '환자'가 되어 찾아온다. 주사와 수술 등 치료를 받으면 몸은 회복한다. 내 접질린 발목처럼 분명히 낫는다. '환자'였던 사람은 치료 끝에 '환자'가 아니게 된다. 이 과정에서 치료는 어디까지나 수단이다. 치료란 통과하는 과정이다.

그에 비해 마음의 치료, 즉 정신치료는 사정이 좀 복잡하다. 마음의 병은 삶의 방식과 깊이 얽혀 있기 때문에 무엇이 치료인지 알기 어렵다(현대 사회에서는 어떤 삶이 옳은지 누구도 알 수 없다). 하지만 그래도 정신치료는 새로운 삶의 방식을 개척하고 인생을 재구성하는 것을 목표한다. 그런 것을 사람들은 성장이라 말하기도 한다. 그래서 사건은 정신치료에 큰 의미가 있다. 그리고 마음의 문제에서도 정신치료는 어디까지나 수단이다. 통과하는 과정이다.

돌봄시설은 이와 또 다르다. 돌봄시설에서는 '변치 않는 것'에 높은 가치가 있다. 많은 인력을 투입하고, 긴 시간을 소비하고, 건강보험에서 많은 돈을 받으며, 즉 막대한 자원을 쏟아부어서 '변치 않는 것'을 목표한다.

돌봄시설은 '하루'를 지낼 수 있기 위해 '하루'를 지내는 곳이다. 그곳에서는 수단 자체가 목적이다. 멤버들은 돌봄 속에 머무를 수 있기 위해 돌봄을 받는다. 돌봄시설에서 치료는 통과하는 과정이 아니라 '사는 곳'이 된다.

물론 '사회 복귀'를 이뤄내는 멤버도 있고, 그럴 때는 '치료'다운 일을 했다고 느끼지만, 멤버들은 대부분 시설에 '있을 수 있게' 되려고 시설에 '있는다'. 그런 현실이 분명히 존재한다.

이처럼 성장과 발전이라고는 없어 보이는 동어반복이 나를 뒤흔들었다. 이래도 괜찮을까? 성장을 목표해야 하지 않을까?

치료를 지향해야 하지 않을까? 이런 의문들이 떠올랐다.

그럼에도 돌봄시설에서 지내면 성장하지 않는 것, 낫지 않는 것, 변치 않는 것의 가치를 체감하고 만다.

오늘날 우리 사회에서는 '변하는 것'을 무척 중요하게 여긴다.

경영학에 'PDCA 순환'이라는 개념이 있다. 목표를 계획하고Plan, 실행해서Do, 잘되는지 점검하고Check, 개선하는Act 과정을 뜻하는 개념이다. 그렇게 해서 목표를 달성하고, 성장하고, 변해간다. 이런 순환을 따르는 것들이 바람직하다고 여겨진다. PDCA 순환은 우리 사회의 윤리다.

그런데 사실 변하고 성장하는 것은 매우 특수한 경우 아닐까? 우리 사회가 지나치게 한쪽으로 쏠린 것은 아닐까? 인류학자 클로드 레비스트로스Claude Lévi-Strauss는 『야생의 사고』라는 명저에서 원시 부족 사회를 '차가운 사회', 우리 사회를 '뜨거운 사회'라고 불렀다.

> 차가운 사회는 역사적 요인이 사회의 안정과 연속성에 끼치는 영향을, 스스로 만들어낸 제도를 통해서 거의 자동적으로 제거하려 한다. 뜨거운 사회 쪽은 역사적 생성을 내부로 끌어들여서 그것을 발전의 원동력으로 삼는다.[21]

딱딱하고 어렵게 쓰였지만, 간단히 말하면 다음과 같다.

뜨거운 사회는 역사적으로 발전을 이룬다. 과거를 발판 삼아 미래를 향해 나아간다. 직선을 똑바로 걸어간다. 자식은 부모를 뛰어넘어야 하고, 경제는 매년 성장해야 한다. '앞으로 전진'이 지상 과제다.

그에 비해 차가운 사회는 발전할 것 같으면 스스로 그 싹을 뽑아낸다. 달라지지 않으려고 한다. 그래서 할아버지도 아버지도 자식도 모두 비슷한 인생을 살아간다. 똑같은 의례를 지키려 한다. 원을 그리듯 제자리를 빙글빙글 돈다.

우리가 살아가는 세계는 뜨거운 사회이고, 아마존 오지의 원시 부족은 차가운 사회에서 살아간다고 한다. 일반적으로는 그렇게 정리한다. 하지만 꼭 그렇지는 않을 것이다.

우리는 뜨겁게 살아가지만, 그와 동시에 차갑게도 살고 있다. 변화를 목표할 때도 있지만, 변치 않으려 조심하는 때도 있다. 다들 매일 비슷한 일상이 유지되도록 무척 노력하지 않는가. 직장 상사가 개혁을 부르짖으면 '제발 그러지 마.'라고 생각하지 않는가.

우리는 '인생'이 뜨겁길 원하지만, '생활'은 차가운 게 좋다고 생각한다. 차가운 안정을 원하는 것이다. 그래서 우리의 인생은 무언가를 얻기 위한 일로만 채워지지 않는다.

나는 매일 야구를 했지만, 야구를 잘하려는 목표는 없었다. 나는 캐치볼을 하려고 캐치볼을 했다. 수비 훈련을 하려고 수비 훈련을 했다.

마찬가지로 우리는 죽기 위해서 사는 것이 아니다. 살기 위해서 오늘을 산다. 우리의 생활은 그렇게 돌아간다. 돌봄시설에 있으면 생활의 귀중함을 깨닫게 된다.

그렇지만 의문은 여전히 남아 있다. 정말로 그렇게 깔끔히 정리할 수 있는 문제일까? 정말로 아무것도 변하지 않았을까? 그렇게 단언할 수 있을까? 류지 씨의 사랑은 결실을 맺지 못했고, 나는 야구 실력이 늘지 않았지만, 실은 무언가 생겨나지 않았을까? 사랑 덕분에 류지 씨의 북극곰은 조금이나마 늠름해졌을지도 모른다. 캐치볼 덕분에 나는 멤버들과 함께할 수 있었는지도 모른다.

내게 스승 같은 존재인 심리학자 가와이 하야오^{河合 隼雄}는 "선생님 덕분에 저도 많이 변했습니다. 변하고 변해서 360도 달라졌습니다."라는 인사를 피상담자에게 들은 적이 있다고 한다. 그야말로 명언이다. 우리도 비슷할지 몰랐다. 우리는 360도로 크게 변하지 않았을까?

돌봄시설에 대해 생각하면 '하지만'과 '그래도'가 입버릇처럼 반복된다. 그처럼 말을 머뭇거리게 하는 무언가가 돌봄시설에는 있다. '변함'과 '변치 않음'을 점점 알 수 없게 된다.

'그렇지만 그래도' 돌봄시설에는 소소하게 볼만한 장면이 있다. 운동장에서는 오늘도 수비 훈련이 이뤄졌다. 높게 튕긴 공이 류지 씨에게 덤벼들었다. 땅볼을 잡는 게 서툰 류지 씨는 이번에도 공을 놓쳤다.

"도하타 씨, 땅볼은 무서워." 류지 씨가 웃었다.

"그래도 잡으면 기분 좋잖아요."

다음은 내 차례였다. 타구가 다가왔다. 찡, 하고 옆구리가 아팠다. 갈비뼈에 금이 갔기 때문이다. 그래도 나는 한 발 앞으로 내가 글러브를 들이댔다. 그리고 공을 놓쳤다.

"역시 어렵네요."

우리의 야구 실력은 언제나 제자리걸음이었다.

여느 때와 같은 풍경이었다. 하지만 타석에 선 사람이 달랐다. 배트를 휘두르는 사람은 신이치 씨였다. 다이 씨가 아니라.

다이 씨는 운동장에 없었다. 아니, 아예 이곳에 없었다.

류지 씨가 안정되는 것을 지켜본 다이 씨는 병원을 그만두고 새로운 경력을 쌓기 위해 오키나와에서 떠날 결단을 내렸다.

류지 씨가 내면의 고래와 싸우던 때, 실은 다이 씨도 자신의 인생을 걸고 갈등하고 있었다. 다이 씨의 마음속에서도 사건이 벌어졌던 것이다. 아니, 사건은 그보다 훨씬 전에 일어났다. "내가 그만둘 때까지 그만두면 안 된다."라고 이미 말하지 않았던가. 다이 씨는 오랫동안 언제 그만둘까 고민했던 것이다.

결국 다이 씨는 마음먹었다. 돌봄시설을 떠나 새로운 곳에서 새 인생을 시작하기로 결정했다. 그리고 고민 끝에 결정을 내리자 마치 홈런 볼처럼 가볍게 어딘가로 사라졌다.

일주일 전 송별회가 있던 밤, 나는 무모하게도 다이 씨에게 도전했다. 술자리가 끝나고 단골 술집 주차장에서 나는 다이 씨에게 도전장을 던졌다. 만취했던 것이다.

"쭌비! 시…짝!"

고주망태가 된 다카에스 부장이 심판을 보았다.

나는 있는 힘껏 다이 씨를 들이받았다. 두 팔로 단단히 붙잡

앉다. 고릴라 같은 몸을 잡았다. 고릴라도 내 부실한 몸을 잡았다. 아팠다.

갑자기 무시무시한 분노가 치밀었다. 스스로도 놀랐다. 나도 알 수 없지만, 마음 깊은 곳에서 감정이 맹렬하게 솟구쳤다.

'죽여버릴 거야!'

나는 온몸의 근육 세포를 전력으로 가동했다. 젖 먹던 힘까지 짜내서 다이 씨를 내던지려 했다. 아스팔트에 처박아버리려고, 온몸을 비틀어 힘을 짜냈다. 근육이 산소를 소비했다. 뇌에 피가 몰렸다. 내 속의 고래가 울부짖었다. '이 뚱보, 박살 낼 거야.'

다이 씨는 움직이지 않았다. 꿈쩍도 하지 않았다. 고릴라는 강했다. 고릴라는 가볍게 나를 들어서 주차장 바닥에 던져버렸다. 나는 온몸으로 부딪쳤다. 갈비뼈에 금이 갔다.

"도하타 씨, 너무 약해요, 꺄!" 유카 씨가 웃었다.

"아파." 나는 드러누운 채 말했다. "다이 씨, 엄청 세네요."

알코올 때문에 새빨개진 다이 씨의 몸이 태연하게 서 있었다. 그리고 들리지 않을 정도로 작게 속삭였다.

"미안."

"네?"

다이 씨는 다시 말했다.

"미안, 언제까지 여기에 있을 수는 없어서."

"압니다."

알고 있었다. 나는 쓸쓸했다. 그리고 불안했다. 다이 씨가 없는 시설이라니, 상상도 할 수 없었다. 다이 씨는 돌봄시설의 모든 것을 떠받치는 커다란 기둥이었다. 다이 씨 없이 시설이 운영될 리 없었다. 그래서 떠나는 다이 씨에게 분노했다. 다이 씨가 떠나는 건 나에게 사건이었다.

다이 씨는 그렇게 떠났고, 다이 씨 없는 돌봄이 시작되었다.

생각과 달리 돌봄은 '변치 않았다'. 돌봄시설은 그대로였다. 돌봄시설은 차가운 사회다. 그곳에서는 무슨 일이 벌어져도 변치 않으려는 힘이 작용한다. 그래서 나는 옆구리 통증이라는 후유증을 앓으면서도 계속 수비 훈련을 했다.

"다이 씨는 벌써 도쿄에 갔을까요?" 류지 씨가 물었다. "아는 거 없어요?"

"전혀 몰라요."

그 뒤로 다이 씨는 연락을 하지 않았다. 이 근처에서 야구를 하는 건 아닐까, 때로 그런 생각이 들었다.

"꾸물거리다가 아직 오키나와에 숨어 있을지도 몰라요."

"그거 재밌네요."

슬펐지만 우리는 함께 웃었다.

"빚이라도 있었나." 류지 씨가 중얼거렸다.

"하나 더, 간다!" 신이치 씨가 배트를 휘둘렀다. 땅볼이 맹렬하게 덤벼들었다. 류지 씨의 발이 날렵하게 움직였다.

평소보다 한 발 더 내딛었다. 글러브를 앞으로 내밀었다. 건너편에서는 고양이가 하품을 했다.

"파팡!" 큰 소리를 내며 공이 글러브 한가운데로 빨려들었다. 무진장 멋있잖아.

실력이 원래대로 돌아갈 수도 있지만, 야구 실력이 늘어나는 때도 있는 것이다.

"나이스 캐치!" 내가 외쳤다.

류지 씨는 "휘익!" 하고 휘파람을 불었다.

7장

치료자와
환자

금요일에는
우리끼리만
웃는다

7과

치료자와
환자

듣는 일에는
우리끼리만
웃는다

금요일은 피곤하다

　금요일에는 발걸음이 무겁다. 걸어서 출퇴근했던 나는 이어폰으로 음악을 들으며 출근하는 것이 일과였다. 그날의 배경음악은 저스틴 비버Justin Bieber. 오키나와도 겨울로 접어들기 시작해서 바람이 차가워졌다. 나는 주머니에 손을 넣고 언덕길을 터벅터벅 걸었다.

　빠른 댄스음악으로 기운을 내려 했지만, 비버의 감미로운 목소리조차 살짝 시끄럽게 느껴질 만큼 나는 피곤했다. 다른 노래를 틀었다. 경쾌한 힙합이 흘러나왔다. 물론 '헤이, 브로. 오늘도 일해야지.' 같은 마음은 들지 않았다. 길고 긴 언덕길이 마음을 갉아먹었다. 죽겠네, 쉬고 싶어.

　금요일에는 피곤했다. 월요일부터 목요일까지 매일 10시간씩 타인과 연결되어 지냈다. 출근한 순간부터 퇴근 직전까지 멤버들과 함께 지내고, 그 사이에 꽤 많은 상담을 진행하며, 쉬어야 할 점심시간에는 야구 연습까지 했다. 피곤한 게 당연했다.
　그와 더불어 최근에는 다카에스 부장까지 날뛰었다. 부장의 고향 친구가 병원에서 멀지 않은 곳에 '덴류'라는 수상한 술집을 개업했기 때문이다.
　저녁이 되면 덴류의 주인장이 "오늘은 어떡할 거야?"라는 영업용 메시지를 보냈다. 신난 부장은 "이런! 오늘도 가야지!"라고 괜히 허둥대는 척을 했다. 그러고는 히죽거리면서 "신이치, 돈 선생, 오늘 한잔할까?"라며 우리를 꼬드겼다.

예순 살이 넘으면 어여쁜 마담의 전화보다 늙수그레한 동창의 연락이 좋아지는 모양이었다. 단골 술집에 젊은 부하들을 거느리고 얼굴을 비치는 것 자체가 부장에게는 최고의 호사였는지도 모른다. 그래서 나와 신이치 씨는 툭하면 덴류에 끌려가 강렬한 숙취를 일으키는 독주를 퍼마셨다. 그 탓에 점점 더 체력이 소모됐다.

그래도 출근은 했다. 중학생이라면 체온계를 문지르면서 "열이 나요."라고 꾀병을 부리고 집에서 텔레비전이나 보겠지만, 나는 가정이 있는 30대 가장이라서 어쩔 수 없이 출근했다. 무거운 몸을 질질 끌고 언덕길을 걸었다.

언덕 위의 터널을 통과했다. 이제 병원이 코앞이었지만, 곧장 일을 시작할 기운이 없었다. 그래서 나는 고가도로 아래의 공터에서 담배를 피웠다. 멍하니 앉아 있었다.

그곳에 나처럼 걸어서 출근하는 신이치 씨가 이어폰으로 라디오를 들으며 나타났다.

"안녕." 상쾌한 인사. 후배 걱정도 잊지 않았다. "피곤하지?"

"엄청요." 내가 답했다.

"그러게. 금요일이니까." 훈훈한 미남인 신이치 씨는 운동선수 같은 시원한 웃음으로 내 기운을 북돋워주었다. "하루만 힘내자."

신이치 씨는 터프가이다. 어제도 덴류에서 독주를 잔뜩 마셨는데 그 영향이 전혀 느껴지지 않았다. 그리고 출근하면 묵묵히 일을 수행했다. 다이 씨가 떠나고 많은 일들이 신이치 씨에게 맡겨졌는데 한 번도 앓는 소리를 한 적 없고, 체육관에서 운동하고 모두가 기진맥진해도 체력을 단련한다며 혼자 달리기까지 했다. 진정한 터프가이다.

"신이치 씨는 전혀 피곤하지 않은 것 같은데요?"

"피곤해. 금요일이잖아." 신이치 씨가 봄바람처럼 웃었다. 그리고 말했다. "자, 가자."

신이치 씨가 이렇게까지 말하는데 계속 앉아 있을 수는 없었다. 나는 무거운 몸을 일으켰다. 헤이, 브로. 출근이다.

병원에 도착하니 마침 유지로 씨가 셔틀버스에서 내리고 있었다. 얼마 전 60세가 된 조현병 당사자 유지로 씨는 달나라의 주민이다. 유지로 씨의 몸은 지구의 돌봄시설을 다니지만, 마음은 달나라에 있다. 그래서 유지로 씨가 버스에서 내리면 교외의 평범한 풍경이 갑자기 달 표면으로 변했다.

유지로 씨는 머리를 앞뒤로 흔들흔들하면서 걸었다. 마치 닭 같았다. 앞뒤로 머리를 움직일 때마다 표정이 계속 변했다. 입을 삐쭉 내밀기고 했고, 찢어져라 벌리기도 했다. 신비로운 사람이었다.

유지로 씨는 아침부터 컨디션 최고인 닭 걸음으로 병원 입구에 다가갔다.

"안녕하세요." 내가 인사했다.

유지로 씨는 눈을 번쩍 크게 뜨더니 목청껏 외쳤다. 달나라의 문이 활짝 열렸다.

"안녕하지, 않습니다! 라니까!"

"아이고!" 신이치 씨가 웃음을 터뜨렸다. "유지로 씨는 금요일에 컨디션이 최고야."

사소한 돌봄이 오가는 곳

시설로 들어간 유지로 씨는 100점 만점에 120점짜리 웃음을 지으며 "안녕하지, 않습니다!"라고 인사하고 모두에게 손을 흔들었다.

"안녕, 유지로." "오! 오늘 기분 좋네!" "안녕하세요."

유리 씨, 다마키 씨, 유카 씨가 인사를 받아주었다.

"히히히." 유지로 씨는 기분이 좋았다. "안녕하지 않습니다! 라니까."

유지로 씨는 그렇게 말하고 지정석에 앉았다. 그리고 탁자 위에 놓인 종이 냅킨을 정성스럽게 접었다가 펴고 다시 접었다. 매일 하는 작업이 시작되었다. 달나라에서 유지로 씨에게 저 임무를 맡긴 걸까.

그렇지만 그날은 집중력이 이어지지 않았다. 달나라의 임무는 금세 중단되었다. 유지로 씨는 냅킨을 직직 찢더니 자기 주위에 흩뿌렸다. 잘게 찢긴 냅킨이 눈처럼 흩날렸다.

"아! 유지로 씨!" 부엌에서 차를 내리던 신이치 씨에게 들켰다. "그러면 안 돼요. 아깝잖아요."

"오늘은 학교입니다! 좋지 않습니까!" 유지로 씨는 새되게 외치더니 의자에서 일어났다.

유지로 씨는 거실을 닭 걸음으로 빙글빙글 돌았다. 달나라 주민의 토크쇼가 시작되었다. "제가 방귀 뀌지 않았다니까요."라고 화내고, "변태!"라고 히죽히죽 웃고, 가곡을 열창했다. 때로는 "이 빵 맛있다."라며 지구로 돌아왔지만, 이내 "우히히!" 웃으며 닭처럼 걸었다.

유지로 씨도 금요일에는 피곤했다. 그래서 수시로 지구를 떠나 달로 가버렸다. 지구에서 달까지 광속으로 1.3초 걸린다는데, 유지로 씨의 순간이동은 빛보다 빨랐다. 그래도 그의 몸만은 지구에 남아 있기 때문에 그 몸과 마음의 차이가 우리를 웃게 했다.

유지로 씨는 본격적으로 달나라 주민과 피도 눈물도 없는 싸움을 시작했다.

"자꾸 까불면 안 됩니다!" "당신은 바보! 라니까!" "죽, 죽, 죽이지 않습니다!" 천장을 보며 외쳤다. 환청과 싸우는 것 같은데, 그럴 때 유지로 씨의 표정은 그야말로 도깨비 같았다. 눈을 부라리고 입을 쩍 벌려서 인상이 돌변했다.

오지랖 넓은 준코 씨가 지체 없이 나섰다.

"유지로, 도깨비 같아."

준코 씨는 향정신성 약물의 부작용 탓인지 걸음걸이가 불안정했다. 그래서 비틀거리면서도 유지로 씨 곁으로 다가갔다. 준코 씨는 화내며 고함치는 유지로 씨를 "화내면 안 돼. 다들 깜짝 놀라잖아."라고 상냥하게 달랬다. 하지만 유지로 씨는 더욱 목에 핏대를 세웠다. "당신이 화내고 있잖아." 유지로 씨는 달나라 주민과 지구 주민을 혼동했다. 준코 씨에게 화가 향했다. "메에롱."

준코 씨의 표정이 굳었다. 이럴 때 두 사람이 가열한 싸움을 벌이기도 하지만, 그날은 준코 씨가 간신히 참았다.

"화나지 않았어. 난 착하거든." 준코 씨가 부엌에서 종이 냅킨을 가져와 유지로 씨에게 건넸다. "이걸로 재밌게 놀자."

"신난다!" 유지로 씨는 빛보다 빠르게 지구로 돌아왔다. 기분이 좋아져서 콧노래를 흥얼거리며 냅킨을 접고 폈다. 달나라의 임무로 돌아갔다.

준코 씨가 유지로 씨를 보며 웃었다. "착하네."

돌봄시설에서는 일상 같은 광경이다. 멤버가 멤버를 돌본 것이다. 이처럼 시설에서는 사소한 돌봄이 오간다.

돌봄시설은 얼핏 보면 아무 일도 일어나지 않는 곳이다. 움직임 없이 멈춰 있다. 사람들은 그곳에 '그저, 있을, 뿐'이다. 그렇게 보인다. 하지만 돌봄시설에서 지내는 데 익숙해지면, 또 다른 광경이 보이기 시작한다. 숲과 비슷하다. 숲도 처음에는 조용한 나무들의 집합체로만 보이지만, 오랫동안 있으면 곤충과 작은 동물들의 생태계가 눈에 들어온다. 작은 생물들의 약동이 보이는 것이다.

숲에서 새를 관찰하듯이 집중해서 살펴본다. '움직이지 않음이 곧 돌봄이니라.'라는 정의를 세밀하게 살펴보면 그 속에서는 사소한 돌봄이 약동한다. 멤버들이 움직일 때마다 누군가를 향한 돌봄이 이뤄진다.

예를 들어, 유지로 씨를 돌봤던 준코 씨가 비틀거리면 유리 씨가 "위험해."라며 신경 쓰고 의자를 당겨주었다. 유리 씨가 갈증 때문에 물을 너무 많이 마시면, 다마키 씨가 "너무 마신다. 그러다 쓰러져."라고 주의를 주었다. 그 다마키 씨에게는 야스오 씨가 자신의 콜라를 나눠주었다. 야스오 씨의 말려 올라간 셔츠 소매는 도모카 씨가 고쳐주었다. 도모카 씨 역시 류지 씨에게 자기 고민을 토로했다.

익숙해지면 시설 내에 돌봄이 넘쳐흐르는 것을 알 수 있다. 돌봄은 쉬지 않고 순환한다.

멤버들이 시설에서 돌봄을 받기만 하는 건 아니다. 그들은 서로서로 돌본다. 서로 돌보기 위해 시설에 온다. 더 나아가, 서로 돌볼 수 있으면 시설에 있을 수 있다.

좀더 자세히 생각해보자.

사회심리학자 프랑크 리스만 Frank Riessman은 '조력자 치료 원리 Helper Therapy Principle'라는 이론을 세웠다. 간단히 말하면 누군가를 돕는 것이 곧 나를 돕는 것이라는 이론이다.

우리 일상에서도 흔히 찾아볼 수 있다. 지하철에서 교통약자에게 자리를 양보하면, 좋은 일을 한 것 같아서 앉아 있을 때보다 기운이 난다. 친구에게 공부를 가르치면 나에게도 공부가 된다. 후배에게 한턱내면 나도 왠지 기분이 좋다. 그럴 때 우리 앞에는 '윈윈 win-win'의 세계가 펼쳐진다.

우리는 타인에게 무언가를 줌으로써, 준 것 이상을 받을 수 있다.

이런 원리를 최대한 활용하는 사례가 바로 '자조모임'이다. 실제로 리스만은 '익명의 알코올 의존자들alcoholic anonymous'*을 염두에 두고 조력자 치료 원리를 세웠다. 그 모임에서는 먼저 회복한 이들이 새로 모임에 들어온 의존증 당사자들을 도와준다. 그럼으로써 자기 자신도 계속 회복해간다.

어떻게 그런 일이 일어날까?

리스만은 이 질문에 여러 해설을 제시했다. 예를 들어 누군가를 가르침으로써 스스로 그것을 더욱 잘 이해하게 된다. 그리고 다른 사람을 도움으로써 자기에 대한 인식이 개선된다. 또한 집단 내에서 자기 자리를 찾아내는 것도 도움을 준다.

정확한 해설일지도 모르겠다. 사람은 돌봄을 받을 뿐인 존재가 아니라 스스로 돌보는 존재도 될 때 그곳에 있을 수 있다. 이는 분명한 사실이다.

그런데 리스만의 설명에서는 왠지 한 사람 한 사람이 전체를 위해서 힘내자는 분위기가 풍긴다. 꼭 운동부의 표어 같다. 정말로 그럴까? 준코 씨가 유지로 씨를 진정시켰을 때나 도모카 씨가 야스오 씨의 소매를 고쳐주었을 때, 그들이 '모두를 위해서' 하는 일이라고 생각하지는 않았다. 실제로는 자기도 모르게 한 일에 가까웠다.

---

* 1935년 미국에서 탄생한 알코올 의존증 당사자 모임. '알코올 의존증은 병'이라는 개념을 처음으로 만들고, 의료인들도 포기한 의존증 환자들을 회복으로 이끌었다.

돌봄시설에서는 대체 무슨 일이 벌어질까?

좀더 자세히 들여다보자. 그러면 더욱 신기한 광경이 눈에 들어온다.

누군가를 돌보는 것이 나를 돌보는 것과 같다면, 반대로 누군가의 돌봄을 받는 것은 그 누군가를 돌보는 것이라 할 수 있다. 교통약자는 자리에 앉음으로써 양보한 이의 기운을 북돋웠고, 모르는 걸 물어본 학생은 가르치는 친구가 더 깊이 이해하도록 도왔다. 이처럼 신기하게 뒤집힌 세계가 보인다.

돌봄시설 관찰을 계속하자.

돌봄을 받는 직원들

멤버들 사이에서만 돌봄이 오갔던 것은 아니다. 멤버의 돌봄이 다른 멤버에게만 향하지는 않았다. 직원 역시 돌봄의 소용돌이 한복판에 있었다. 나도 그 소용돌이에 흠뻑 빠져 있었다.

새삼 말할 것도 없지만, 돌봄시설에서 직원은 멤버를 돌본다. 나는 다리가 불편한 다마키 씨를 배려해 천천히 걸었다. 터줏대감과 장기를 두면서 일부러 지기도 했다. 무뚝뚝한 히가미 사도 유지로 씨가 흩뿌린 냅킨을 치우고 휘청거리는 준코 씨를 부축했다. 직원이니까 당연히 해야 하는 일이었다. 돌봄은 직원의 업무다.

하지만 사실 직원들은 자기가 돌보는 만큼 멤버의 돌봄을 받았다. 특히 금요일에 그랬다.

"선생님, 안색이 나쁜데. 괜찮아?" 오전 상담을 마치고 점심을 깨작거리는데, 준코 씨가 내게 물었다.

준코 씨는 이른바 '저기능' 멤버였다. 처음에는 그렇게 생각하지 않았지만, 준코 씨가 돌봄시설에 익숙해질수록 오히려 그런 점들이 두드러졌다. 걸을 때 휘청거렸다. 앉아 있지 못하고 이리저리 배회했다. 대체로 멍하니 있었고 소통 능력도 부족했다. 가벼운 지적장애가 있는 것 같았다. 준코 씨는 돌봄이 필요한 작고 연약한 존재였다.

그렇지만 준코 씨는 돌보는 존재이기도 했다. 앞서 적었듯이 준코 씨는 처음 시설에 왔을 때부터 가만히 앉아 있지 못했고 다른 사람을 도우러 돌아다녔다. 시간이 지나면서 시설에 녹아들었지만, 준코 씨는 변함없이 타인을 보살폈다. 곤경에 빠진 사람을 지나치지 못하는 것인지, 그저 가만히 있지 못하는 것인지, 아마 두 가지 모두 해당했을 것이다. 어쨌든 준코 씨는 많은 사람들과 얽히며 넓은 인간관계를 자랑했다. 그리고 준코 씨의 돌봄은 멤버에 한정되지 않았다. 직원들도 준코 씨가 돌보는 대상이었다.

내가 지친 기색을 보이면 그 즉시 준코 씨가 포착했다.

"괜찮아? 피곤한 것 같아."

"피곤해요." 지친 게 사실이라 솔직히 답했다. 하지만 준코 씨가 걱정해주는 것이 못내 불편해서 상담사의 나쁜 버릇대로 질문을 돌려보냈다. "준코 씨는 피곤하지 않아요?"

"피곤해. 금요일이니까." 그렇게 말하더니 준코 씨는 주머니에서 사탕을 꺼냈다.

"이거 줄게. 힘이 날 거야."

목이 아프지는 않았다. 하지만 받았다. 멤버가 무언가를 주면 뭔가 이상한 기분이 들어 한순간 주저하지만 그래도 받았다.

"감사합니다." 포장을 벗기고 사탕을 입안에 넣었다. 피곤해서 맛이 잘 느껴지지 않았다. 하지만 말했다. "맛있어요."

준코 씨는 기뻐하며 웃었다. 미소가 퍼져 나갔다. 하지만 다시 진지한 표정을 지었다.

"아직 많이 있으니까 언제든 말해." 준코 씨는 자기야말로 비틀거리면서 나를 걱정스럽게 들여다보았다. "어깨 주무를까?"

아무리 그래도 안마까지 받을 수는 없었다. "괜찮아요. 감사합니다."

"그래? 장수할 수 있는데."

왠지 내가 할아버지가 된 것 같았다.

돌봄시설에서 나는 돌봄을 받았다. 숲을 관찰하듯 시설을 살펴보면, 내가 계속 돌봄을 받았다는 사실을 알 수 있다.

준코 씨는 어디 아프냐고 걱정스레 묻고 사탕을 주었다. 배드민턴에서 실수를 해도 짝을 이룬 류지 씨가 도와주었다. 심지어 "괜찮아. 신경 쓰지 마."라고 격려도 해주었다. 노래방에서 듀엣으로 부르면 유리 씨가 음치인 나를 이끌어주었다. 야스오 씨는 주운 담배꽁초를 나에게도 나눠주었다.

나는 전부 고맙게 받았다. 아니, 거짓말이다. 고맙지만 성가신 때도 있었다. 그래도 받았다. 돌봄을 받는 것 역시 일이었다.

애초에 멤버들의 돌봄을 잘 받지 못하면 일 자체가 돌아가지 않았다.

점심시간에 야구를 하러 갈 때, 혼자서는 도저히 옮길 수 없는 무거운 아이스박스를 다마키 씨가 함께 날라주었다. 점심밥을 만들 때도 도모카 씨가 채소를 잘게 썰어주지 않으면 나 혼자서는 완성할 수 없었다. 노래방 대회에서 사회를 볼 때도 내시시한 농담에 멤버들이 억지로라도 웃어주니까 어떻게든 진행할 수 있었다.

그렇다. 입발림 소리도 뭣도 아니고, 정말로 시설에서 멤버들의 돌봄을 받지 않으면 일을 할 수 없었다. 일상이 전혀 돌아가지 않았다. 멤버들이 도와주는 덕에 어떻게든 시설이 유지되었다. 출근해서 아침부터 밤까지 돌봄을 받는 것 또한 직원들의 일이었다.

돌봄시설에서 일하기 시작하고 그 점에 가장 당황했다. '나는 치료자!'라며 잔뜩 힘주고 '뭐든 해야 해!'라고 마음먹었지만, 실제로 내가 한 일은 '해달라고 하는 것'이었다. '나는 전문가!'라는 정신 무장을 해제하고 멤버들의 친절을 포착해서 의지할 수 있어야 직원이라고 할 수 있었다. 그래야 돌봄시설에 있을 수 있었다.

곰곰이 생각해보면, 가정에서도 직장에서도 마찬가지다. 무슨 일이든 전부 혼자 하려고 하지 않고, 누군가에게 부탁한다. 그렇게 서로 부탁하면, '있기'가 가능해진다. '있기'란 남이 해주는 걸 받는 데 익숙해지는 것이다.

이런저런 생각을 하다가 문득 고개를 드니, 저쪽에서 준코 씨가 다카에스 부장의 어깨를 주무르고 있었다. 부장은 안마를 받으며 선잠을 잤다. 준코 씨와 눈이 마주쳤다. 준코 씨는 씩 웃더니 부장의 매끈한 정수리를 톡톡 두드렸다. 가까이서 보고 있던 도모카 씨가 재미있어하며 "반, 짝, 반, 짝."이라고 입만 벙긋거렸다. 언젠가 어디선가 봤던 광경이다. 웃음이 나왔다. 마치 설날의 할아버지 같았다. 관리직은 돌봄을 받는 것도 중역 다웠다.

상처 입은 치료자

돌봄을 받음으로써, 돌본다. 돌봄시설 직원의 일이란 불가사의하다.

이 세상의 일이란 돈을 받고 상품이나 서비스를 제공하는 방식으로 이뤄진다. 내가 동전을 주면 편의점 직원은 사탕을 건네준다. 여러분도 서점에 돈을 내고 이 책을 손에 넣었을 것이다. 돈을 지불하고 무언가를 받는다. 이쪽에서 저쪽으로 돈이 흐르고, 저쪽에서 이쪽으로 상품이나 서비스가 흐른다. 마르크스의 『자본론』을 읽지 않아도 '교환'의 원리에 따라 세계가 돌아가는 것쯤은 알 수 있다.

그렇지만 돌봄은 다르다. 돌봄시설에서는 멤버에서 직원을 향해 돈이 흐르고, 같은 방향으로 돌봄도 흐른다. 멤버들은 시설에 돈을 내면서 직원에게 돌봄을 제공한다. 신기하지 않은가.

맥도날드 직원이 손님에게 감자튀김을 주문할 수는 없다. 은행 직원이 고객에게 돈 버는 법을 배우면 수상쩍은 현장으로 보일 것이다. 돈을 지불하는 쪽이 돈을 받는 쪽을 돌보면, 그 순간 수상한 분위기가 감돈다. 신흥 종교의 교주나, 호스트클럽이나, 아이돌이 비슷한 경우 아닐까.

그렇다. 교주, 아이돌, 돌봄시설 직원 같은 이들의 일이란 돌봄을 받음으로써 마음을 돌보는 것이다. 마음을 써서, 마음에 가닿고, 마음에 좋은 영향을 미치는 업종에서는 돌봄을 받음으로써 돌본다는 신기한 일이 일어난다. 서비스와 화폐를 교환하는 보편적 상식과 동떨어진 일이 벌어진다.

어떻게 그런 일이 일어날까? 돌보는 것과 돌봄을 받는 것은 대체 어떤 관계일까?

이런 현상을 정면으로 파고들어 고찰한 것이 융 심리학의 '상처 입은 치료자wounded healer' 이론이다. 실은 정신치료를 할 때도 돌보는 사람과 돌봄을 받는 사람이 종종 뒤바뀐다. 정신치료는 단둘이 있는 밀실에서 이뤄지기 때문에 마치 현미경으로 들여다보듯 두 사람 사이에 무슨 일이 일어나는지 관찰할 수 있다. 그러면 상처와 치유가 뒤바뀌는 현장이 뚜렷이 보인다. 앤드루 새뮤얼스Andrew Samuels라는 융 학파 정신분석가의 책에 실린 도표를 참고해보자.

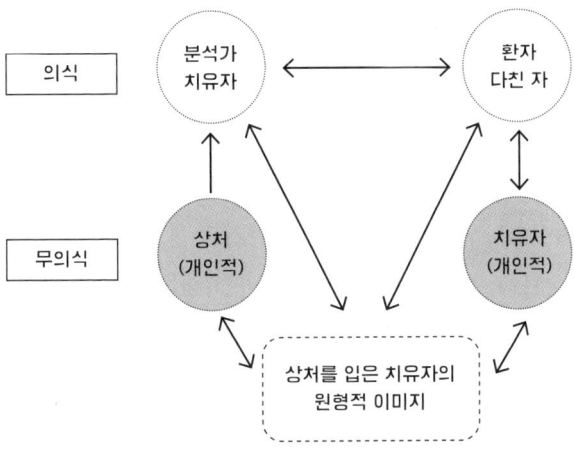

앤드류 새뮤얼스의 저서 『C. G. 융과 후기 융 학파』에 수록된 도표를 일부 수정했다.

이 도표에서 '의식'에 해당하는 부분에는 왼쪽에 치유자(분석가), 오른쪽에 환자(다친 자)가 있다. 외부에서 보면 정신치료는 이런 구도로 이뤄진다. 환자에게는 상처가 있고, 치유자는 그 상처를 고친다. 상식적으로 그렇다.

그렇지만 정신치료가 점점 깊게 진행되면 무의식, 즉 마음속 깊은 곳에서 뒤집힌 일들이 일어나기 시작한다. 치유자 내면의 상처 입은 부분과 환자 내면의 치유하는 부분이 활성화된다. 바깥으로 드러난 것과 반대되는 일들이 마음속 깊은 곳에서 꿈틀댄다.

예컨대, 환자의 트라우마에 계속 관계하다 치유자의 오래된 상처가 다시 아파지기도 한다. 환자의 약한 부분이 치유자의 연약하고 무른 부분을 자극하는 것이다. 또는 직접적으로 환자의 분노가 치유자에게 상처 입히는 경우도 있다. 이처럼 정신치료의 보이지 않는 곳에서는 치유자의 상처가 계속 활성화된다.

반대되는 일도 일어난다. 치료가 진행되면 환자가 치유자를 배려하기 시작한다. 치유자의 상태가 나빠 보이면 걱정하고, 도움을 주려고 유용한 정보를 알려주기도 하고, 실제로 선물을 건네기도 한다. 그러면서 환자 내면의 치유하는 부분이 활동하기 시작한다.

그럴 때 환자의 상처는 환자 자신의 치유하는 부분에 돌봄을 받는다. 도표에서 드러나듯이 '의식'의 영역에서는 치료자와 환자였던 이들이 '무의식'의 영역에서는 뒤바뀌는 것이다.

결국 이렇게 정리할 수 있다. 치유하는 자가 상처를 입고, 상처 입은 자가 치유하며, 치유함으로써 치유를 받고, 치유를 받음으로써 치유한다. 정신치료에서는 이런저런 일들이 뒤집히고 서로 얽힌다. 복잡해 보이지만 확실한 것도 있다. 상처와 치유는 따로 분리되지 않으며 동전의 앞뒤처럼 강하게 연결되어 있다는 것이다. 이처럼 치유자와 환자 각자의 마음속에서 일어나는 일들이 혼합된 결과물을 '상처 입은 치유자'라고 부른다.

이때 서로 얽힌 실들을 '투사投射'라고 하는 마음의 활동이 이어준다. 투사란 자기 마음속의 무언가를 외부의 누군가에게 집어넣는 것이다.

한번 내가 너무 싫어하는 사람에 대해 곰곰이 생각해보자. 실은 그 사람에게서 나 자신의 싫은 점이 그대로 보이는 경우가 있지 않은가. 그처럼 투사란 자기 내면의 무언가를 타인에게서 찾아내는 것이다.

융 학파의 정신분석가 아돌프 구겐뷜크레이그^Adolf Guggenbühl-Craig는 '상처 입은 치유자' 이론에서 투사가 어떻게 일어나는지 다음처럼 표현했다.

> 누군가 병에 걸리면 '치유자-환자'의 전형적인 배치가 이뤄지고, 환자는 자기 외부에 있는 치유자를 원하게 된다. 하지만 그와 동시에 환자 내면에 있는 치유자도 활성화된다. 환자의 마음속에 있는 치유자를 우리는 종종 '치유적 요인'이라고 부른다. 그것은 환자 본인의 내면에 있는 의사로 환자의 외부에서 등장한 의사 못지않게 병을 고칠 수 있다. 치유적 요인이란 우리 내면에 존재하는 의사이며, 내적 치유자가 활동하지 않으면 상처도 질환도 나아질 수 없다.[22]

이 말대로다. 환자는 자기 내면의 치유자를 외부의 치유자에게 투사하고, 그에 치유를 받음으로써 자신을 치유한다. 치유자는 자신의 상처를 환자에게 투사하고, 그것을 치유함으로써 치유를 받는다. 그리고 이 과정은 뒤집히기도 한다. 환자 역시 자신의 상처를 투사함으로써 치유자의 상처를 발견하고, 그 상처를 치유함으로써 자신의 상처를 낫게 한다. 혹은 치유자 또한 자신의 치유하는 부분을 투사함으로써 치유할 수 있게 된 환자의 치유를 받아서 자신의 상처를 낫게 한다.

뒤죽박죽 빙글빙글 도는 것 같지만, 실제로 상처와 치유는 서로 완전히 뒤섞인다.

돌봄으로써 돌봄을 받는다. 돌봄을 받음으로써 돌본다. 이런 일들이 투사가 복잡하게 뒤얽히면서 일어난다는 것이 '상처 입은 치유자'라는 개념이다.

사실 '상처 입은 치유자'는 우리 주변에서도 흔하게 볼 수 있다. 의사가 주인공인 영화나 드라마를 떠올려보자. 대체로 주인공 의사에게는 상처가 있고, 주인공은 환자를 돌보면서 자기 자신도 치유해간다.

예를 들어 영화「패치 아담스」의 주인공 정신과 의사 헌터 아담스는 광대 분장을 하고 환자를 웃기며 치료한다. 애초에 아담스는 자살을 시도했던 우울증 환자였다. 하지만 정신과 병원에 입원했을 때 다른 환자들을 웃겨서 기운을 북돋은 것이 계기가 되어 자신도 회복했다. 아담스는 퇴원 후 의대에 진학하고 정신과 의사가 되어 환자를 웃기며 치유한다. 그럼으로써 아담스 자신도 계속 치유된다.

또 다른 예로 데즈카 오사무手塚治虫의 만화『블랙 잭』의 주인공도 있겠다. 주인공 블랙 잭은 어린 시절 폭발 사고에 휘말려 온몸에 중상을 입었다. 다행히 어떤 명의가 상처를 전부 봉합해준 덕에 살아남았다. 성장하여 의사가 된 블랙 잭은 천재적인 외과 수술 실력을 활용해 사람들을 구해준다.

아담스와 블랙 잭의 이야기에서도 투사를 찾아볼 수 있다. 아담스는 우울증을 앓았던 과거의 자신을 눈앞의 환자에게서 찾아낸다. 그리고 자신이 웃음 덕에 살아났듯이 환자에게도 웃음을 주어 치유한다. 블랙잭은 자기 내면의 상처를 환자에게 투사한다. 환자에게서 온몸이 갈기갈기 찢어졌던 과거의 자신을 발견하고, 상처를 봉합하여 치유한다. 자신이 치유를 받았듯이 환자를 치유하고, 자기 자신도 계속 치유된다.

그런 일이 의사나 심리사에게만 일어나지는 않는다. 이 세상에 있는 많은 치유자들이 자기만의 '상처 입은 치유자' 이야기를 쓰고 있다. 안마사도, 무당도, 간호사도, 사회복지사도, 혹은 신흥 종교의 교주님까지도.

방송에 출연한 아이돌이 이따금씩 다음처럼 말하지 않는가. "예전에 힘든 일을 겪은 적이 있는데, 저처럼 힘겨워하는 사람들에게 용기를 주고 싶어요!" 그들은 아이돌이자 상처 입은 치유자다.

마음은 정말로 신기하다. 투사를 하면, 나는 당신이 되고 당신은 내가 된다. 능동적으로 해주는 줄 알았는데 수동적으로 받고 있고, 수동적으로 받는 줄 알았는데 능동적으로 해주고 있다. 주체가 뒤바뀌며 능동과 수동이 끊임없이 순환한다.

시설에서도 돌봄이 빙글빙글 돌고 돌았다. 돌보기도 했고, 돌봄을 받기도 했다. 이렇게 결론을 내릴까 싶다… 그런데 정말 이 결론으로 충분할까?

이렇게나 열심히 적었는데, 단언하기가 어렵다.

밀실에서 이뤄지는 정신치료라면 분명히 '상처 입은 치료자' 이론대로 두 사람 사이에 연결고리가 생긴다고 납득할 수 있지만, 모두 함께 생활하는 돌봄시설에도 그대로 적용할 수 있을까?

중요한 것이 빠지지 않았을까? 그래, 돌봄시설이 '공동체'라는 사실이 빠지지 않았을까?

서둘러 결론을 내리지는 말자. 좀더 살펴보자. 기나긴 금요일은 아직 끝나지 않았다.

우리만 아는 웃음

시설에서는 돌봄을 받는 것이 업무다. 돌봄을 받는 것이 곧 멤버를 돌보는 일이기 때문이다. 이러한 사실을 한참 동안 집요하게 적었다.

나는 돌봄시설에서 돌봄을 받았다. 그러니 일하러 가면 기운이 났다. '내 일 너무 좋아! 일이 최고야! 일하러 가고 싶어 죽겠어!'

물론 전혀 그러지는 않았다. 실제로 금요일은 너무 피곤했다. 시설에서 내가 돌봄을 받은 것도 어디까지나 업무였다. 아이스박스를 같이 옮겨주는 등 실제로 큰 도움을 받은 때도 많지만, 그렇지 않은 돌봄도 잔뜩 받았다. 준코 씨가 건네준 사탕처럼 받기 '부담스러운' 돌봄도 분명히 있었다. 왜냐하면 나는 사탕뿐 아니라 투사를 함께 받았기 때문이다.

이제 여러분도 알겠지만 돌봄시설 직원들은 온갖 투사를 받아야 했다. 멤버들은 마음의 일부를 우리에게 던졌다. 돌봄시설에서 일하며 돌봄을 받는 것은 누군가의 마음 일부가 되는 것이었다. 그런 노동을 감정노동, 또는 돌봄노동, 아니면 의존노동이라고 부를 수 있을지 모르겠다. 사실 이름은 상관없다. 아예 '투사노동'이라고 해도 된다. 투사를 받는 노동이니 말이다.

어쨌든 엄연한 노동이기 때문에 사람을 지치게 한다. 누군가의 마음 일부가 되는 것이니 내 마음도 피로할 수밖에 없다. 금요일에는 피곤했다. 특히 그때 그 금요일은 더 피곤했다.

다행히 금요일에는 끝이 있었다. 끝없는 금요일은 없다.
그날 마지막 상담을 끝낸 저녁 시간. 간단한 기록만 마치면 이번 주 업무도 끝이었다. 진료 기록부를 덮고 상담실을 대충 정리하고 가운을 벗었다. 2층 탈의실로 가서 옷을 갈아입고 짐을 챙겼다.
금요일도 끝이 보였다.
내 일주일은 돌봄시설에서 시작하여 돌봄시설에서 끝나기 때문에 (도중에 상담도 하지만) 퇴근 전에 시설로 돌아갔다. 멤버들이 집에 돌아갈 준비를 하고 있을 1층의 돌봄시설로 향했다.
계단을 내려가니, 그곳은 달나라였다.

"수고하셨지, 않았습니다!"
유지로 씨의 상태가 더할 나위 없이 최고였다.
시설이 소란스러웠다. 모두 깜짝 놀라서 말문이 막힌 채 유지로 씨를 보았다.
"고생 많았지, 않았습니다!" 유지로 씨는 계속 소리치고 닭처럼 걸으며 달 표면을 빙글빙글 돌았다.
"유지로 씨, 진정해요." 준코 씨가 말을 걸어도 유지로 씨는 멈추지 않았다.
"늘 하는 일이지, 않습니다!"

준코 씨는 여느 때처럼 냅킨을 건네주려 했지만, 유지로 씨는 그것도 뿌리쳤다.

피로가 한계에 다다랐는지, 주말에 모두와 떨어지는 게 싫은지, 쉬지 않고 달나라 주민과 소란을 피우고 싸웠다. "홀딱 반하지, 않았습니다!" "이것저것 전부, 아닙니다!" "공중제비는, 못 합니다!"

유지로 씨는 거실 한가운데에 우뚝 서서 천장을 노려보았다. 팔을 크게 벌리고 무언가를 기다렸다. 달에서 뭔가 떨어지는 걸까.

잠깐 주위가 고요해진 그 순간, 유지로 씨는 "자! 자! 자! 자!"라고 크게 장단을 맞추며 박수를 쳤다. 노래하며 가위바위보를 하듯이 춤을 췄다.

"유지로 씨는 갈매기
유지로 씨는 홀딱 젖었네
하얀 모자 하얀 셔츠 하얀 재킷
파도에 첨벙첨벙 빨래하지,
않습니다!"

돌봄시설이 웃었다. 모두 웃었다. 괴물이 웃나 싶을 만큼 웃음이 폭발했다. 모두가 웃는 걸 본 유지로 씨는 "히히히!" 하며 웃었다. 웃는 유지로 씨도 재미있어서 모두가 더 웃었다.

"아이고야, 유지로 씨, 최고!" 언제나 침착한 신이치 씨마저 배를 붙잡고 웃었다.

"아야야, 배 아파."

나도 웃었다. 배에 쥐가 날 만큼 진심으로 웃었다. 유지로 씨는 기분이 더 좋아졌는지 또다시 거실을 닭처럼 걸으며 빙빙 돌았다. 노래하며 춤췄다.

"않습니다! 아닙니다! 아니라니까요!"

어려울 것이라 예상하고 썼지만, 역시 그때의 웃음은 전달하기 어렵다. 이렇게 글로 적어도 돌봄시설에 흘러넘쳤던 그 웃음은 절대로 담아낼 수 없다. 직접 말해줘도, 영상으로 보여줘도, 그때의 웃음은 전할 수 없을 것이다. 그때의 웃음은 돌봄시설에 있던 사람들만 아는 것이었다.

왜냐하면 그때의 웃음이 우리를 치유해주기 위한 것이었기 때문이다. 유지로 씨는 금요일이라 지친 모두를 돌보기 위해 웃음을 선사했던 것이다. 본질적인 의미로 우리만 아는 개그였던 것이다. 우리는 배꼽 빠지게 웃었다. 연기 따위가 아니라 진짜로 웃었다. 노동하던 마음은 달나라까지 날아갔다.

"돌봄시설에서는 투사노동이 일어난다."라고 썼고 실제로도 그렇긴 했지만, 시설에서 일하다 때때론 순수하게 돌봄을 받기도 했다. 당연한 일이다. 치유자니 환자니 전문가니 하며 잔뜩 어깨에 힘주고 있어도 결국 시설에 존재하는 것은 공동체였기 때문이다.

돌봄시설은 공동체다. 심지어 궁극의 공동체다. 왜냐하면 '있기' 위한 '있기'를 목표하는 동시에 공동체로 있기 위해 공동체를 유지하는 곳이기 때문이다.

돌봄시설에는 과제가 없다. 신상품을 개발해서 홍보하지도 않고, 더 나은 세상을 위한 가르침을 퍼뜨리지도 않으며, 미래의 주인공인 젊은이들을 교육하지도 않는다. 나라에서 "정신질환이 있는 사람들의 사회생활 기능 회복을 목표하여 각 환자별 프로그램에 따라 그룹별로 치료하는 것."이라는 과제를 주긴 했지만, 툭하면 그런 재활 개념을 저 멀리 내버리는 곳이 '거처형 돌봄시설'이다.

오래전의 촌락 사회에도 '대대손손 이 논밭을 지켜야 한다.' 같은 과제가 있었을 텐데, 돌봄시설은 그런 프로젝트와 전혀 연이 없다. '있기' 위한 '있기'. 마치 사람들이 모여도 아무런 활동을 하지 않는 대학교 동아리 같은 곳이다.

그 덕분에 돌봄시설에서는 순수한 공동체가 만들어진다. 멤버들은 '있기' 위해서 '있는다'. 직원들은 멤버들의 '있기'를 위해서 '있는다'. 우리는 같은 공동체에 '있는 것'으로 서로 연결되었다. 정확히 말하면, 연결되었기 때문에 비로소 '있기'가 가능했다. 이번에도 벗어날 수 없는 동어반복이 등장한다.

돌봄은 그런 환경에서 일어난다. 돌이켜보자. 유지로 씨는 노래를 불러주었지만, 딱히 유지로 씨가 누군가를 능동적으로 돌보겠다고 마음먹었던 것은 아니다. 준코 씨가 사탕을 주었을 때도, 다마키 씨가 아이스박스를 옮겨주었을 때도, 도모카 씨가 야스오 씨의 소매를 고쳐주었을 때도 마찬가지다. 그런 일들은 무의식중에 일어났다. 눈앞에 펼쳐진 상황에 절로 몸이 움직인 것이다.

이 장에서는 '조력자 치료 원리'와 '상처 입은 치유자' 같은 이론을 참조해서 돌보는 것과 돌봄을 받는 것, 돌보는 사람과 돌봄을 받는 사람, 돌보는 부분과 돌봄을 받는 부분을 일단 분리해봤다. 그리고 그것들이 실은 복잡하게 얽혀 있어 분리하기 어렵다는 것을 고찰했다. 하지만 내가 돌봄시설에서 관찰했던 것들은 더욱 본질적인 광경 아니었을까? 즉, 개개인의 '하다/받다' 이전에 돌봄시설이라는 공동체에 요청이 생겨나고, 그 요청에 대응하는 과정에서 자연스레 돌봄이 이뤄지지 않았을까? 그러니 주체는 공동체였던 게 아닐까?

유지로 씨의 돌봄이 그 예다. 금요일에는 모두 지치게 마련이었다. 나는 물론이고, 야스오 씨, 유리 씨, 유지로 씨 모두 피곤했다. 돌봄시설 자체가 피곤한 상태였다. 모두들 몸이 무거웠다. 그래서 유지로 씨는 중력이 약한 달나라로 날아가서 우리를 끌어들였다. 달나라에서 우리에게 웃음을 선사하고 잠시나마 중력에서 해방해주었다.

다리가 아파서 오른손으로 주무른다. 등이 가려우니까 왼손으로 긁는다. 이때 오른손과 왼손이 돌보는 부분이고 다리와 등이 돌봄을 받는 부분, 이렇게 나뉠 리는 없다. '주다/받다'를 뛰어넘어서 몸 자체에 돌봄이 일어난 것이다. 상처가 나서 딱지가 앉는데 혈소판이 치유하는 부분이고 찢어진 피부가 치유를 받는 부분일 리도 없다. 전신에 치유가 발생한 것이다. 실상은 '주다/받다'로 나눌 수 없다.

비슷한 일이 돌봄시설에서도 일어났다. 유지로 씨는 돌보는 사람이고 우리는 돌봄을 받는 사람이었던 것이 아니다. 그저 돌봄이 일어났을 뿐이다.

멤버란 그런 존재다. '멤버member'의 어원은 라틴어 'menberum'으로, '몸의 일부'나 '손발'이라는 의미를 지닌 말이다. 즉, 멤버가 되는 것은 공동체의 일부가 된다는 뜻이다. 일방적으로 서비스를 받는 사람은 멤버가 될 수 없으며, '유저user, 사용자'라고 불러야 한다. 멤버는 다르다. 멤버는 안으로 들어가서 공동체의 일부가 된 사람이다. 멤버가 된다는 것은 긁는 손이 되는 동시에 긁히는 등이 되는 것이다.

유지로 씨는 시설에서 가장 약한 존재였다. 다 같이 도와주지 않으면 생활이 힘든 사람이었다. 하지만 그는 가장 인기 많은 사람이었다. 모두 유지로 씨를 좋아했다. 유지로 씨는 의심할 여지가 없이 멤버였다. 손이자 등이었고, 눈이기도 했다. 그래서 유지로 씨는 돌봄시설에 피로가 가득할 때 우리를 달나라로 데려가주었다. 그러면 돌봄이 이뤄졌다.

지금 내가 이야기한 것을 철학자 고쿠분 고이치로는 능동태도 수동태도 아닌, 중동태中動態라고 불렀다.

우리의 일상은 '하다'와 '받다', 능동과 수동을 분명히 구별함으로써 성립된다. 학급회의를 예로 들어보자. "누구 짓인가요?" "왜 그랬나요?"라고 책임을 묻고 의지가 있었는지 확인한다. "제가 그랬어요. 제 의지로요. 급식으로 나온 요구르트를 더 먹었어요. 능동적으로 했어요." 우리 세계에서는 이렇게 문제 행동을 명확히 규정한다. 그래서 능동과 수동을 구별하는 것이 매우 중요하다.

그렇지만 고쿠분 고이치로는 고대 문법에 능동태와 수동태 외에 '중동태'가 있었음을 밝힌다. 듣고 보니 분명 능동태도 수동태도 아닌 동사가 존재한다. '하는 것'도 아니고 '받는 것'도 아닌, 의지와 무관하게 일어나는 것들이 존재한다.

예컨대 고쿠분 고이치로는 '태어나다' '죽다' '인내하다' '동요하다' '걱정하다' 등을 거론한다. 이 동사들은 모두 의지와 상관없이 '무의식중'에 일어난다. "지금부터 걱정할게요."라든가 "그럼 태어날게요." 같은 문장은 이상하다. 걱정이나 출생은 능동도 수동도 아니기 때문이다.

고쿠분 고이치로는 중동태에 대해 다음처럼 설명했다.

> 능동에서 동사는, 주어에서 출발하여 주어 바깥에서 완수되는 과정을 지시한다. 이에 대립하는 태인 중동태에서 동사는 주어가 그 장소가 되는 그러한 과정을 나타낸다. 요컨대 주어는 과정의 내부에 있다.[23]

풀어서 써보겠다. 능동태는 자기 외부에 있는 것에 작용한다. '공을 던지다'에서는 내 힘이 공에 가해진다. 이처럼 내가 무언가를 움직이는 것이 능동태다. 그에 비해 중동태는 자기 내부에 작용한다. '태어나다'는 그 원천과 작용하는 대상이 모두 자기 자신이다. 이처럼 내부에서 일어나서, 내부에 작용하는 것이 중동태다.

이 장에서는 지금까지 '돌보다/돌봄을 받다'로, 즉 능동태와 수동태로 나누었는데, 사실은 중동태로 설명했어야 했다.

시설에서 돌봄이 일어났고, 그 돌봄이 시설에 작용했다.

지쳐 있는 시설에 웃음이 퍼셨다. 우리만 아는 개그였기 때문에 외부에는 전혀 영향을 미치지 않고 내부에만 웃음을 불러일으켰다. 시설이 웃었다. 돌봄이 이뤄졌다.

중요한 것은 '우리만 아는 개그'다. 그 개그는 공동체 내부에서 생겨나, 공동체 내부에서만 통한다. '우리만 아는 개그' 자체가 중동태다. 좋은 공동체에는 '우리만 아는 개그'가 존재한다. 누구든 다른 사람들을 웃길 수 있고, 모두 함께 웃지만, 외부에는 절대 퍼지지 않는 것이 '우리만 아는 개그'다.

멤버란 우리만 아는 개그를 만들어내고, 그 개그로 웃을 수 있는 사람이다. 유지로 씨는 분명히 멤버였다. 시설의 고참이었고, 명물이었고, 모두의 사랑을 받는 멤버였다. 그리고 나는 직원이지만, 그에 앞서 멤버였다. 우리만 아는 개그를 몇 번 만들어냈고, 그 개그로 웃을 줄 알았다.

금요일에는 웃었다. 우리만 아는 개그로 웃었다. 금요일에 돌봄이 이뤄지도록, 금요일 그 자체가 웃었다. 그러기 위해 유지로 씨는 닭처럼 걸으며 춤췄다.

변화하는 시설

웃음과 함께 금요일은 막을 내렸다.

돌아갈 시간이 되었다. 셔틀버스를 타는 사람도 있고, 집에서 마중을 온 사람도 있었다. 멤버들은 각자의 주말로 떠나갔다. 유지로 씨는 셔틀버스에 올라탔다.

"신세 지지, 않았습니다!" 시설에서 떠나기 전 유지로 씨는 인사를 건넸다. 그리고 손을 흔들었다. "다들, 안녕!"

마지막으로 한 번 더, 다 같이 웃었다.

직원들도 주말을 향해 출발했다. 다카에스 부장은 오늘도 덴류에 갔다. 자신이 멤버로 속한 공동체에 달려갔다. 그곳에서 다카에스 부장은 돌봄을 받고 돌볼 것이다.

오늘은 부장이 꼬드기지 않았기 때문에 나와 신이치 씨는 함께 걸어서 돌아갔다. 근처의 슈퍼마켓에서 캔 맥주를 샀다. 얼마 전에 신이치 씨가 사주었기 때문에 오늘은 내가 돈을 냈다.

"잘 마실게." 신이치 씨가 뚜껑을 땄다. "건배."

"고생하셨습니다." 깡, 하고 캔이 부딪쳤다. 고된 노동 후 마시는 맥주는 정말이지 맛있었다.

맥주를 마시며 터널을 통과하고 언덕길을 내려갔다. 천천히 걸었다.

"이번 주는 진짜 힘들었어." 신이치 씨가 드물게도 앓는 소리를 했다.

"운동이 지나쳤어요." 이번 주도 운동이 과한 탓에 나는 전신 근육통에 시달렸다.

"그러게, 진짜 피곤하다."

우리는 한동안 말없이 걸었다. 맥주를 마시며 걸었다. 석양 빛이 부드럽게 우리를 감쌌다. 맥주가 오렌지색으로 빛나는 것만 같았다. 우리는 돌봄을 받았다. 신이치 씨가 갑자기 입을 열었다.

"요즘은 오후만 되면 몸이 물먹은 스펀지처럼 무거워."
"하지만 오후마다 달리잖아요?"
"몸이 찌뿌둥하니까 달리기라도 해보는 거야."
신이치 씨는 지쳐 있었다.

나는 허를 찔렸다. 날씬한 근육질에, 잘생기고, 상냥하고, 강인한 신이치 씨의 이면에서 갑자기 지치고 상처 입은 중년이 고개를 들었다. 신이치 씨에게 무언가 일어나고 있었다. 불길한 예감이 들었다.

저물녘에 맥주를 마시는 기분 좋은 세계에서 갑자기 현실로 돌아왔다. 우리를 둘러싸고 있는 괴로운 현실이 눈앞에 닥쳤다. 그 무렵, 우리는 정말로 많은 것들을 계속 잃기만 했다.

다이 씨가 시설을 떠나고 얼마 지나지 않았는데, 많은 이들이 시설에서 떠나갔다. 다이 씨 덕에 유지되던 무언가가 없어지자, 시설을 지켜주던 기본적인 것이 으스러지듯 무너졌다. 그런 사실이 갈수록 조금씩 분명히 드러났다.

우선 간호과장 게이코 씨가 그만두었다. 다이 씨가 그만둔 것에 못지않을 만큼 충격적인 일이었다. 좋든 나쁘든 게이코 씨는 여성 직원들의 중심이었기 때문이다. 그리고 오랫동안 일했던 여성 간호사들이 게이코 씨를 뒤따르듯 전부 사표를 냈다.

직원만이 아니었다. 멤버들 중에도 떠난 사람들이 있었다. 틀림없이 시설이 어딘가 변했기 때문일 것이다. 더 이상 시설에 있지 못하는 사람들이 나타났다.

터줏대감도 그랬다. 터줏대감은 조금씩 시설에서 멀어졌다. 특별한 일이 있지는 않았지만, 보이지 않는 곳에서 조금씩 부패하듯이 멀어졌다. 그리고 어느새 다른 병원으로 옮겨갔다. 마치 담배 연기가 옅어지듯이 터줏대감은 거의 아무도 눈치채지 못하게 사라졌다. 더 이상 흡연실에는 터줏대감이 없었다. 구멍이 뻥 뚫린 것 같아 나는 쓸쓸했다.

그런 와중에도 신이치 씨는 묵묵히 맡은 일을 해냈다. 다이 씨와 게이코 씨가 떠나며 뚫린 구멍을 혼자 메웠다. 신이치 씨는 시설을 다시금 바로잡으려 했다. 너무도 자연스럽게 늘어난 일을 해치웠다. 마치 오래전부터 전부 혼자 해왔다는 듯이 신이치 씨는 거침없이 일을 처리해냈다. 그 덕에 새로운 일상이 자리 잡는 것 같았다. 그런 사실이 나도 지탱해주었다. '괜찮아, 신이치 씨도 아무렇지 않으니까 분명 괜찮아.' 그렇게 생각하며 매일 일을 했다.

그 때문에 나는 가슴이 아팠다. 신이치 씨는 지쳐 있었다. 신이치 씨도 괜찮지 않았던 것이다.

신이치 씨만 그런 게 아니었다. 곰곰이 생각해보면 다카에스 부장도 비슷했다. 평소에는 태평하고 즐겁게 일하지만, 그토록 술집에 드나드는 것은 사실 지쳤기 때문 아닐까.

나도 예외는 아니었다. 얼마 전부터 나는 정말로 지쳐 있었다. 운동을 지나치게 했다든지 투사노동 탓이라든지, 그런 이유만은 아니었다. 무언가에 잡아먹히고 있는 내 마음을 보고도 못 본 척했다. 그래서 내게는 그저 피곤하다는 느낌밖에 없었다.

무언가 나쁜 것이 퍼지기 시작했다. 멈출 수 없는 일이 벌어지고 있었다. 하지만 모두가 알면서도 모르는 척했다.

이쯤에서 화제를 전환하겠다. 아직은 그 일을 떠올리고 싶지 않다. 무엇보다 금요일 저녁이지 않은가. 맥주를 마시며 나쁜 일은 잊어야 하는 날이다.

"아까 정말 많이 웃었네요." 유지로 씨에 대해 이야기했다.

신이치 씨도 껄껄 웃었다. "천재라니까. 아직도 배가 아파."

다시 돌봄이 이뤄졌다. 지친 중년이 잘생긴 신이치 씨로 돌아갔다.

"금요일에는 유지로 씨가 최강이야. 유지로 씨도 피곤할 텐데." 신이치 씨는 뿌듯해했다.

"우리 시설, 재미있어요." 내가 말했다. 정말로 그렇게 생각했다.

"맞아, 최고야."

신이치 씨는 남은 맥주를 꿀꺽꿀꺽 들이켰다. 내 맥주는 아직 남아 있었다. 겨울이 성큼 다가와서 그런지 캔이 차가웠다. 저물어가는 태양을 향해 우리는 걸어갔다. 언덕을 내려갔다. 이러쿵저러쿵해도 금요일이 끝나가고 있었다.

"고생했어. 푹 쉬고 월요일에 보자."

신이치 씨는 마지막까지 돌봄을 했다.

"고생하셨습니다. 다음 주에 봬요."

신이치 씨와 헤어지고 서둘러 집으로 갔다.

날이 저물어간다. 우리는 각자의 주말을 각자의 공동체에서 보낼 것이다. 그곳에서도 돌봄이 이뤄질 것이다. 그리고 눈 깜짝할 사이에 월요일이 찾아올 것이다.

월요일의 공지사항

조금이나마 피로가 가신 월요일 아침, 출근하자마자 "잠깐 보자."라며 다카에스 부장이 붙잡았다. 작은 방으로 끌려갔다. 늘 불성실한 부장이 웬일로 표정이 심각했다. 부장은 방문을 닫고, 작은 목소리로 말했다.

"아까 전화가 왔는데, 유지로 씨가 토요일에 돌아가셨어."

유지로 씨가 갑자기 세상을 떠났다. 자살은 아니었다. 누구도 예기치 못한 돌연사였다.

조회에서 다카에스 부장이 그 사실을 모두에게 알렸다. 정서가 불안정한 준코 씨는 곧장 울음을 터뜨렸다. 야스오 씨는 넋이 나간 것 같았다. 다마키 씨는 차분하게 손바닥을 맞대고 기도했다. 반응은 제각각 달랐지만 유지로 씨가 세상을 떠났다는 사실은 확실히 모두에게 닿았다. 조회를 마치면서 우리는 유지로 씨를 애도하며 다 같이 묵념했다. 스피커에서 흘러나오는 음악을 껐다. 시설에서 소리가 사라졌다. 잠시 눈을 감았다. 각자 유지로 씨를 생각했다.

돌봄시설에서 사람이 사라지는 일은 드물지 않다. 새로운 멤버가 적응하지 못하고 떠나는 일은 흔하고, 오래 다닌 멤버 역시 약간만 균형이 무너져도 시설에 오지 못하거나, 입원하거나, 다른 시설로 옮긴다. 직원 역시 종종 나가고 들어온다.

그래서 직원이든 멤버든, 사람이 사라지는 것에는 익숙했다. 인생의 한 시기에 한배를 탄 사람들. 우리는 그런 느낌으로 함께 지냈다.

누군가 떠나도 "잘 지낼까?"라고 가끔 이야기할 뿐 비교적 금세 새로운 일상에 적응했다. 떠난 사람은 다른 공동체에서 돌봄을 주고받으며 지냈을 것이다. 우리는 우리대로 새로운 일상을 열심히 살아갔다.

그렇지만 멤버가 죽는 것은 사정이 다르다. 그 죽음은 돌봄시설에 큰 충격을 준다. 유지로 씨처럼 오래 함께해서 친밀한 멤버가 눈감으면, 공동체는 깊은 상처를 입는다. 천천히 시간을 들여 충격을 수습해도 우리는 언제까지나 세상에 없는 사람의 이야기를 반복한다.

불현듯 유지로 씨에 대한 이야기가 나왔다. 냅킨을 잡으면 "예전에 유지로 씨가 다 찢었는데."라고 누군가가 말을 꺼냈다. 유지로 씨에 대해 이야기하면, 그를 모르는 새로운 멤버와 직원이 신기해하며 귀를 기울였다.

불가사의했다. 떠나간 이는 거의 언급하지 않는데, 눈감은 이에 대해서는 끊임없이 이야기했다. 그에 대한 기억이 시설에서 계속 살아갔다.

아마 유지로 씨가 눈감은 뒤에도 이곳의 멤버였기 때문일 것이다. 계속해서 우리 공동체의 일부였기 때문일 것이다. 시설을 떠나 다른 공동체의 멤버가 된 사람들과 달리, 멤버인 채로 세상을 떠난 유지로 씨는 그 뒤에도 계속 멤버였다.

우리는 유지로 씨를 떠올렸다. 계속 떠올렸다. 떠오르는 기억들 대부분은 유지로 씨가 우리를 웃겼던 일이었다. 유지로 씨에게서 돌봄을 받은 기억을 떠올렸던 것이다.

여기에 덧붙이면, 유지로 씨를 떠올리기만 해도 우리는 돌봄을 받을 수 있었다. 달나라에서 돌봄이 우리에게 전해졌다. 왜냐하면 함께 지낸 기억 자체에 표현하기 어려운 그리움이 깃들어 있었기 때문이다.

그뿐 아니다. 유지로 씨를 떠올림으로써 우리는 지금도 유지로 씨를 돌보고 있다. 떠올린다는 것은 '마음을 쓴다'는 것이며, 이를 영어로 옮기면 'care about'이다. 그렇다. '케어 어바웃 유지로 씨'인 것이다.

우리는 앞으로도 유지로 씨를 떠올릴 것이다. 그러면 언제까지나 돌봄이 이뤄질 것이다. 그래서 나는 지금도 그를 떠올리며 글을 쓴다.

유지로 씨의 닭 걸음을 추억하며 이야기할 때면, 나는 무의식중에 웃음을 짓는다. 그러면 추억 속의 유지로 씨가 "히히히!" 하고 웃는다.

8장

사람과
구조

두 번의 이별

8장

사람과
구조

두 번의 이별

최소화한 최종회

그 일은 영원히 계속될 것 같던 여름이 그래도 조금은 끝을 보이던 아침에 일어났다. 오키나와에 살면 여름이 가을과 겨울을 집어삼키고 언제까지나 이어지지 않을까 하는 생각이 드는데, 그래도 여름에는 끝이 있었다. 어디선가 체온보다 약간 시원한 바람이 불어오면, 그 바람이 철옹성 같던 여름 여기저기에 균열을 냈다. 그러면 여름은 저절로 사그라지듯 끝을 맺었다. 바로 그런 막바지 여름날 아침의 조회에서 벌어진 일이다.

"여러분, 같이 체조를 할까요."

여느 날처럼 다카에스 부장이 외치자, 히가미사가 라디오를 틀었다. 체조 음악이 흐르기 시작했다. 돌봄시설에서 일하며 1000번은 반복했을 기묘한 체조를 그날도 했다. 나는 훗날 인지저하증에 걸려도 그 음악을 들으면 분명 꿈틀꿈틀 몸을 움직일 것이다.

체조를 마치고 평소처럼 멤버가 사회를 보며 하루 일정을 알렸다. 오전 활동은 스트레칭, 점심 메뉴는 부장의 특기인 야채볶음을 버무린 소면, 오후 활동은 탁구. 평범한 하루였다.

사회를 본 멤버가 부장과 교대했다. 부장은 다가오는 행사와 주의사항을 공지했다. 노래방 대회가 머지않았으니 각자 곡을 정할 것, 그리고 다음 주부터 기온이 떨어지니 가볍게 외투를 걸칠 것을 전달했다. 곧장 도모카 씨가 짓궂게 끼어들었다.

"다카에스 씨는 모자도 써야 하지 않겠어요?" 도모카 씨는 웃음을 참지 못했다.

"머리가 추워 보여요. 불쌍하게."

모두 폭소했다. 다카에스 부장도 웃으면서 정수리를 확인하듯 만졌다. "응? 없네? 어디 떨어뜨렸나? 모두 발견하면 꼭 나한테 돌려주세요."

도모카 씨가 바닥에서 곱슬곱슬한 머리카락 한 가닥을 줍더니 "자, 잃어버린 거예요."라고 건네주었다.

"아, 거기 있었네. 다행이다. 찾아줘서 고마워요." 부장은 머리카락을 건네받더니 자신의 매끈매끈한 정수리에 올렸다. "뭐야! 내 머리가 아니잖아!"

부장이 혀를 날름 내밀었다. "무슨 짓이에요, 도모카 씨!"라고 익살을 떨었다.

조회마다 펼쳐지는 만담이었다. 계절이 변하는 것 같아도 실은 작년과 똑같은 계절이 되풀이될 뿐이듯, 돌봄시설도 변하지 않는다. 매일 반복되는 우리만 아는 개그에 수없이 웃는 것처럼 돌봄시설은 같은 자리를 빙글빙글 돌 뿐이다.

공지가 끝나고 오전 활동을 시작할 차례였다. 오늘은 스트레칭. 하지만 다카에스 부장에게는 할 말이 남아 있었다.

"그리고 여러분, 오늘은 제가 말씀드릴 게 있어요."

다카에스 부장은 평소처럼 부드럽게 웃으며 대수롭지 않게 말했다. "저는 오늘까지만 일합니다. 지금까지 정말 감사했어요. 신세 졌어, 다들." 부장은 고개 숙여 인사했다. 그리고 다시 웃으며 말했다. "자, 그러면 스트레칭 시작할까."

다카에스 부장은 평소처럼 오전 활동을 시작하려 했다. 워낙 자연스러워서 야스오 씨는 자기도 모르게 스트레칭을 하려고 일어섰지만, 역시나 많은 멤버들이 너무 놀라서 움직이지 못했다. 급작스러운 소식에 어쩔 줄을 몰랐다.

그런 와중에 도모카 씨가 목소리를 높였다. "어? 다카에스 씨, 그만둬요? 장난이죠?"

비명에 가까운 목소리 탓에 긴장이 감돌았다. 부장도 표정이 어두워졌지만, 이내 다잡았다.

"이런 걸로 장난치지는 않아요." 부장은 똑바로 도모카 씨를 바라보았다. "진짜야. 오늘로 끝."

"갑자기 그런 얘길 들으면 깜짝 놀라잖아요. 좀더 빨리 알려줘야죠." 도모카 씨는 물러서지 않았다.

"그랬겠지. 많이 놀랐을 거야. 하지만 이러는 게 가장 좋다고 생각했어요."

다카에스 부장은 구구절절 말하지 않았다. 도모카 씨도 그 이상 따지지는 않았다.

"그럼 시작할까." 부장은 그렇게 말하더니 스트레칭을 시작했다. 멤버들은 휩쓸리듯이 자리에서 일어났다. 그러고는 "하나, 둘, 셋." 하고 웅얼거리며 손목을 돌리고 아킬레스건을 늘렸다.

"하나, 둘, 셋."

다카에스 부장은 자신이 퇴직한다는 사실을 마지막 날까지 멤버들에게 알리지 않았다. 그리고 마지막 날 아침에야 대수롭지 않게 그만둔다고 알리고, 여느 때처럼 하루를 보냈다.

단골 슈퍼마켓에서 장을 보고, 자주 먹어 익숙한 요리를 만들었다. 점심시간에는 멤버들 곁에서 낮잠을 잤다. 지금까지 수천 번은 반복했을 일과를 똑같이 수행했다.

평소와 똑같이 '있기'. 그렇게 다카에스 부장은 멤버들이 이별을 이별로 받아들이지 않게 했다. 최종회를 최소화해서, 최선을 다해 이별의 영향을 없애려 했다. 이별에 약한 멤버들을 위해서 부장은 그렇게 했다.

그렇지만 아무리 최종회를 최소화해도 이별은 엄연한 사실이기 때문에 민감하게 받아들인 멤버들은 작별 인사를 건넸다. 도모카 씨도 그중 한 명이었다. 점심시간에 낮잠 자는 부장의 어깨를 두드리며 말을 걸었다.

"다카에스 씨, 지금까지 고마웠어요."

"아! 깜짝이야!" 부장은 화들짝 놀라며 깼다. 그리고 만면에 미소를 지으며 말했다. "나야말로 고마웠어. 앞으로도 잘 지내."

"다카에스 씨, 이제 어떡할 거예요?" 도모카 씨가 물었다. "다른 데에 시설을 여는 거죠? 나도 거기로 옮기고 싶은데."

"나도 이제 꼬부랑 할아버지야. 텃밭이라도 가꿀까." 부장은 살짝 익살을 떨었다. "도모카 씨도 뭔가 해서 어머니 좀 안심시켜야지. 아직 젊잖아."

"그러게요." 도모카 씨는 하려던 말을 삼키고 쓸쓸함을 억누르며 다른 말을 했다. "정말로 고마웠어요, 다카에스 씨."

도모카 씨는 억지로 웃어 보였다.

오후 들어 이변이 일어났다. 도모카 씨가 화장실에 들락날락하더니 토했다고 털어놓았다. 안색이 나쁜 게 한눈에도 힘들어 보였다. 도모카 씨의 어머니에게 연락해서 데려가길 요청했고 결국 조퇴했다. 도모카 씨는 다카에스 부장과 이별을 앞두고 '있기'가 불가능해졌다.

"다카에스 씨, 미안해요. 갑자기 컨디션이 나빠져서. 잘 지내요. 다음에 또 만나요."

도모카 씨는 얼굴을 찡그리고 괴로워하며 말했다.

"응, 몸조리 잘해." 다카에스 부장이 답했다.

도모카 씨가 떠나갔다. 다카에스 부장이 떠나기 전에 자기가 떠나갔다. 우리는 그 모습을 배웅했다.

"저래 보여도 약한 거야." 다카에스 부장은 어머니에게 기대어 돌아가는 도모카 씨의 뒷모습을 바라보며 중얼거렸다. "그러니까 우리는 거기에 맞춰야만 해."

흔적 없이 사라지다

다카에스 부장은 갑자기 퇴직을 결정했다. 여러 이유가 있었지만, 결정적인 계기는 없었다. 아니, 마지막에 퇴직을 마음먹게 한 일은 있었지만 예전에도 여러 번 있었던 일이라 특별히 문제가 될 만하지는 않았다. 문제는 복합적이고 총체적이었다.

우리는 본능적으로 변화를 꺼리는 생물이기 때문에 싫은 일도 괴로운 일도 일단 참고 버틴다. 참기 어려운 일을 참고, 견딜 수 없는 일을 견딘다. 우리는 그런 존재다. 하지만 그러는 와중에 우리 내면의 컵에는 물이 한 방울씩 조용히 차오른다. 물이 가득 차도 표면장력 덕에 컵은 용량 이상의 물을 어느 정도 담아낼 수 있다. 그러다 마지막 한 방울이 컵에 떨어지면, 마침내 물이 넘친다. 흘러넘친다. 그때 갑자기 '더 이상 못 있겠다.'라는 생각이 든다. 회사를 그만두든 학교를 자퇴하든 이혼을 하든, 사람이 자기 자리에서 떠나기로 마음먹는 과정은 이와 비슷할 것이다. 다카에스 부장 역시 마지막 한 방울이 떨어지자, 퇴직을 결심했다.

결심한 뒤에는 빠르게 진행되었다. 법에 따라 한 달 뒤로 퇴직일을 정하고 사직서를 제출했다. 다카에스 부장은 쌓여 있던 유급휴가를 모두 쓰기로 했기 때문에 실질적으로는 퇴직을 결심하고 2주 뒤에 시설을 떠나게 되었다. 그리고 자신이 떠난다는 사실을 마지막까지 멤버들에게 알리지 않았다.

지금까지 여러 차례 말했듯 이별은 돌봄시설에서 빼놓을 수 없는 일이다. 간혹 멤버들 중에 시설을 '학교'라고 부르는 사람이 있는데, 분명 닮은 점이 있다. 시설과 학교에는 많은 사람들이 함께하는 일상이 있다. 그곳에는 만남이 있고, 관계가 생겨난다. 물론 이별도 있다. 하지만 학교와 달리 시설에서는 이별이 좀처럼 눈에 띄지 않는다.

학교에서는 이별을 행사로 승화한다. 전학 가는 친구를 보내는 송별회, 교단을 떠나는 선생님을 축하하는 기념식, 그리고 무엇보다 졸업식이 열린다. 그런 행사 덕에 이별은 뚜렷이 눈에 보이고, 사람들은 이별하는 과정을 음미할 수 있다. 행사는 기억에 남아 마음의 양식이 된다. 적어도 학교에는 이별을 위한 장치가 마련되어 있다.

그에 비해 돌봄시설에서는 대체로 이별이 쥐도 새도 모르게 진행된다. 멤버가 어느 날 갑자기 시설에 오지 않거나, 조금씩 출석을 안 하다가 어느새 다른 병원으로 옮긴다. 이별이 비밀리에 진행되어서 제대로 음미하기가 어렵다. 취직해서 떠나는 멤버가 있어도 언제든 돌아올 수 있도록 송별회는 열지 않는다. 취직한 멤버 또한 시설에 완전히 발을 끊지는 않고 가끔씩 얼굴을 비친다. 이처럼 돌봄시설은 관계를 되도록 보존하고, 아예 끊어야 하는 경우에도 가능한 부드럽게 하든지 아예 은폐한다.

어째서일까? 왜 돌봄시설은 이별을 감출까?

이별이 괴롭기 때문이다. 이별은 쓸쓸하다. 연이 끊겨서 안심할 때도 있고 속 시원할 때도 있지만, 그와 동시에 아무래도 쓸쓸하다. 이별은 그간 당연히 이어지던 것을 끊어내고 없앤다. 소중한 것을 앗아간다. 그래서 이별은 정말로 괴롭다. 이별은 사람의 마음을 격렬하게 동요시킨다.

어째서 학교에서는 이별할 때 성대한 행사를 치를까? 격렬한 동요를 끌어안기 위해서다. 쓸데없이 장황한 교장 선생님의 훈화도 엄연히 행사의 일부라서 동요하는 마음을 포용해줄 수 있다.

장례식 역시 마찬가지다. 스님이 읊는 주문 같은 말은 바로 이해할 수 없기 때문에 듣는 이의 마음을 지켜줄 수 있다. 그런 자리에서 스님이 마음을 울리는 명언만 늘어놓으면 틀림없이 듣는 사람의 정신이 이상해질 것이다.

그렇지만 행사를 치러도 이별을 받아들이지 못하고 힘들어하는 사람들이 있다. 그래서 돌봄시설에서는 이별을 보이지 않게 감춘다. 도모카 씨가 그랬듯 이별을 겪으면 일상이 크게 흔들리기 때문이다.

정신과 간호사 외길을 40년 동안 걸어온 다카에스 부장은 그런 점을 알고 있었다. 조현병 환자들의 연약한 마음을 잘 알고 있었다. 그래서 그만둔다는 사실을 마지막 날까지 감추었다. 그리고 이별을 알리자마자 떠났다. 흔적을 없앴다.

떠나가는 사람이 눈앞에 있는 것보다 가슴 아픈 일은 없다. 혹은 나를 배신한 사람이 시야에 들어올 때보다 괴로운 순간은 없다. 그럴 때 우리 내면에는 애정과 증오가 공존한다. 심리학에서는 그런 상태를 앰비밸런스^{ambivalence}, 양가감정이라고 한다. 정반대되는 감정이 눈앞에 있는 사람에게 향하는 것이다. 무척 소중했던 사람이 떠나면, 감정은 복잡해진다. 다카에스 부장이 좋지만, 동시에 밉다. 밉지만, 동시에 좋다. 그런 갈등을 겪으면 마음은 상처를 입는다. 그 상처가 마음을 흔들고 일상까지 무너뜨린다. 마음이 취약한 사람이라면 상황은 더욱 심각할 수밖에 없다.

그처럼 애정과 증오가 공존할 때는 얼핏 비정해 보일 수 있지만 거리를 두는 것이 도움이 된다. 눈에 띄지 않도록 멀어지면 날것 같은 감정과도 거리를 유지할 수 있기 때문이다.

'현실'은 기본적으로 마음의 양식이다. 현실에서 단절되면 우리의 마음은 헛돌아서 비쩍 마르거나 지나치게 비대해지고 만다. 그래서 현실과 접하는 것이 마음의 건강에 매우 중요하다. 하지만 때때로 현실의 영양이 과잉될 때가 있다. 마음은 현실을 전부 소화하지 못해서 탈이 나고 만다. 그럴 때는 현실에서 조금 거리를 두는 것도 도움이 된다.

그런 방식을 심리상담에서는 '뚜껑 덮기'라고 표현한다. 흔히 심리사는 마음의 뚜껑을 열고 속을 지그시 들여다본다고 생각하지만, 늘 그러지는 않는다. 뚜껑을 열기만 해도 힘들어하는 사람들이 있기 때문에 일상을 지키기 위해 일부러 뚜껑을 덮기도 한다. "더 이상 생각하지 말죠." 또는 "그 얘기는 일단 미뤄둘까요."라고 할 때가 있다. 아니면 특정한 화제를 일부러 피하기도 한다.

일본의 가장 오래된 문헌인 『고지키古事記』에 실린 이자나기와 이자나미의 신화는 바로 '뚜껑 덮기'에 대한 이야기다.

이자나미는 불의 신을 출산하다가 심한 화상을 입어 목숨을 잃고 말았다. 이자나미의 남편 이자나기는 황천으로 부인을 쫓아갔다. 이자나기는 '뚜껑을 열고' 상처 입은 이자나미를 만나러 간 것이다. 그리고 원래 있던 곳으로 함께 돌아가자고 설득했다.

이자나미는 승낙하는 대신 조건을 걸었다. "돌아갈 준비를 할 테니 이쪽을 돌아보지 마세요." 부인을 사랑하는 이자나기는 물론 약속했다.

옛날이야기에서 "돌아보지 마세요."라는 말을 듣고 정말로 돌아보지 않는 인물은 없다. 안톤 체호프는 소설에 대포를 등장시키면 반드시 한 번은 발포시킨다고 했는데, 그와 마찬가지로 "돌아보지 마."라는 말을 들으면 반드시 보게 마련이다. 그러지 않으면 이야기는 진행되지 않는다. 정신분석가 기타야마 오사무北山 修는 아예 '보지 말라는 금지'라고 이름을 붙이기도 했는데, 그 금지는 깨지기 위해 존재한다.

어쨌든 이자나기도 약속을 깨버린다. 뚜껑을 연 것이다. 눈앞에는 죽어서 부패한 이자나미가 있었다.

"나를 수치스럽게 했군요."

이자나미는 상처 입고 절규했다. 수치스러운 모습을 보여서, 배신당해서 상처를 입었다. 이자나미는 격노했다. 사람이 진심으로 분노하는 건 상처 입었을 때다. 그럴 때 사람은 눈에 띄는 모든 걸 부수지 않고는 못 배긴다. 소중한 사람을 부수고, 그럼으로써 자기 자신까지 부순다.

이자나기는 허둥지둥 재빨리 도망쳤다. 아니, 이런 표현으로는 부족하다. 그야말로 목숨을 걸고 도망쳤다. 온몸에서 힘을 쥐어짜 달렸다. 언덕을 뛰어올라 황천에서 도망쳤다. 산 자들의 세계에 도착한 이자나기는 통로를 커다란 바위로 막았다. 뚜껑을 덮은 것이다.

그제야 이자나기와 이자나미는 대화할 수 있었다. 거리를 둔 덕에 날뛰던 격정이 잠잠해졌다. 사실 이자나미의 상처는 변함없었을 것이다. 이자나기를 죽여버리고 싶었을 것이다. 하지만 포기할 수 있었다. 훗날 이자나미는 그때 죽이지 않아서 다행이라고 생각할지도 모른다.

이 이야기는 잘 이별하는 것이 얼마나 어려운지 알려준다. 그리고 뚜껑 열기의 어려움과 뚜껑 덮기를 이용한 잠정적 해결도 보여준다.

다카에스 부장은 뚜껑을 덮었다. 이자나기처럼 도망쳤다. 간호사 경력 40년의 지혜와 기술이 있었던 덕분에 이자나기보다 훨씬 교묘했다. 이별을 느끼지 못하도록, 멀리 떨어진 뒤에야 이별을 깨닫도록 소리 없이 도망쳤다. 마치 부장의 정수리에 이별을 고하지 않고 조용히 사라진 머리카락처럼. 깨달았을 때는 이미 사라진 사랑스러운 머리카락처럼. 나이 든 정신과 간호사는 바람처럼 시설에서 사라졌다.

부장은 최종회를 최소한으로 억제했다. 마지막다운 분위기를 흐트러뜨리고, 되도록 감추어서 멤버들이 상처 입지 않게 했다. 부장 자신도 다치지 않으려고 그랬을 것이다. 이 잔혹한 일터에서 살아남은 베테랑의 지혜였다. 우리 일에서 이별은 분명 감춰야 하는 것이었다.

그렇지만 아무리 최소한으로 억눌러도 이별 자체는 명백한 사실이다. 무려 다카에스 부장이 없어진 것이다. 그 현실은 변하지 않는다. 그래도 많은 멤버들은 다카에스 부장의 배려에 도움을 받았고, 이별을 외면할 수 있었다.

다만, 도모카 씨는 지나치지 못했다. 도모카 씨의 마음이 닫혀 있지 않았기 때문일 것이다. 도모카 씨는 조현병 진단을 받았지만, 다른 멤버들에 비해 마음의 많은 영역이 손상되지 않고 남아 있었다. 그 탓에 도모카 씨는 최소한으로 억제한 이별에도 강하게 반응하여 힘겨워했다. 살아 있는 마음은 이별을 감지했을 때 아픔을 느낀다. 당연히 괴로워진다.

이별은 사람의 마음을 뒤흔든다. 안정된 것 같은 마음도 이별을 겪으면 크게 흔들린다. 실제로 도모카 씨가 안정을 되찾고 시설에 돌아오기까지 시간이 걸렸다. 이별의 아픔에는 시간밖에 약이 없다.

다카에스 부장이 이자나기 뺨치는 실력으로 도주한 날, 우리는 여느 때처럼 루팡에 모여 송별회를 열었다. 신이치 씨와 히가미사, 그리고 시설에 남은 직원들끼리 다카에스 부장을 환송했다.

다카에스 부장은 독주에 물을 타고 검지로 휘저어 섞은 다음, 반짝이는 이마에 젓가락 포장지를 찰싹 붙였다. 그날도 수없이 반복한 우리만 아는 개그로 웃었다.

그렇지만 송별회는 어떻게 해도 송별회였다. 이별하는 행사였다. 우리는 쓸쓸했다. 이별은 괴로웠다. 다시 만날 것을 알고 있었지만, 오늘이 마지막일지도 몰랐다. 무엇보다 다음 주부터 시설에 부장이 없었다. 노래방 대회에서 더 이상 부장이 노래하지 않았다.

송별회가 파한 뒤 나와 부장은 주차장에서 대리기사가 오길 기다렸다. 밤바람이 찼기 때문에 부장의 차에 타서 기다렸다. 방향제와 술 냄새, 부장의 체취가 뒤섞였다. 곤드레만드레가 된 부장은 눈을 흐릿하게 뜨고 중얼거렸다.

"미안해."

"예."

"더 이상은 못 있겠더라."

"압니다." 알고는 있었다. 그래서 말했다. "고생하셨어요. 그간 정말로 신세 졌습니다."

남겨진 우리는 쓸쓸했다. 하지만 그때만 해도 우리에게는 이별을 행사로 승화할 힘이 남아 있었다.

돌봄시설은 변치 않는다

역시 그랬다. 놀라웠다. 부장이 떠난 뒤에도 시설은 전혀 변하지 않았다. 똑같은 아침 체조를 하고, 비슷한 밥을 먹고, 배구를 하고, 드라이브 같은 활동을 하는 나날. 무엇도 변치 않았다. 시설을 떠받치던 커다란 기둥이 없어져도 멤버들은 똑같은 일상을 보냈다. 도모카 씨도 오래 걸리지 않아 복귀했다.

지금껏 다카에스 부장은 '땡땡이치는 것 같아도 수면 아래에서 일하는 사람'이라고 생각했는데, 실은 정말로 땡땡이만 쳤던 걸까? 커다란 기둥은 신기루였을까? 아니, 애초에 다카에스라는 사람이 정말로 있었나? 그런 의문이 들 만큼 다카에스 부장이 그만둔 영향은 전혀 없었다. 그야말로 퇴직의 정석이었다.

사람은 바뀌어도 구조는 변하지 않았다. 부장이 운전하던 승합차를 내가 운전하고, 부장이 만들던 요리를 히가미사가 만들었다. 그리고 부장이 맡았던 '돌봄시설의 누름돌' 역할은 신이치 씨가 넘겨받았다. 그 덕에 돌봄시설은 이상 없이 다시금 빙글빙글 돌기 시작했다.

돌봄시설에는 구조만 있으면 되지 않을까? 장소가 있고, 누구든 상관없이 사람이 있고, 돌봄을 제공하기만 하면 괜찮지 않을까? 누군가 하던 일을 다른 이가 맡으면 구조는 유지된다.

돌봄시설의 근원에는 구조가 있다. 주 5일 운영하던 시설을 주 4일만 열면 격변이 벌어질 것이고, 조회 시간을 두 시간만 변경해도 멤버들은 큰 영향을 받을 것이다. 멤버들을 밑받침해 주는 것은 구조다.

그 때문에 직원이 그만두면 그 사람이 하던 역할을 누구든 다른 사람이 자연스레 이어받는 것이 중요하다. 다이 씨 대신 신이치 씨가 야구 연습을 지휘했듯, 구조를 손상하지 않으면서 대리인이 구멍을 메워야 한다. 교대가 잘 이뤄지면 시설은 안정을 되찾는다. 처음부터 다카에스 부장 같은 사람은 없었다는 듯이 자연스럽게 일상으로 돌아간다. 돌봄시설이라는 구조가 유지된다. 다카에스 부장의 작별 인사 없는 이별은 그렇게 시설을 지켜냈다.

우리의 일상은 돌아왔다. 확실히 일이 늘어나긴 했다. 신이치 씨는 온갖 업무를 도맡았고, 원무과 직원들은 간호사의 업무 일부를 대신하느라 정신없어 보였다. 나 역시 시설에 있는 시간이 늘어났다.

저주인지 축복인지 모르겠지만, 돌봄시설에는 마법이 걸려 있는 것 같다. 돌봄시설에 있으면 모든 것에 쉽게 적응하게 된다.

전에 비해 아무리 달라져도 위화감은 금세 사라지고, 원래 그게 일상이었던 듯이 익숙해진다. 그래서 우리도 새로운 상황에 금방 적응했다. 새 업무를 익혔고, 실제로는 어딘가 구멍이 났을지 모르지만 어떻게든 돌봄시설의 시간이 빙글빙글 도는 데 익숙해졌다.

그렇게 익숙해지면 지금이 영원히 계속되리라는 느낌이 든다. 하루하루가 똑같기 때문이다. 하지만 그러는 사이에도 시간은 순식간에 흘러간다. 달력이 넘어가고, 시간은 빙글빙글 돌아간다.

아침에 조회를 하고, 오전에 상담을 하고, 점심시간에 야구를 하고, 화요일과 목요일 오후에는 시설에서 운동을 하고, 다른 요일 오후에는 상담을 했다. 짬이 날 때마다 시설에서 지냈다. 야스오 씨의 젊은 시절 이야기를 1000번째 듣고, 1000번째 맞장구를 쳤다. 저녁에는 신이치 씨와 맥주를 마시며 집으로 돌아갔다. 잠들었다 아침에 일어나고, 조회를 하고, 상담을 했다. 시설에서 1001번째 야스오 씨의 젊은 시절 이야기를 듣고, 1001번째 폭소했다. 점심시간에 야구를 하고 오후에 첫 상담을 마친 다음 야스오 씨의 이야기를 1002번째 들으러 시설에 가는데 신이치 씨가 직원 대기실에서 노트북으로 뭔가 보고 있었다.

"어이, 돈 선생. 내가 지금 뭐 하는 것 같아?" 신이치 씨가 나를 불러 세웠다.

"몰라요. 재밌는 거라도 있어요?"

"이것 좀 봐."

신이치 씨가 노트북 화면을 내 쪽으로 돌리고 껄껄 웃었다.

"이직 활동."

예상치 못한 말에 나는 말문이 막혔다. 노트북 화면에 "간호사 모집, 각종 수당 있음."이라는 문구가 떠 있었다.

"진짜로?"

"그럼, 진짜지." 신이치 씨가 슬픈 듯이 말했다.

당연히 진짜였다. 알고 있었다. 신이치 씨는 농담을 자주 하지만 언제나 진실만 말했다. 강인하고 끈기 있는 사람이라서 확실해진 다음에야 입에 담았다. 불평을 늘어놓지도 않고, 얼버무리지도 않고, 설레발을 치지도 않았다. 신이치 씨가 이직한다고 하면, 그것은 정해진 미래였다.

마지막 한 방울이 떨어져 컵에서 물이 넘친 것이다. 할 말은 많았지만 도로 삼켰다. 혼자서 시설을 떠받치는 신이치 씨에게 부담을 주기 싫어서 떠오르는 말들을 전부 옆으로 치워두고 이렇게만 말했다.

"고생하셨어요."

"미안해."

"미안할 일은 아니죠."

진심으로 그렇게 생각했다. 미안할 필요는 없었다. 각자 자신의 인생을 살아가는 것이니까. 컵에서 물이 넘치면 더 이상 그곳에는 '있을 수 없다'. 이는 모두에게 공통되었다. 그저 넘치는 시점이 다를 뿐.

내가 먼저 그만둘 수도 있었다. 무엇보다 나는 줄곧 신이치 씨에게 의지했기 때문에 그가 나에게 미안할 필요는 전혀 없었다.

그래서 다시 한 번 말했다.

"고생하셨습니다. 정말 감사했어요."

기나긴 이별

다카에스 부장이 떠나면서 가을이 시작되었는데, 그 가을이 끝날 무렵에 신이치 씨가 그만두게 되었다.

신이치 씨는 다카에스 부장과 다른 방법을 선택했다. 아무도 모르게 도망치지 않고, 현실을 직시하며 맞서려 했다. 뚜껑을 덮지 않고 이별의 괴로움과 정면으로 마주했다. 최종회를 최대화한 것이다.

신이치 씨는 퇴직을 두 달 뒤로 정하고, 자신이 그만둔다는 사실을 일찌감치 멤버들에게 알렸다. 두 달. 신이치 씨는 기나긴 이별의 시간을 살아가려 했다.

신이치 씨는 나와 나이도 비슷하고 집도 가까워서 곧잘 한잔하며 이야기를 나눴다. 특히 대머리, 뚱보, 말라깽이, 꼬맹이 4인조가 말라깽이, 꼬맹이 2인조가 된 뒤로는 하루가 멀다 하고 마셨다. 둘 다 외로웠기 때문이다. 우리는 루팡의 야외 좌석에서 시원한 바람을 맞으며 안주로 오이만 주문하고 물을 섞은 듯한 싱거운 맥주를 마셨다.

신이치 씨는 오토바이 튜닝, 나는 포스트모더니즘 철학이 취미였기 때문에 저절로 정신의료가 화제에 올랐다(그리고 전국고교야구대회도). 우리는 임상을 공유하는 사이였기 때문에 증상, 건강, 치료법 등으로 이야기꽃을 피웠다. 물론 간호사와 심리사로서 배경이 달랐기 때문에 의견에는 차이점이 많았다. 하지만 워낙 많이 대화한 탓에 차이는 점점 없어졌고 결국에는 양쪽이 뒤죽박죽 섞인 결론이 내려졌다(다직종 연계와 팀 단위 의료도 비슷할 듯싶다).

그렇게 내리는 결론은 언제나 같았다.

"어떻게든 될 거야. 좀더 지켜보자."

불안해하지 않고 허둥대지도 않고, 평소처럼 생활하며 무슨 일이 일어나는지 착실히 지켜보자. 관찰과 검토를 계속하자. 우리는 대략 그런 결론을 내렸다. 마음은 불가사의하기 때문에 예측할 수 없다고, 그런 마음을 받아내는 것이 우리의 일이라고 이야기를 나눴다.

신이치 씨가 다카에스 부장과 다른 길을 선택했을 때, 나는 그 의도를 잘 이해했다. 우리는 다카에스 부장보다 치료에 대한 야심이 컸다. 제자리를 도는 돌봄시설의 시간에 조금이라도 새로운 것을 더하고 싶었다.

"마지막까지 최선을 다할 거야." 신이치 씨는 맥주를 마시며 말했다. "계속 시설에 있는 게 좋은 사람도 있지만, 다른 일을 할 수 있는 사람도 있어. 그런 사람들과 내가 그만둔 뒤에 어떻게 할지 제대로 얘기해보고 싶어."

마지막이 있는 건 현실이다. 그런 현실을 외면하지 말고 무슨 일이 벌어지는지 똑바로 지켜보자. 그것이 임상에 임하는 우리의 자세였다.

퇴직한다는 사실을 알린 날부터 신이치 씨는 더욱더 바빠졌다. 매일매일 업무를 처리하고, 인수인계를 하고, 멤버 모두와 대화를 했다. 자신이 그만둔다는 사실을 전하고 멤버들 각자의 장래에 대해 이야기했다. 처음 시설에 왔을 때는 어땠는지, 그 뒤로 몇 년 동안 어떻게 변했는지, 지금 생활은 어떤지, 앞으로 어떻게 살고 싶은지, 그러기 위해 무얼 할지, 그런 화제와 정면으로 맞섰다.

제대로 대화를 나누는 멤버도 있었고, 그러지 못하는 멤버도 있었다. 사실 후자가 더 많았다. 이별이라는 현실이 마음을 크게 뒤흔든 탓에 그만 눈을 감아버린 것이다. 그럴 만했다. 이번 이별은 신이치 씨가 떠나는 것만 의미하지 않았다. 다이 씨가 떠나면서 시작된 '돌봄시설의 최후'에 마지막 마침표가 찍히는 것이었다. 실제로 돌봄시설의 일상은 세 간호사 덕에 지금까지 이어질 수 있었다. 그래서 신이치 씨가 최종회를 최대화하려 하자, 멤버들은 스스로 자신의 뚜껑을 덮어버렸다. 그렇게 해서 괴로운 현실을 어떻게든 버티려 했다.

신이치 씨는 굴하지 않았다. 일부러 두 달 뒤로 퇴직일을 잡았기에 시간은 충분했다. 신이치 씨는 멤버들에게 거듭 말을 걸었다. 신이치 씨도 자신의 퇴직이 '최후의 마침표'임을 강하게 의식하는 모양이었다.

그 중심에는 도모카 씨가 있었다. 두 사람에게는 긴 사연이 있었다.

20대에 조현병이 발병하여 오랫동안 집 안에 틀어박혀 지냈던 도모카 씨가 지금처럼 시설을 오갈 수 있게 된 것은 신이치 씨 덕분이다. 30대 후반에야 시설에 온 도모카 씨는 처음에만 해도 시설 구석의 방 한편에 담요를 두르고 누워만 있었다. 다른 멤버나 직원과는 전혀 교류하지 않았다. 교류는커녕 타인과 함께 있는 것도 힘들어서 툭하면 시설에서 몰래 나가 집으로 돌아갔다.

신이치 씨는 도모카 씨 집까지 마중을 갔다. 그리고 둘이 산책을 했다. 타인과 함께 있는 게 참을 수 없이 힘든 도모카 씨와 긴 시간을 함께 보냈다. 포기하지 않았다. 그러던 와중에 도모카 씨에게 배드민턴을 가르치기 시작했다. 그저 '있기'가 힘들 때는 뭔가 '하는 것'이 도움을 준다.

두 사람은 매일 틈날 때마다 배드민턴 연습을 했다. 머지않아 다른 사람들도 연습에 참가했고, 도모카 씨는 배드민턴을 하면서 사람들과 교류하게 되었다. 분기마다 열리는 배드민턴 대회에서 맹활약할 만큼 실력을 길렀을 무렵에는 도모카 씨도 시설에서 편안히 지낼 수 있었다. 그게 4년 전 일이다.

신이치 씨는 도모카 씨가 좀더 나아갈 수 있다고 믿었다. 돌봄시설에서 지내는 것의 다음 단계로 갈 수 있다고 생각했다. '취직'도 가능해 보였다. 다른 조현병 멤버들이 스스로 마음의 문을 닫고 자신을 지키는 데 비해, 도모카 씨는 분명히 현실과 어느 정도 접점을 지니고 살아갔기 때문이다.

그렇지만 도모카 씨는 4년 동안 가만있기만 했다. 돌봄시설에서 반복되는 일상을 보내다 어느덧 40대 후반에 접어들었다.

그 사이 아버지는 세상을 떠났고 어머니는 노쇠해졌다. 시간만 가차 없이 흘러갔다. 그리고 이번에는 신이치 씨까지 도모카 씨를 두고 앞으로 나아가려 했다.

그만두기까지 두 달 동안 신이치 씨는 수없이 도모카 씨와 대화했다. 신이치 씨가 떠난 다음에는 어떻게 살아갈까. 한 걸음 더 전진할 수 있지 않을까. 그러려면 어떻게 해야 할까. 그리고 당사자인 도모카 씨는 이에 대해 어떻게 생각하는가. 그런 이야기를 나눴다.

그렇지만 결국 신이치 씨는 연패의 늪에 빠졌다. 대화를 거듭한 멤버 중 상태가 나빠진 사람들이 적지 않았다. 최종회를 최대화하는 것은 '늘 같았던 상태'를 부수는 것이며, 멈춰 있던 시간을 움직이는 것이기 때문에 멤버들은 혼란스러울 수밖에 없었다. 몸 상태가 나빠지거나, 생활 리듬이 깨지는 등 다양한 반응을 보였다.

"저래 보여도 약한 거야."

다카에스 부장의 말이 떠올랐다. 최종회는 그 약한 이들을 뒤흔들었다.

도모카 씨는 또다시 흔들렸다. 평온을 잃고 진정하지 못했다. 얼굴도 경직되었다. 그리고 지나치게 활동하는 기색이 보였다. 자꾸만 떠오르는 이런저런 생각이 도모카 씨를 흥분시키는 듯했다. 나는 도모카 씨와 몇 차례 상담을 진행했다.

"저, 선생님." 도모카 씨는 진지한 표정으로 내게 말했다. "요즘 약사가 되는 걸 고민하고 있는데, 어떻게 하면 될 수 있어?"

나는 스마트폰으로 약사가 되는 법을 검색해봤다. 대학교에서 6년 공부한 다음 국가시험을 치러야 한다고 쓰여 있었다. 도모카 씨에게 그대로 알려주었다.

"자격을 따려면 우선 대학교에 가야 하네요. 6년이나 다녀야 하고요."

"진짜? 어렵네." 현실의 벽이 눈앞을 가로막았다. 찬물을 뒤집어쓴 도모카 씨는 한순간 가슴이 아픈 듯 얼굴을 찡그렸다. 하지만 금세 다시 일어섰다. "하지만 될 수 있겠지? 꿈은 이뤄진다고 하잖아."

도모카 씨의 마음은 잘 이해했다. 불안한 것이다. 신이치 씨와 이별을 앞두고 도모카 씨의 마음은 중상을 입었다. 그래서 도모카 씨는 비현실적인 상상에 사로잡혔다. 약사가 되면 신이치 씨와 같이 일할 수 있다는 공상으로 자신의 마음을 지키려 했던 것 같다.

그렇지만 공상은 생각보다 마음을 지켜주지 못한다. 잠깐은 마음이 편해지지만, 현실은 손쉽게 공상을 허물어버린다. 옆에서 내가 굳이 알려주지 않아도, 현실 자체가 조금씩 마음속으로 파고든다. 약사가 되기란 터무니없이 어렵다는 현실도, 신이치 씨가 사라진다는 현실도, 공상으로는 완전히 차단할 수 없다. 현실은 슬그머니 어딘가로 숨어든다. 그 탓에 도모카 씨는 툭하면 상태가 나빠졌다. 결국 시설을 쉬게 되었다.

"왠지 요즘 상태가 나빠. 다리도 배도 아프네. 시설에 다니고는 싶은데."

그렇게 말하는 도모카 씨는 너무나 연약해 보였다.

신이치 씨는 패배했다. 최종회를 최대화하고 이별의 시간을 살아내겠다고 결심했지만 패배하고 말았다.

멤버들은 이별을 견디지 못했다. 당황하고 동요하다가 마지막에는 부정했다. 멤버들은 여느 때와 똑같이 이별의 시간을 조용히 보냈다. 아니, 그들 나름 최선을 다해 살았다. 이별이 불러일으킨 동요를 억누르기 위해 돌봄시설의 빙글빙글 도는 일상에 매달린 것이다. 몸 상태가 나빠지거나 시설에 오지 못하는 멤버도 많았다.

신이치 씨의 마지막 날은 쓸쓸했다.

"꼭 인사하러 갈게요."라고 말했던 도모카 씨도 결국 오지 못했다. 신이치 씨는 누구보다 사랑받은 직원이었지만, 아니, 그랬기 때문에 더더욱 마지막은 너무나 쓸쓸했다. 신이치 씨를 사랑한 사람일수록 마지막 날 시설에 오지 못했다. 도모카 씨는 아예 마지막 2주 동안 모습을 감추었다.

실은 나도 그랬다. 나는 그날 시설에 없었다.

신이치 씨의 마지막 날, 나는 도쿄에 있었다. 어느 재단에 응모했던 연구 프로젝트가 선정되어 오키나와를 떠나 도쿄의 고급 호텔에서 열린 시상식에 참석했다.

물론 우연히 날이 겹쳤을 뿐이지만, 사실 시상식에 불참해도 연구비를 받는 데는 문제가 없었다. 나 역시 신이치 씨의 최종회를 견디지 못했던 것이다. 신이치 씨가 시설에서 사라진다는 사실과 직면하기 힘들었다. 오키나와의 작고 막막한 돌봄시설에서 이별과 마주하기보다는 대도시의 커다랗고 휘황찬란한 호텔에서 꿈을 보기로 한 것이다. 도모카 씨의 심정이 이해되었다.

마지막 날, 신이치 씨는 여느 날처럼 일을 하고 차가운 빗속을 평소처럼 걸어서 집에 돌아갔다. 나중에, 그랬다고 들었다. 송별회를 열어야 했던 나는 도쿄에 있었다. 히가미사를 비롯한 다른 직원들도 여력이 없었다. 1년 사이에 송별회만 몇 번을 치른 우리에게는 정말로 힘이 없었다. 이별을 행사로 승화할 수 없는 지경이었다.

신이치 씨는 패배했다. 슬프기 그지없는 최종회였다. 멤버도 직원도 모두 쓸쓸했고, 누구보다 신이치 씨 자신이 비참했을 것이다. 최대화한 최종회는 상처만 남겼다. 남은 사람들뿐 아니라 떠나는 사람에게도 상처만 입혔다. 하지만 이별이란 그런 법이다.

상실과 재건

사람은 바뀌어도 구조는 변하지 않는다. 신이치 씨가 사라져도 당연히 시설은 유지되었다. 누군가 떠나면 남은 사람 중 누군가 그 역할을 맡았다. 돌봄시설이라는 구조는 변치 않고 멤버들을 포용한다. 일상이 빙글빙글 돌고 돈다.

신이치 씨의 최종회가 불러일으킨 동요는 차츰 잦아들었다. 시간이 지나면서 이런저런 일들이 과거가 되었고 시설은 원래대로 돌아가기 시작했다. 다시 마법이 걸렸다. 상태가 나빠졌던 멤버들도 어느새 시설로 돌아와 일상을 보냈다. 나 역시 새로운 역할에 적응했다.

그 겨울, 어느새 나는 호루라기를 불고 있었다. 배구 심판의 호루라기다. 체육관에서 배구 시합을 하려면 심판이 있어야 하고, 심판은 호루라기를 불어야 한다. 호루라기를 부는 것은 신이치 씨의 몫이었다. 하지만 심판이 사라졌기에 그를 대신해 누군가, 바로 내가 심판을 맡아야 했다.

호루라기를 불면 시합이 시작되었다. 예전과 달리 선수 출신인 다카에스 부장이 없었고, 주력 선수였던 몇몇 멤버들도 다른 병원으로 옮겼지만, 그래도 시합은 시작되었다. 서브를 넣기 전에 호루라기를 불었고, 득점해도 호루라기를 불었다. 그리고 한 팀이 15점을 올리면, "삐이이, 삐이이!" 하고 길게 두 차례 불어서 시합 종료를 알렸다. 한 팀은 이기고, 다른 팀은 졌다. 선수가 바뀌어도 시합은 진행되었다. 그렇게 되도록 나는 호루라기를 불었다.

신기하게도 호루라기를 불면서 내가 왠지 신이치 씨를 흉내 낸다는 것을 깨달았다. 신이치 씨처럼 날카롭게 호루라기를 불었고, 냉정하게 판정을 알렸다. 그뿐 아니었다. 시설에서 매일매일 지내며 나는 다카에스 부장과도 닮아갔다. 승합차를 운전하고, 휴게소에서 "화장실 꼭 다녀와요."라고 외쳤다. 어떨 때는 한참 전에 그만둔 다이 씨를 따라 하기도 했다. 점심시간의 야구 연습에서 나는 다이 씨처럼 방망이를 휘두르고, 다이 씨와 비슷한 말투로 실수한 멤버에게 소리쳤다. "하나 더!"

그만둔 사람은 흔적도 없이 사라지는 것이 아니었다. 그들의 흔적은 눈에 띄지 않는 곳에 남아 있었다. 최종회가 모든 걸 빼앗지는 않았다.

정신분석학에 '애도의 작업 the work of mourning'이라는 개념이 있다. 소중한 무언가를 상실했을 때 우리 마음이 작동하는 원리를 설명한 것이다.

우리 인생은 상실의 연속이라고 할 수 있다. 책을 읽는 지금도 그렇다. 시간이 없어지고, 미래를 잃고 있다. 우리는 끊임없이 잃으면서 살아간다. 때때로 몹시 힘든 상실을 겪기도 한다. 소중한 사람이 세상을 떠나거나 연인이 배신하거나 꿈이 깨진다. 믿었던 동료가 퇴직한다.

이런 상실을 겪으면 우리 마음은 중상을 입는다. 고통에서 자신을 지키기 위해 스스로 무감각해지거나 상실 자체를 부정하기도 한다. 많은 멤버들이 신이치 씨의 퇴직을 아예 없는 일로 치부했던 것이 바로 그 예다. 혹은 상실의 고통이 너무 극심할 때 반대로 다른 일에 몰두하여 흥분하기도 한다. 도모카 씨가 약사가 되려고 하거나 내가 시상식에 참석한 것도 그런 마음의 방어 기제가 작동했기 때문이다. 그런 방식을 '조적 방어 manic defense'라고 부른다. 스스로 흥분 상태가 되어서 상실의 아픔을 저 멀리 날려버리는 방법이다. 마음은 더없이 정교해서 다양한 방식으로 스스로를 지킨다.

그렇지만 어떻게 해도 상실의 아픔은 우리에게 조용히 다가온다. 방어 기제가 언제까지나 작동할 수는 없기 때문에 언젠가는 상실을 인정할 수밖에 없다. 그때 우리 마음은 괴로워한다.

잃어버린 것을 다시금 손에 넣길 바라지만, 그 바람이 이뤄지지 않아서 절망하고 우울에 빠진다. 상실을 인정함으로써 우리는 바닥으로 떨어진다. 어둡고 괴롭고 고독하고 비참한 시간을 보낸다.

단, 이런 일들이 벌어지는 와중에 조금씩 마음에 변화가 일어난다. 그 변화의 과정을 정신분석가 마쓰키 구니히로松木 邦裕가 아름답게 묘사했다.

그렇게 상실한 대상을 떠올리고 그리워하는데, 거기에 유대가 다시 맺어질 일은 없으며 어떻게 해도 그럴 수는 없다는 단념으로부터 깊은 슬픔과 무력감을 맛봅니다. 그처럼 애절하기 그지없는 과정을 반복하면서 우리는 돌이킬 수 없는 상실을 인정하게 됩니다. 하지만 그와 동시에 상실한 대상의 좋은 점—예컨대 추억으로 남은 따뜻한 말이나 친밀한 교류—이 우리 마음에 뚜렷하게 각인되어 있고, 그것이 우리와 내면적 유대를 맺으며 확실히 존재한다는 것을 느낍니다. 그런 느낌을 점점 깊이 가라앉은 기분이 바닥을 치는 감각과 함께 경험할 수 있습니다. 다르게 표현하면, 상실한 대상이 내 마음의 어느 위치에 굳건히 자리 잡고 좋은 존재로서 계속 함께해주는 느낌이라 할 수 있습니다. 그런 느낌이 들면 마음속에서 말을 주고받는 온화한 교류가 이뤄집니다.[24]

상실은 괴롭고 고통스럽다. 소중한 것이 사라졌고 다시는 돌아오지 않는다는 사실에 우리는 큰 충격을 받는다. 하지만 슬픔과 고통을 버리지 않고 마음속에 잘 놓아두면, 상실한 것이 마음속에서 되살아난다. 혼란을 견뎌내면 마침내 상실한 사람이 내 마음속에 분명히 존재함을 느낄 수 있다. 좋은 기억이 살아남고, 감사하는 마음이 든다.

틀림없이 이별은 우리에게서 무언가를 앗아간다. 지금껏 당연히 같이 있던 사람이 사라진 것이다. 현실에 '부재'가 들이닥친다. 그 때문에 최종회는 쓸쓸하고 괴롭다. 하지만 이별은 동시에 무언가를 주기도 한다. 사라졌다는 사실을 충분히 슬퍼하고, 이를 악물며 괴로움을 견디면, 현실에 부재한 그 사람이 마음속에서 재건된다. 나 역시 그 사람이 없는 현실에서 재건된다. 이별과 똑바로 마주함으로써 우리 마음에 새로운 무언가가 생겨난다. 그 무언가 덕분에 나는 호루라기를 불 수 있었다.

비슷한 일이 도모카 씨의 마음에서도 일어났다. 도모카 씨는 한동안 시설을 쉬었다가 아무 일도 없었다는 듯이 복귀했지만, 예전과는 달랐다. 겉으로 드러나지는 않았지만, 도모카 씨는 괴로운 최종회를 거치고 조금 변한 것 같았다.

일을 시작하기로 한 것이다. 약사 같은 게 아니라, 작은 작업장에서 오키나와 토산품을 포장하는 일이었다. 4년 동안 딛지 못했던 첫걸음이었다.

신이치 씨가 그만두고 얼마 지나지 않아서 도모카 씨는 출근을 하기 시작했다. 주위에 떠벌리지 않고, 안간힘을 쓰지도 않고, 조용히 일하기 시작했다. 물론 큰일이었을 것이다. 불안했을 것이다. 하지만 도모카 씨는 일을 했다. 현실을 살아가려 했다.

그리고 마침내 성공했다. 계속 일을 했다.

도모카 씨는 가끔 시설에 들렀다. 퇴근길이나 쉬는 날, 시설에 들러 전용 머그컵으로 차를 마셨다. 낯익은 멤버들과 근황을 이야기했다.

어느 날, 도모카 씨는 나에게만 몰래 털어놓았다.

"있잖아, 선생님. 사실은 말이야." 도모카 씨는 좀 부끄러워했다. "나 신이치 씨 좋아했었다."

"어! 진짜요?" 나는 놀랐다. 아니, 힘껏 놀란 척을 했다.

당연히 알고 있었다. 도모카 씨가 수없이 신이치 씨에게 고백했다는 사실은 시설의 모두가 알고 있었다. 자신을 변화시킨 은인이었다. 좋아하는 것은 자연스러운 일이었다. 신이치 씨는 매번 신사적으로 웃으며 "고마워요, 도모카 씨."라고 거절했다.

"그랬다니까. 그래서 신이치 씨가 그만뒀을 때 너무 외로웠어. 그래도 어쩔 수 없으니까. 나도 새로운 걸 해볼까 생각했어. 간호사가 되고 싶긴 한데 일단 할 수 있는 것부터 해야지."

도모카 씨는 수줍게 말했다.

나는 무척 기뻤다. 신이치 씨는 패배만 한 것이 아니었다. 최대화한 최종회는 도모카 씨에게 '신이치 씨가 없는 현실'을 선물했다. 그 탓에 흔들리기도 했고 고통을 겪기도 했지만, 도모카 씨는 그 모든 것을 받아들였다. 외면하지 않고, 스스로 흥분에 빠져 방어하지도 않고, 상실을 제대로 슬퍼하고 괴로워했다. 그 덕에 도모카 씨는 현실과 동떨어지지 않았다. 신이치 씨에게 받은 것을 자기 마음속에 보전할 수 있었다. 그래서 약사도 (신이치 씨 같은) 간호사도 아닌, 현실적인 일을 찾아냈다. 그 일이 도모카 씨의 인생에 새로운 것을 더해주었다.

신이치 씨는 패배하지 않았다. 신이치 씨가 존재했던 것, 신이치 씨가 건네주었던 것, 그리고 신이치 씨와의 이별은 전부 없었던 일이 되지 않았다. 모두 돌봄시설 사람들의 마음에 선명하게 남았다.

이별은 쓸쓸하고 괴롭다. 하지만 이별이 벌어져도 인생은 계속된다. 앞으로도 신이치 씨의 존재가, 아니 '부재'가 도모카 씨의 마음에 천천히 영향을 미칠 것이다. '없다'는 사실이 마음의 영양분이 되고 무언가를 만들어낼 것이다. 최종회를 최대화한 덕분이다.

돌봄시설은 구조만 있는 곳이 아니다. 그곳에는 사람이, 사람과 사람의 관계가 있다. 구조는 사람이 있기에 제 역할을 해낸다. 돌봄시설에는 분명히 사람들이 살아가고 있다.

이렇게 최대화한 최종회는 대단원의 막을 내렸다. 대머리, 뚱보, 말라깽이가 떠받치던 돌봄시설은 결국 '최후의 마침표'를 찍었다.

돌을 쌓는 소년 하에바루가 있던 무렵의 공동체는 겨우 1년 만에 산산조각 났다. 나에게는 더 이상 선배가 없었다. 나는 겨우 4년 일했는데 직원 중 최고참이 되었다.

그럼에도 이야기는 아직 끝나지 않았다. 최후의 마침표를 찍어도 일상은 계속된다. 일상이란 섬뜩할 정도로 끈질기다. 일상은 쉬지 않고 빙글빙글 원을 그리는 것을 멈추지 않는다.

그 때문에 나는 스스로 뒤처리를 해야 했다.

그러기 위해서는 무슨 일이 일어났는지, 왜 그런 일이 일어났는지 밝혀내야 한다.

애니메이션 「모노노케 히메」의 주인공 아시타카도 말하지 않았는가.

"나는 스스로 여기에 왔다. 내 발로 여기에서 떠나겠다."

돌봄과 치료에 대한 메모

잠깐 실례합니다. 시간 좀 뺏어도 될까요?

현명하신 독자 여러분은 분명 이 책이 얼마 남지 않았다는 것을 아시리라 사료합니다만, 여기서 한 번 더 숨을 돌렸다 가겠습니다.

이야기가 한창 재미있는데 찬물을 끼얹어서 죄송합니다. 저도 질풍노도처럼 절정을 향해 돌진하고 싶습니다. 미스터리 소설 거장들처럼 차례차례 복선을 회수해서 수수께끼를 단숨에 해결하면 얼마나 좋겠습니까.

그런데 슬프게도, 아니 부끄럽게도 제가 썼으면서도 무엇이 복선이고 아닌지 좀 헷갈립니다. 참으로 한심한 저자입니다. 「헨젤과 그레텔」을 보면 길을 잃지 않도록 빵 부스러기를 떨어뜨리며 숲속을 걸어가지 않습니까? 그런데 저는 지금 굶주린 닭이 등장해 제 뒤를 졸졸 따라온 판국입니다. 제가 떨어뜨린 빵 부스러기를 닭이 전부 먹어치워서 이야기의 출구를 알려주는 복선을 잃어버렸습니다.

앞서 8장의 마지막을 보면 저는 절체절명의 위기에 처했습니다. 선배들이 전부 그만두고 저 혼자 남았으니까요. 최후의 마침표를 찍었는데도 돌봄시설은 미지의 세계로 돌입하고 있고요. 그야말로 최악의 상황입니다.

『이상한 나라의 앨리스』였다면 슬슬 눈을 뜰 대목이겠

지요. 하트 여왕이 사형시키기 직전에 앨리스가 눈을 확 뜨고 "아, 꿈이었구나." 했듯이 말입니다. 생각해보면 앨리스는 참 편하게 살지 않습니까. 하지만 그렇게 인생의 역경을 살살 피하기만 하면 앨리스는 좋은 어른이 안 될 겁니다. 장담할 수 있어요.

아무튼, 저 역시 신이치 씨가 그만두던 무렵에는 전부 꿈이길 바랐습니다. 눈을 떠보니 박사 학위를 받은 직후인 것이죠. 그래서 "전부 꿈이었구나. 다행이다."라고 하고 싶었습니다. 그러길 바랐지만, 그럴 수는 없었습니다. 틀림없이 현실에서 벌어진 일이니, 어떻게든 제 인생의 뒤처리를 해야 했죠. 제가 원해서 오키나와까지 갔으니까요. 가족도 끌어들였고요.

그러니 이런저런 성가신 일들을 제가 직접 결말로 이끌어야 합니다. "꿈이었어요! 만세!" 하면 안 됩니다. 사태를 꿰뚫어보고 수수께끼를 풀어서 살아남은 다음 그곳에서 나와야 합니다.

그래야 하는데, 중요한 복선을 굶주린 닭이 전부 먹어 치운 바람에 저도 어떡하면 좋을지 몰라서 난처했습니다. 지금까지 거침없이 원고를 썼지만, 최근 2주 동안은 완전히 멈춰 있었어요. 다 때려치우고 싶었습니다. 차라리 이쯤에서 초현실적인 결말로 끝내도 괜찮지 않을까 생각했지만, 그러면 어린애 앨리스와 똑같아진다고 마음을 다잡고 사흘 정도 고심했습니다. 그랬더니 생각이 나더군요.

그랬습니다. 마지막 장에서 수수께끼를 풀기 위해서는 우선 '돌봄과 치료'에 대해 정리해야 했습니다. 그 때문에 저는 초반에 복선을 깔았던 것입니다.

왜냐하면 다카에스 부장과 신이치 씨 등 많은 인물이 등장하지만 이 책의 주인공은 엄연히 돌봄과 치료이기 때문입니다. 독자 여러분은 이 책을 소설이나 에세이로 여길지도 모르지만, 저는 언제나 학술서라고 생각하면서 썼습니다. 의문을 제기한 다음 그에 대한 답을 찾으려 했다는 말입니다. 저에게 이 책은 어디까지나 '임상심리학'이라는 학문을 다루는 학술서입니다.

주인공은 '돌봄'과 '치료'라는 개념입니다. 돌봄은 무엇이고, 치료는 무엇인가. 둘은 어떤 관계를 맺는가. 돌봄과 치료는 쉽게 말해 『슬램덩크』의 강백호와 서태웅 같은 라이벌 관계입니다. 이 책에서는 지금까지 라이벌 관계인 돌봄과 치료가 서로 싸우고, 손을 잡고, 승패를 주고받아 온 것입니다. 그리고 그런 두 주인공 너머에 진범이 숨어 있습니다.

저는 정신치료 전문가가 되고 싶어서 인생을 걸고 오키나와까지 갔는데, 결국 힘든 꼴만 보았습니다. 현장에서 5, 6년 동안 경험을 쌓고 어엿한 치유자가 되려 했는데, 불과 4년 만에 더 이상 '있기가 불가능한' 상태가 되어버렸죠. 선배들이 모두 떠나고 제가 최고참이 되었기 때문입니다. 누가 봐도 이상한 일 아닌가요? 대체 어떤 직장에서 그토록 사람들이 그만둔다는 말입니까. 이 이야기의 이면에서는 일관되게 사악한 힘이 작용한 것입니다. 그리고 그 원흉이라 할지 정체라 할지, 아무튼 진범을 밝혀내기 위해서는 두 주인공 돌봄과 치료의 힘이 필요합니다. 돌봄과 치료라는 렌즈를 쓰면 진범이 보이기 때문이죠.

그 때문에 마지막 장에서 속 시원하게 수수께끼를 풀려면 돌봄과 치료가 무엇인지부터 살펴봐야 합니다. 추리 소설을 보면서 보석을 훔친 범인이 누굴까 두근두근하다가 '어? 이런 사람도 있었나?' 싶은 등장인물이 범인으로 밝혀지면 '이게 뭐야!'라며 실망하지 않습니까? 시간과 돈이 아깝다고 생각하기도 하지요. 이 책도 그런 추리소설과 마찬가지입니다. '설마 이 사람은 아니겠지? 하지만 꽤 수상한데. 그래도 알리바이가 확실해.' 이런 의심스러운 용의자를 몇몇 등장시키고, 그들의 숨은 사연을 보여 준 다음, 결국에는 예상치 못한 인물을 범인으로 가리켜야 재미있는 추리소설입니다. 그러니 저도 중요 참고인인 돌봄과 치료의 본질과 사정을 그럭저럭이라도 밝혀야 합니다.

사실 처음부터 그러려고 했습니다. 이 책을 쓰기 시작했을 때는 그래도 지금 이야기한 것들을 염두에 두었습니다. 그래서 각 장의 제목을 '전문가와 비전문가', '원과 선'이라고 두 가지가 대치하는 식으로 지은 겁니다. '돌봄과 치료'라는 대비를 계속 반복해서 여러분이 '아, 돌봄과 치료는 이런 거구나.'라고 알게 한 다음, '알고 보니 돌봄도 좋은 녀석이었네.'라고 느끼기 시작했을 때, 마지막으로 '실은 이 녀석 뒤에 진범이 숨어 있었다!'라고 반전을 보여주려 했습니다. 그랬는데 굶주린 닭 탓에 전부 잊어버렸습니다. 저도 무서워요. 책을 쓰다가 마음이 수시로 바뀌어서 결국 뭘 쓰고 있었는지 까먹어버렸는데 어쩌겠어요.

지금이라도 앞으로 돌아가서 다시 쓰라고 하는 분이 있겠지만, 이미 너무 멀리 왔습니다. 처음부터 다시 쓰기는 너무 힘들어요. 좀 봐주세요. 앞으로 돌아가서 복선을 다시 깔라니, 엄청 귀찮다고요. 그렇다고 이대로 마지막 장을 쓸 수도 없고 어떡할까요. 계속 고민했지만 뾰족한 수가 없었습니다. 그때 떠오른 게 이 코너입니다. 앞서 요긴하게 써먹었으니 잘만 하면 이제라도 무사히 수수께끼를 풀 수 있지 않을까 생각한 겁니다. 제가 떠올렸지만 참 좋은 아이디어 같아요.

"꼬꼬댁, 꼬꼬꼬꼭!"

앗, 위험해! 그 녀석이 쫓아오고 있어요. 큰일입니다. 복선이 더 먹히면 정말로 수습할 수 없어요. 서둘러 돌봄과 치료를 설명하겠습니다. 그 기세를 이어 함께 마지막 장으로 돌진하죠.

돌봄과 치료는 라이벌?

'돌봄'은 대학병원 내과 조교수로 무엇보다 환자를 우선하며 연구도 성실하게 합니다. '치료'는 같은 병원 외과 조교수로 실력이 뛰어난 야심가죠. 그들은 병원 내 정치에 휘말리면서도 자신의 이상을 관철시키려 노력합니다…라니, 물론 거짓말입니다. 돌봄과 치료는 병원 내 정치와 전혀 상관없고, 그저 사람과 사람이 연결되는 두 가지 방식일 뿐입니다.

지겨울 지경이지만 또 복습하면, 저는 대학원에서 정신치료를 공부하고 전문가가 되려 했습니다. 누구에게도 말할 수 없는 환자의 비밀을 밀실에서 들어주고 그의 마음속 깊은 곳을 살피려 했지요. '치료'는 그렇게 사람들이 자기 자신에 대해 생각하는 것을 도와줍니다.

그런데 어쩌다 보니 저는 오키나와에서 돌봄과 만났습니다. 시설에서 다 함께 매일매일 지내는 것이 일이 되었지요. 깊은 대화가 아니라 함께 요리하거나 야구를 했고, 그럼으로써 일상을 유지했습니다. 치료와 너무 다른 돌봄을 처음 접했을 때, 저는 그곳이 이상한 나라가 아닐까 의심했습니다. 제가 돌봄시설에서 경험한 것처럼 사람들이 연결되는 방식을 이 책에서는 '돌봄'이라고 불렀습니다.

그러니 '돌봄과 치료'는 드라마에 등장하는 라이벌이

아닙니다. '돌봄과 치료'는 사람과 사람이 연결되는 두 가지 방식입니다. 저는 돌봄시설에서 일하는 동시에 외래에서 상담도 하면서 돌봄과 치료를 오갔습니다. 그리고 두 방식의 차이점을 계속 생각했지요. 하지만 이윽고 돌봄시설에도, 상담실에도, 돌봄과 치료가 모두 존재한다는 사실을 깨달았습니다.

앞선 8장만 봐도 알 수 있지요. 다카에스 부장과 신이치 씨의 이별은 모두 돌봄시설에서 벌어진 일이지만, 두 이별은 서로 다른 원리에 따라 이뤄지지 않았습니까? 그런 점을 여기에서 정리해두려 합니다.

돌봄이란 무엇인가

다카에스 부장이 그만둔 방식은 지극히 '돌봄적'이었습니다. 그렇다고 '돌봄이란 이별을 제대로 알리지 않는 것'이라는 말은 아닙니다. 그럴 리는 없지요. 이별을 예고하는 것이 돌봄일 때도 있으니까요. 이른바 '케이스 바이 케이스'입니다(이는 임상의 진리이기도 합니다).

핵심은 구체적인 행동이 아니라 다카에스 부장이 '상처 입히지 않는 것'을 중시했다는 점입니다. 부장이 최종회를 최소화한 것은 이별에 약한 조현병 멤버들을 배려했기 때문입니다.

돌봄은 상처 입히지 않는 것이다.

이렇게 적으니 저조차 참 소극적인 정의라는 생각이 들어 자신이 없긴 합니다. 하지만 정신과 의사 가토 히로시加藤 寛와 저술가 사이쇼 하즈키最相 葉月의 대담을 엮은 『마음의 돌봄』[25]에도 그렇게 쓰여 있으니 역시 제 정의가 맞는 것 같습니다. 사실 상처를 주지 않는 것은 정말 어려운 일입니다. 무릇 사람이란 엄청 연약하거든요.

눈사람을 한번 떠올려볼까요. 눈사람은 가만 놔두면 점점 녹아서 이내 무너지지 않습니까? 부드러운 햇살을 받으면 코가 떨어지고 비를 맞으면 둥그런 체형이 망가집니다. 눈사람을 상처 입히지 않으려면 계속해서 냉기를 공급하고 비도 막아주어야 하지요. 바로 눈사람을 돌보는 것입니다.

인간도 마찬가지입니다. 우리도 방치되면 상처를 입습니다. 직장에서 누구도 말을 걸지 않으면 다들 나를 싫어하나 고민하고, 배고픈데 음식을 주지 않으면 그렇게 힘들 수가 없지요. 갓난아이의 경우에는 방치하면 정말로 죽을 수도 있습니다.

이처럼 우리는 갖가지 욕구를 품고 있으며 그것이 충족되지 않으면 상처를 입습니다. 그러니 '상처 입히지 않는 것'이란 '욕구를 충족시키는 것'을 의미합니다. 우에노 지즈코上野 千鶴子는 미국의 여성주의 철학자 메리 데일리Mary Daly가 내린 다음과 같은 돌봄의 정의를 소개한 적이 있습니다.

> 의존적 존재인 성인 또는 아이의 신체적이며 정서적인 요구를, 그것이 수행되는 규범적, 경제적, 사회적 구조상에서 충족시키는 것에 관여된 행위와 관계.[26]

꽤나 훌륭한 정의입니다. 돌봄이란 '욕구를 충족시키는 것'이라는 점, 그리고 다르게 표현해 '의존을 받아주는 것'이라는 점을 모두 담아냈으니까요. 우리는 다른 사람에게 의지하거나 폐를 끼치면서 살아가지 않습니까? 갖가지 욕구를 품고 살아가는 우리는 온갖 의존을 할 수밖에 없는 존재입니다. 그러지 못하면 상처를 입지요.

앞서 언급했듯 상처 주지 않는 것은 정말 어려운 일입니다. 사람의 욕구란 천차만별이니까요. 다시 눈사람을 예로 들면, 녹기 싫다는 욕구만 있을 때는 얼음 등으로 냉기를 공급해주면 충분한 돌봄이 될 것입니다. 하지만 만약 눈사람이 콧대가 높아져서 "살짝 녹아서 날씬해지면 좋겠어."라고 요구하면 그때는 헤어드라이어라도 동원해야겠지요.

마찬가지로 울고 있는 사람의 욕구도 제각각 다를 것입니다. '그냥 조용히 옆에 있어줘!'라고 바라는 사람에게 "넌 잘못하지 않았어."라는 말은 위로 아닌 상처를 줄 것이고, '나는 잘못하지 않았어! 그렇다고 말해줘!'라고 바라는 사람에게 아무 말도 해주지 않으면 자기를 무시한다고 생각하며 분노할 것입니다.

즉, 돌봄이란 그때그때 욕구에 대응하며 상대방을 다치지 않게 하는 것입니다. 그렇게 의존을 받아주는 것이 돌봄입니다. 그래서 돌봄이란 기본적으로 개체가 변하는 것이 아니라 환경이 변하는 것입니다. '눈사람 씨, 그대로 있어도 돼요. 당신을 위해 제가 얼음을 구해 올게요.' 하는 느낌이지요.

시설에서는 바로 그런 돌봄이 이뤄집니다. 그곳에는 다치기 쉬운 사람들이 모여들고, 그들에게는 제각각 다양한 욕구가 있습니다. 그리고 직원들은 그 욕구들을 하나씩 만족시켜야 합니다. 그러지 못하면 멤버들이 상처 입고 더 이상 시설에 있지 못하기 때문입니다. 맞습니다. 충분한 돌봄을 받을 때 비로소 '있기'가 가능해지는 것입니다. 돌봄은 안전이나 생존처럼 사람의 생활을 근본에서 밑받침하는 것입니다.

돌봄은 상처 입히지 않는 것이다.

이제 이해했나요? 자, 닭이 복선을 먹어버리기 전에 다음 단계로 나아갑시다.

치료란 무엇인가

이제 치료 차례입니다.

치료를 이해하려면 신이치 씨가 그만둔 때를 떠올려보는 게 좋습니다. 신이치 씨는 다카에스 부장과 전혀 다른 방법으로 그만두었습니다. 부장이 상처 주지 않기를 목표했다면, 신이치 씨는 이별 때문에 입는 상처를 직시하려 했지요. 두 달이라는 긴 시간 동안 떠나는 사람과 남는 사람 사이에서 생겨나는 어지러운 감정들에 적극적으로 뛰어들었습니다.

치료는 상처와 마주 보는 것이다.

치료는 아픈 곳을 직접 건드립니다. 아픔을 제거하지 않고, 고통을 덜어내지 않습니다. 고통의 원천을 변화시키기 위해 아픈 곳을 만집니다. 치과 의사로 비유하면 충치 부위를 긁어내는 것이죠.

앞서 말했듯, 심리상담이라는 말을 들으면 많은 사람들이 '친절한 심리사가 고개를 끄덕이며 이야기를 들어주는 모습'을 떠올립니다. 하지만 실제는 좀 다릅니다. 그럴 때도 있을지 모르지만, 굳이 분류하면 사람들이 떠올리는 행위는 돌봄에 가깝습니다. 그에 비해 정신치료에 가까워지면, 지금의 문제를 명확하게 파악한 다음 그 문제가 발생한 원리에 개입해서 변화를 일으키는 것에 몰두합니다. 그래서 사실 상담사는 생각보다 엄한 구석이 있습니다.

제가 상담사라면 날씬해지길 원하는 콧대 높은 눈사람

에게 이렇게 말할 겁니다.

"너 말이야. 바깥에 있으니까 자꾸 녹잖아. 우리 집에 대형 냉장고 있는 거 알지? 그런데도 바깥에 있을래?"

눈사람도 나름 고집이 있겠지요.

"여기 있어야 아이들이 나를 보잖아."

"네 마음은 알아. 하지만 곧 봄이 온다고."

"그래도 아이들이 계속 나를 봐주면 좋겠는데."

문제가 꽤 명확해졌지요? 눈사람 씨의 내면에서는 아이들을 즐겁게 해주고 싶다는 바람과 언젠가는 녹아버린다는 운명이 갈등하고 있었던 겁니다. 치료에서는 그 갈등을 피하지 않고 최대한 고민하도록 이끕니다. 괴롭긴 하겠죠. 하지만 눈사람 씨의 장래를 위해 필요한 과정입니다. 언제까지나 얼음을 가져다줄 수는 없는 노릇이고요.

사람도 마찬가지입니다. 누군가 괜찮다는 말을 해줘야 안심하는 사람에게 정신치료는 괜찮다고 말해주지 않습니다. 그 대신 괜찮다는 말을 듣지 못하면 불안하고 우울해서 상처를 입고 마는 자신을 직시하게끔 합니다. 상처 주지 않는 것이 아니라, 이미 있는 상처를 건드립니다. 그런 과정을 거쳐 '스스로 괜찮다고 생각하는 사람'이 되길 기대합니다.

이제 여러분도 눈치챘을 듯한데, 정신치료의 목표는 '욕구를 만족시켜주는 것'이 아니라 '욕구를 바꾸는 것'입니다.

매우 중요한 대목입니다. 이 세상의 비즈니스는 대부분 전력을 다해 사람들의 욕구를 충족시키려 하는데, 어떤 욕구는 충족될수록 오히려 삶이 힘들어지기도 합니다. 곁에 있어달라는 요구를 들어주려고 두 시간 동안 함께 있었고, 그랬는데도 더 오래 있어주길 원해서 결국 스물세 시간이나 옆에 있었다고 해볼까요. 요구한 사람은 긴 시간 함께 있었으니 만족할까요? 아니죠. 다시 한 시간만 떨어져도 외로워할 겁니다. 함께한 시간이 길수록 혼자 있을 때 느끼는 두려움이 커지기 때문입니다. 상대방이 나를 성가시게 여길까 무서운 것이죠.

그 두려움이나 상처를 직시하며 '나와 함께 있어주면 좋겠다.'라는 욕구가 '함께 있지 않아도 나를 나쁘게 생각하지 않는 걸 안다.'로 바뀌면 훨씬 삶이 수월해집니다. 그렇게 되면 단 한 시간이라도 함께 있는 것이 얼마나 소중한지 깨달을 수 있죠. 실은 바로 눈앞에 있었던 돌봄을 잘 받을 수 있게 되고요. 이처럼 치료 덕분에 돌봄이 제대로 이뤄지게 되는 경우도 있습니다.

치료를 이야기할 때 빠뜨리기 어려운 것이 있으니, 바로 이상적인 '자립'입니다. 돌봄의 원리에 의존이 있다면, 치료의 원리에는 자립이 있습니다. (의존과 자립의 관계도 복잡하지만 지금은 최대한 간단하게 생각하겠습니다.) 내 문제는 내가 처리한다, 상처와 고통은 전부 내가 감당한다, 사람으로서 성숙한다.

돌봄은 환경의 변화를 지향하지만, 치료는 개인의 변화를 목표합니다.

이렇게 말하면 '치료가 좋은 거였네.'라고 생각할지도 모르겠습니다. 하지만 앞서 말했듯 치료에는 고통이 함께합니다. 욕구가 충족되지 않고 상처와 맞서야 하니 힘들 수밖에요. 그래서 섣불리 치료를 하면 안 됩니다. 돌봄이 필요한 사람에게는 우선 충분히 돌봄을 제공해야 하지요. 무턱대고 치료를 했다가 괜히 상처만 줄 수도 있습니다. 우선은 돌봄, 그다음이 치료입니다. 실제로 돌봄을 받은 사람이 치료 없이도 스스로 변화하는 사례가 정말 많습니다. 다만, 앞서 말했듯 치료 덕에 돌봄이 기능할 때도 있습니다. 매우 복잡한 대목인데 아직도 배고픈 닭이 계속 쫓아오니 일단 앞으로 나아가겠습니다.

돌봄과 치료는 '성분'이다

지금까지 한 이야기에 이 책에 등장한 대립 개념들을 추가해 다음과 같은 표를 만들어보았습니다. 돌봄과 치료는 이처럼 대조적입니다.

돌봄	치료
상처 입히지 않음	상처와 마주함
욕구의 충족	욕구의 변화
해준다	하게 한다
지탱한다	개입한다
개방	폐쇄
수평	수직
구조	사람
뚜껑 덮기	뚜껑 열기
의존	자립
생활	인생
안전	성장
생존	의미
평형	갈등
평화	사건
비전문가	전문가
일상	비일상
여느 날	좋은 날
공간	시간
원	선
풍경	이야기
중동태	능동태

돌봄은 상처 입히지 않는다. 욕구를 충족시키고, 생활을 지탱하고, 의존을 받아들인다. 그럼으로써 안전을 확보하고, 생존을 가능하게 한다. 평형을 되찾게 하고, 일상을 밑받침한다.

치료는 상처와 마주한다. 욕구를 변경하도록 개입하고, 자립을 목표한다. 비일상에서 갈등을 경험하게 하고, 성장으로 이끈다.

지금까지 제가 한 이야기에 이견이 있을지도 모르겠습니다. "나도 매일 돌봄을 하지만 성장도 있고 갈등도 있는데."라고 항의하는 목소리가 들리는 듯하네요.
이분법에는 참으로 죄가 많습니다. 세계를 뚝딱 둘로 나누는 쾌감이 있지만, 막상 해보면 빠뜨린 것도 있고 예외인 것도 있어서 좀 떨떠름해지죠.
그렇지만 항의하신 분, 좀 오해하신 것 같습니다. 돌봄과 치료를 굳이 라이벌처럼 묘사해놓고 오해하지 말라고 말씀드리는 것도 뭣하지만, 그건 비유일 뿐입니다. 왜냐하면 '돌봄과 치료'는 업무의 종류가 아니기 때문입니다. 즉, 시설에서는 오로지 돌봄만 했고 상담실에서는 오로지 치료만 했다는 말이 아닙니다. 물론 임상심리를 공부한 저 자신이 돌봄시설과 만난 다음에야 '돌봄과 치료'라는 걸 생각하기 시작했으니 시설에 돌봄이 짙게 존재했던 건 틀림없는 사실입니다. 하지만 앞서 말한 대로 돌봄시설에는 치료적인 것 또한 분명히 있었습니다.
돌봄과 치료는 간장과 콜라처럼 서로 다른 용기에 담긴 다른 액체가 아닙니다. 그보다 당분과 염분이라고 비유하는 게 현실과 가까울 듯합니다. 그, 우리 모두가 좋아하는 '단짠단짠'한 음식을 떠올려보면 좋겠습니다.

'돌봄과 치료'는 성분 같은 것입니다. 사람과 사람이 관계를 맺을 때나 누군가를 도와줄 때는 언제나 두 성분이 함께 있습니다. 그래서 지금까지 살펴봤듯이 제가 일한 시설에도 돌봄과 치료가 공존했습니다. 아마 '거처형 돌봄시설'에는 돌봄의 성분이, '통과형 돌봄시설'에는 치료의 성분이 많겠지요. 그렇지만 결코 둘 중 하나만 있지는 않습니다. 성분이기 때문에 돌봄과 치료는 언제나 섞여서 존재합니다. 그때그때 비율이 다를 뿐이지요.

심리상담에도, 안마에도, 자조모임에도, 무속에도 돌봄과 치료가 모두 있습니다. 병원, 학교, 심지어 신입사원 교육도 마찬가지입니다. 가족과 친구 같은 관계에서도 다르지 않죠. 육아는 그야말로 대표적인 사례입니다. 아이가 빤히 보이는 꾀병을 부릴 때 부모는 학교에 보낼지, 아니면 꾀병인 걸 알면서도 하루 쉬게 할지 고민하게 마련입니다. 그처럼 우리의 인간관계에서는 의존을 받아줄지, 아니면 자립을 촉진할지 선택해야 하는 순간이 끊임없이 등장합니다.

돌봄과 치료는 인간관계의 두 가지 성분입니다. 상처 주지 않느냐, 상처와 마주 보느냐. 의존이냐, 자립이냐. 욕구를 충족시키느냐, 욕구를 바꾸게 하느냐. 사람과 사람이 관계를 맺는 것은 이러한 갈등을 끝없이 마주하며 그때그때 판단을 내리는 것이라고 생각합니다. 인간관계란 언제나 실제로 닥치기 전에는 알 수 없는 법입니다. 그래서 임상의 가장 심오한 경지도 '케이스 바이 케이스'에 잘 대처하는 것이죠.

이런 점을 고려하면 이분법은 그저 적과 아군을 가르는 것이 아닙니다. 이분법은 세계를 둘로 나눠서 높다란 벽으로 가로막는 것이 아니라 모호한 세계를 통찰하여 조금이나마 더 좋게 만들려는 것입니다.

휴우, 다행입니다. 그래도 돌봄과 치료에 대해 어떻게든 정리했네요. 이 책에서는 내내 돌봄과 치료라는 두 주인공이 분투한 셈인데, 이어지는 마지막 장에서는 그 이면에 있었던 진범을 밝혀내겠습니다.

우리를 괴롭힌 사악한 힘은 대체 무엇일까요? 돌봄과 치료는 그 힘과 어떤 관계일까요?

"꼬꼬댁, 꼬꼬꼬꼭!"

더 이상 겁먹지 않아도 괜찮습니다. 굶주린 닭이 다 먹지 못할 만큼 빵 부스러기를 뿌렸거든요. 이제는 길 잃을 걱정을 하지 않아도 괜찮습니다.

자, 드디어 수수께끼를 풀 시간입니다.

진범을 잡는 작전을 시작해볼까요?

출발합니다. 이상한 나라의 돌봄시설, 그 가장 깊은 곳으로.

9장

보호소와
수용소

그저 있는 건
힘들어

9호

보호소아
소용수

그지 있는 것
립들이

유령을 위한 은신처

어디에든 은신처는 있다. 학교, 직장, 또는 교도소처럼 구석구석 감시를 당하는 장소라 해도, 잘 찾아보면 숨을 만한 곳이 있다. 옥상이나 지하실이나 창고나. 책장과 책장 사이 빈틈이나 무성한 나무 아래의 그늘처럼 대단찮은 장소도 괜찮다. 어디서든 다른 이의 눈에 띄지 않는 자리를 찾아낼 수 있다.

그런 은신처를 찾아내면, 괴로울 때에도 '있기'를 계속할 수 있다. 교실에 '있기'가 힘들어지면 옥상으로 올라가는 계단참에 피신해도 되고, 직장에서 일이 고달프면 흡연실로 도망가도 된다. 그렇게 아무도 볼 수 없는 장소로 뛰어들면 한순간 마음이 편해진다. 은신처가 우리의 '있기'를 밑받침해준다.

돌봄시설에도 그런 장소가 있었다. 반지하의 탁구장이다. 탁구장은 가끔씩 사용할 뿐이라 평소에는 텅 비어 있었다. 벽이 유리로 되어 있어 탁구장 밖에서도 안이 훤히 보였지만, 불을 끄면 어둑어둑해져서 그럭저럭 은신처로 삼을 만했다. 은신처는 물리적으로 시야를 차단하는 것보다 '그럭저럭 보이지 않는' 분위기를 풍기는 게 중요하다.

멤버들은 상태가 안 좋아지면 종종 탁구장에 틀어박혔다. 돌봄시설의 잔잔한 시간, 즉 활동과 활동 사이 '그저 있을 뿐'인 시간에, 어쩐지 '있기가 힘들어진' 멤버들은 탁구장으로 피신했다. 안쪽 소파에 멍하니 앉아 있거나 선잠을 잤고, 아니면 한쪽 벽에 몸을 기댔다. 먼지가 연기처럼 떠다니는 어둑어둑한 탁구장의 불투명함이 '있기'를 지켜주었다.

새해가 밝은 뒤로는 나 역시 탁구장으로 도망치기 시작했다. 점심시간에 말이다.

그때까지 점심시간에는 소프트볼 연습을 했다. 다이 씨가 시작하고 신이치 씨가 이어받았던 소프트볼. 두 사람이 떠난 뒤에도 내가 공을 던지고 치며 연습을 진행했다. 하지만 그 무렵에는 소프트볼을 하던 멤버들이 병원을 옮기거나 시설에서 멀어진 탓에 연습 시간이 적적하기만 했다. 그래서인지 신이치 씨가 그만두고 두 달 정도 지나자 매일매일 연습하기가 점점 버거워졌고 귀찮아졌다.

그러던 와중에 야스오 씨가 "오늘 쉬면 안 돼?"라고 사악한 제안을 건넸다. 야스오 씨는 전부터 소프트볼을 하려고 하면 "덥네. 쉬고 싶다. 잠이나 잘까?"라며 땡땡이칠 궁리만 하는 탓에 다이 씨와 신이치 씨에게 자주 꾸중을 들었는데, 나는 그 달콤한 유혹에 넘어갔다. "좋은 생각이에요. 오늘만 쉴까요."

타락으로 향하는 길은 국회의원이 생색내려고 한적한 시골에 뚫은 도로 같았다. 널찍한 데다 깨끗하게 정비되어 있어서 나도 모르게 시속 120킬로미터까지 액셀을 밟게 되는 길. 시설의 전통인 소프트볼 연습은 순식간에 주 1회로 급감했다. 나는 너무 지쳐 있었다. 몸이 무거웠고 힘들었기 때문에 점심시간에는 쉬고 싶었다.

연습을 빼먹고 확보한 빈 시간, 나는 탁구장으로 도망쳐서 멤버들과 함께 소파에 앉아 낮잠을 잤다.

"드르렁, 드르러렁." 다마키 씨는 수면무호흡증에 걸린 곰처럼 웅장하게 코를 골았고, 유리 씨는 새근새근 잠을 잤다. 야스오 씨는 가끔씩 "뽕!" 방귀를 뀌었다.

나는 멤버들에게 둘러싸인 채 잤다. 다마키 씨와 야스오 씨 사이에서 코골이와 방귀에 흠뻑 취하며 눈을 감았다. 그러고 있으면 마음이 편했다. 나에게는 상담실이 있어서 쉬는 시간에 얼마든지 혼자 있을 수 있었지만, 그보다는 탁구장에서 멤버들과 함께 있는 게 좋았다. 상담실에 혼자 있으면 은신처에 숨은 게 아니라 독방에 갇힌 것 같았다. 세상에 나 말고 아무도 없는 것 같았다. 내가 지금 살아 있는 것인지도 혼동되었다.

나는 유령이 되었다.

연말에 사직서를 냈기 때문이다.

마지막 한 방울이 컵에 떨어져서 물이 넘쳤다.

그 마지막 방울은 내게 양보할 수 없는 선을 넘어선 일이었다. 나뿐 아니라 다른 직원들에게도 큰 영향을 미치는 일이었고, 그 순간 바로 '더 이상 못 있겠다.'라는 생각이 들었다. 사실 신이치 씨가 떠났을 때부터 나는 표면장력을 최대한 활용해 물이 넘치지 않도록 간신히 버티는 중이었기 때문에 그만두는 건 시간문제였다. 결국 내 '최후의 마침표'는 한참 전에 찍혀 있었던 것이다.

물이 넘치자마자 나는 서둘러서 대학원 시절 은사와 상담했다. 내 어려운 처지를 호소하고 이직을 상의했다. 더 이상 스스로 구직 활동을 할 자신이 없었다. 내 힘으로 어떻게든 해보려 한 결과 지금의 곤경에 빠졌고, 고생스러웠던 과거의 구직 활동을 떠올려보면 같은 일을 반복해도 뾰족한 수는 없을 것 같았다. 나는 스스로에게 절망한 상태였다. 그래서 은사에게 기댔다.

은사는 내 의존을 받아주었다. 자신의 인맥을 활용해서 어느 큰 병원의 심리사 자리를 소개해주었다. 급여는 줄어들지만 어떻게든 가족이 먹고살 수는 있을 것 같았고, 무엇보다 임상을 계속 경험할 수 있다는 점에서 내게는 정말 감사한 기회였다. 처음부터 다른 사람 말을 들었으면 이 지경은 되지 않았을 것이라는 생각에 스스로가 수치스러웠다.

이직할 자리가 생기자 나는 사직서를 냈다. 나와 상담하는 환자들을 고려해서 퇴직일은 석 달 뒤로 정했다. 오랫동안 상담을 해온 사람들이 많았는데, 최종회를 최대화해서 이별이라는 주제를 똑바로 함께 바라보는 것이 상담사로서 내 책임이라고 생각했다.

그렇지만 그 때문에 나는 유령이 되었다. 나는 계속 직장에 '있었다'. 하지만 직장의 이런저런 일들은 나를 빼고 진행되었다. 내 퇴직의 결정적 계기가 된 일을 둘러싸고 상황이 점점 어려워졌지만, 나는 석 달 뒤에 떠날 사람이라 그 일에 발언하지 못했다. 무엇보다 나 스스로 더 이상 관여하고 싶지 않았다. 그뿐 아니다. 신이치 씨가 그만두고 새로운 직원이 여럿 들어왔지만, 나는 그들과 거의 관계를 맺지 않았다. 누군가와 친해지고 이별하는 데 진저리가 났기 때문이다.

나는 '있어도 있지 않게' 되었다. '있을 곳'이 없었다. 이윽고 내 존재는 조금씩 투명해졌고 둥둥 떠다니게 되었다. 유령이 되었다.

그저 있기란 힘들었다.

상황이 그랬기 때문에 점심시간만 되면 탁구장으로 피신했다. 어두운 탁구장에서 멤버들과 함께 있으면 마음이 편안했다. 내가 그만둔다는 사실을 멤버들에게도 알렸지만 그들은 전과 다름없이 나를 방치해주었다. 당시에는 바깥에서 잘 보이지 않고 아무도 상관하지 않는 그 공간이 소중했다. 탁구장이 내 '있기'를 지탱해주었다.

그처럼 은신처가 될 수 있는 장소를 '보호소'라고 부르기도 한다. 독일어로 '아질asyl'이라 하는데, 낯설겠지만 리조트나 호텔, 바 등의 이름에 가끔 쓰인다.

아질을 매우 간단히 정의하면 '피난소'다. 즉, 도망칠 수 있는 장소다. 이렇게만 말하면 너무 막연할 테니 좀더 엄밀하게 정의하겠다.

역사학자 나쓰메 다쿠미夏目琢史의 정의에 따르면 아질은 "범죄자가 일단 들어가면 더 이상 죄를 추궁당하지 않는 공간."[27]이다. 아질의 어원인 그리스어 'asylos'에는 '불가침, 접촉 불가능, 신들이 보호하여 안전한, 충분히 안전한' 같은 뜻이 있는데, 그처럼 아질은 죄인이 도망치면 보호를 받고 안전을 확보할 수 있는 장소다.

그런 장소는 아주 오래전부터 세계 각지에 있었다. 법학자 오르트빈 헨슬러Ortwin Hensslor에 따르면 신전, 사찰, 족장의 집, 성스러운 숲 등은 죄인이 도망치면 더 이상 추적해서는 안 되는 장소였다고 한다. 장소만 그랬던 것이 아니다. 예컨대 왕과 신체적으로 접촉하거나 성스러운 물건을 만진 사람은 그 순간 '불가침성'을 지니게 되어 벌을 받지 않았다.

이 사례들에는 '성스럽다'라는 공통점이 있다. 즉, 신의 가호가 중요한 것이다. 그런 장소에서는 속세와 다른 힘이 작용하고, 속세에서 저지른 죄의 벌이 잠시 보류된다.

흥미로운 점은 신의 가호가 흐릿해진 현대에도 아질 같은 곳이 남아 있다는 것이다. 우리가 '있기' 위해서는 추궁당하지 않고, 상처 입지 않고, 안심할 수 있는 장소가 필요하다. 그 때문에 우리는 지금도 각자의 보호소를 가지고 있고, 계속해서 새로운 피난처를 만들기도 한다.

이를테면 어린 시절 친구들끼리 공유한 비밀기지, 대학생 시절 조용히 활동한 공부 모임, 직장 밖에서 활동하는 사회인 모임 등이 있다. 돌봄시설도 그런 사례인데, 그곳은 애초에 일종의 아질로 시작되었다. 돌봄시설의 창설자 중 한 명인 죠슈아 비어러Joshua Bierer는 정신과 병원에서 퇴원한 환자가 지역 사회에서 살아갈 수 있도록 돕는 '소셜 클럽'을 설립했다. 시내의 평범한 아파트 한 채를 빌려서 병원 밖 생활에 어려움을 겪는 환자들이 피난할 수 있는 장소를 만든 것이다.

신의 가호까지는 없어도 그런 장소에는 외부와 다른 고유의 규칙이 있기 때문에 사람이 평소와 달라질 수 있다. 그래서 현대의 죄인들은 그곳으로 도망친다.

'현대의 죄인'이란 정말로 범죄자를 뜻하는 말이 아니며, 집단의 규범에서 벗어난 탓에 삶이 힘들어진 사람들을 가리킨다.

실제로 우리도 이따금씩 죄인이 되지 않는가. 교실에서 겉돌기도 하고, 직장에서 동료의 발목을 붙잡기도 하고, 집단 내에서 험담을 듣기도 한다. 그럴 때, 우리는 뒤에서 누군가 손가락질하는 느낌을 받는다. 내가 나쁜 사람인 것만 같다.

그런 사람들이 현대의 아질로 도망친다. 직장에서 지치고 집에도 있기 어려운 사람이 밤마다 술집 문을 열듯이, 사직서를 내고 죄인이 된 나는 탁구장이라는 아질로 도망쳤다.

도망칠 곳, 은신처는 어디에나 있다. 모든 조직에는 죄인이 있게 마련이고, 나아가 사람은 누구나 조금씩은 죄인이기 때문에 모두들 '있기' 위해 은신처를 찾고 자신의 아질을 만들어낸다.

시설에는 탁구장 외에도 피난소가 있었다. 사무실이다. 그곳은 원무과 직원들의 아질이었다.

과장이 된 히가미사는 원무과 직원들의 민심을 완전히 휘어잡은 뒤, 직원들이 연달아 그만두는 틈을 타서 사무실에 자기만의 왕국을 건설했다. 그곳은 여성의 낙원이었다.

에어컨이 늘 빵빵했고 과자도 풍족했다. 스마트폰 충전기에 화장 도구까지 완비되어 있었다. 원무과 직원들은 일하다 지치면 사무실로 도망쳐 스마트폰을 만지거나 과자를 먹으며 수다 삼매경에 빠졌다. 요즘 만나는 잘생겼지만 성격은 최악인 남자를 욕하고, 그런 남자에게 휘둘리는 자신들의 처지에 울고 웃었다. 그들만의 이야기꽃을 피웠다.

유령이 된 나도 한 차례 그곳에 불려갔다. 그들의 대화에 참가한 것은 아니었다. 당시 한창 진행되던 위기에 어떻게 대응할지 논의하기 위해서였다. 내 퇴직의 계기가 된 '마지막 한 방울'은 파문을 일으켜서 원무과 직원들까지 뒤흔들었다. 히가미사 역시 왕국의 주인으로서 고뇌하고 있었다.

우리는 어떻게 대응할지 논의했다. 히가미사는 내게 과자를 권했다. 히가미사는 과자를 너무 많이 먹은 탓에 1년 사이 눈에 띄게 몸집이 커졌지만 개의치 않는 모양이었다. 아질에 있으면 다이어트도 잊을 수 있다.

"좀 먹을래?" 히가미사는 통통해진 손으로 과자를 내밀었다.

"그럴까." 나는 과자를 건네받고 아작아작 먹었다.

"더 줄까?"

"괜찮아." 나는 사양했지만 히가미사는 계속해서 과자를 먹었다. 먹을거리를 주면서 이야기를 시작하는 히가미사는 마치 아메리카 선주민의 추장 같았다. 아질을 만들려면 그 정도 권능은 필요했을 것이다.

"그래서 이제 어떡하지?" 드디어 히가미사가 본론을 꺼냈다.

"그 얘기일 것 같아서 이걸 가져왔어." 나는 히가미사에게 무언가를 주었다.

봉투를 열어서 내용물을 확인한 히가미사는 웃음을 터뜨렸다. "진짜?"

"진짜야." 당연히 진심이었다. "자기 몸은 자기가 지켜야지."

"그렇긴 해." 히가미사는 내가 준 물건을 주머니에 넣으며 말했다. "고마워."

"살아남아야 해."

그 겨울은 그야말로 생존의 계절이었다. 많은 일이 일어났고 동요는 점점 확산되었다. 나는 탁구장에 틀어박혔고, 히가미사는 사무실을 더욱 단단한 요새로 만들었다. 우리에게는 은신처가 필요했다. 그만큼 '마지막 한 방울'은 거대한 파문을 일으켰다.

이 책에서는 '마지막 한 방울'의 상세한 내용을 밝히지 않겠다. 아니, 우리의 '있기'를 위태로운 상황으로 내몬 것이 구체적으로 무엇인지 한 줄도 적지 않겠다. 독자 여러분께는 송구하지만, 이 책은 미스터리 소설이나 폭로 논픽션이 아니라 학술서다. 수수께끼는 풀겠지만 실행한 인물은 밝히지 않겠다.

게다가 알고 보면 우리 인생에 흔하디흔한 변변치 않은 이야기다. 살다 보면 종종 불행과 마주치지 않는가? 그런 일이기 때문에 굳이 책에 쓸 필요는 없다.

그보다 더욱 본질적인 문제에 파고들어야 한다. 특정한 인물이 아니라 진범을 밝혀내야 한다. 이 책의 주인공이 돌봄과 치료라는 개념이라면, 우리의 '있기'를 위태롭게 한 사악한 힘의 정체는 대체 무엇이었을까?

그 진범은 예전의 우리뿐 아니라 지금도 이 세상 곳곳에서 누군가의 '있기'를 위협하고 있지 않을까? 당신의 '있기' 역시 그 진범 때문에 위태롭지 않을까?

"뽕!" 야스오 씨가 방귀를 뀌고 다마키 씨는 코를 골았다. "드르렁, 드르르렁."

유령이 된 나는 아질에서 야스오 씨의 방귀를 들이마셨다.

그러면서 생각했다.

그저 있는 건 힘들어.

어째서일까? 내게 무슨 일이 일어났던 걸까?

선명한 빨강

2014년 1월 22일. 돌봄시설의 시간은 같은 자리를 빙빙 돌기 때문에 끈적끈적하게 녹은 버터와 비슷하다. 그래서 1월 23일, 3월 17일, 11월 5일 같은 날짜는 거의, 아니, 전혀 구별할 수 없다. 돌봄시설에서는 날짜에 큰 의미가 없는 것이다. 하지만 2014년 1월 22일만은 확실히 기억하고 있다. 내게는 잊을 수 없는 날이기 때문이다.

그날은 아침부터 몸 상태가 몹시 나빴다. 속은 메슥거리고, 더러운 이야기지만 설사도 했다. 몸이 나른하고 가볍게 열도 났다. 하지만 그 무렵에는 줄곧 몸 상태가 안 좋았기 때문에 평소처럼 출근했다.

오전에 상담이 두 건 있었다. 신기하게도 상담할 때는 상태가 멀쩡해졌다. 피상담자의 세계에 몰입해서 그런지, 아니면 그 자리의 인간관계에 완전히 말려들어서 그런지는 모르겠지만, 상담할 때는 골치 아픈 일들을 잊을 수 있었다. 시설, 이직, 사건을 일으킨 인물, 그리고 진범.

그렇지만 잠시 사라졌던 고통은 당연하게도 다시 돌아왔다. 상담을 마칠 때마다 상태가 악화되었다. 두통이 일어나고 오한까지 들었다. 갈증이 너무 심해서 이온음료를 마셔봤지만 속만 나빠지고 몸은 더더욱 무거워졌다. 무엇보다 메슥거림이 가라앉지 않았다.

늘 그랬듯 점심시간에 탁구장에서 낮잠을 자려고 했지만 힘들어서 잠들 수 없었다. 갈수록 증세가 악화되었다. 오후에는 체육관에서 배구를 할 예정이었기 때문에 나도 가야 했지만, 도저히 그럴 수 없을 것 같았다. 히가미사에게 부탁해서 시설에 남아 있기로 했다. 일하기 시작한 뒤로 한 번도 그런 적이 없었는데, 그날은 도저히 갈 수 없었다.

직원과 멤버가 모두 체육관으로 가고 나 홀로 시설에 남았다. 조용해진 탁구장에서 다시 잠자려 시도했지만 역시나 실패했다. 속이 좋지 않았다. 점심에 거의 아무것도 먹지 않았기 때문에 이온음료라도 마셨다. 이상하리만치 갈증이 심해서 순식간에 한 병을 비웠다. 하지만 속이 더 나빠지기만 했다. 당장이라도 토할 것 같았다. 한계였다. 바로 토해버리고 싶었지만, 그럴 수는 없었다. 나는 이성을 잃지 않고 간신히 계단을 뛰어올랐다. 입을 막고 복도를 달려서 화장실로 뛰어들었다.

속에서 치미는 것을 힘껏 토해냈다. 분수대의 조각상처럼 액체를 분사했다. 쾌감이 들 정도였다. 아침부터 아무것도 먹지 않았기 때문에 이온음료밖에 나오지 않았다. 위가 경련했다. 입안이 점점 시큼해졌다. 위가 텅 빌 때까지 계속 토했다. 전부 토한 뒤에 눈을 떴다.

나는 경악했다.

하얀 변기가 새빨갛게 물들어 있었다.

"으아악!" 고함을 질렀다. 아무도 없는 병원에서 절규했다. "이게 뭐야!"

하얀색 변기가 선명한 빨간색으로 변하다니, 지나치게 비일상적인 광경이었다. 뒤늦게 내가 피를 토했다는 사실을 깨닫고 벌벌 떨었다.

무슨 일이야. 토혈이라니. 만화나 소설에 나오는 거 아닌가. 내 인생에 피를 토하는 날이 오다니! 이게 무슨 일이야.

갑자기 너무 무서워졌다. 아, 이제 끝났어. 근무 시간에 유령이 되었다고 상처 입을 만큼 내 정신은 연약하지 않다고 생각했는데, 실은 스트레스를 받았던 거야. 완전히 망가진 거야. 위궤양일까? 아냐, 피를 이렇게 많이 토했는데 더 심각한 거야. 위암이다. 위암이 틀림없어. 나는 죽을 거야. 이제 다 틀렸어. 이곳이 날 죽일 거야.

"위험해, 위험해."

이성을 잃은 나는 반사적으로 스마트폰을 꺼내서 전화를 걸었다. 이럴 때 의지할 사람은 한 명뿐이었다. 연결음이 세 번 울리자 상대방이 전화를 받았다.

"오, 돈 박사, 오랜만이네. 무슨 일 있어?"

새로운 직장에서 일하고 있을 신이치 씨가 전화를 받아주었다.

"신이치 씨, 이제 다 끝났어요. 저 죽을 거예요. 피를 토했어요. 죽을 거예요. 이제 끝났어요. 피를 토했다고요."

"돈 선생, 진정해. 토했다고?"

"토했어요, 엉엉엉." 나는 혼란에 빠져서 울음을 터뜨렸다.

"좀 진정하라니까. 피가 무슨 색이야?"

나는 다시금 선명한 빨강으로 물든 변기를 보았다. 마치 하얀 눈밭에 장미가 핀 것 같았다.

"빨개요. 새빨개요. 엄청 고와요, 흑흑흑. 죽을병일까요?"

"안 죽어, 안 죽어." 전화기 너머에서 신이치 씨가 웃었다. "빨갛다고?"

"빨개요. 엄청 곱다니까요."

"그럼 괜찮을 거야. 까만 피는 정말로 심각할 수 있지만, 새빨간 건 괜찮아."

"그래요? 안 죽는 거죠?"

"안 죽는다고. 아직 병원 열었을 때니까 얼른 가봐."

"다행이다. 안 죽는구나."

나는 전화를 끊고 곧장 히가미사에게 연락했다. 지금 병원에 간다고 전했다. "피를 토했어. 빨개. 새빨간 피야. 까만 피는 아니니까 죽지는 않는다지만 혹시 모르니까 병원에 갈게. 미안하지만 부탁해. 다시 말하지만 까맣지 않고 빨개. 이거 엄청 중요한 정보야."

"빨갛다고요. 알겠습니다. 병원에 가는 것도요." 히가미사는 냉정하게 대꾸했다. "여기는 문제없으니까. 몸조리 잘하시길."

검은 수용소

커다란 종합병원의 병상에 누운 내 주변에서 의사와 간호사가 부산스레 뛰어다녔다. 내 왼팔에는 주삿바늘이 꽂혀 있었다. 창밖으로 떨어지는 낙엽이라도 보이면 더할 나위 없이 감상적이었을 텐데, 아쉽게도 보이는 건 차가운 병원 침대들뿐이었다.

노파심에 말하지만 암은 아니었다. 위궤양도 아니었다. 까만 피는 아니었으니까. 단순한 탈수 증상이었다. 잃어버린 수분은 주사로 보충했다.

의사 선생님은 친절히 내 상태를 설명해주었다. 애초에 무언가 바이러스에 감염이 되었는데, 이온음료를 지나치게 많이 마신 상태에서 격렬하게 토한 탓에 식도가 찢어진 것 같다고 했다.

"펌프의 원리 아시지요? 마중물을 살짝 부으면 엄청 힘차게 물이 올라오잖아요."라고 굳이 모형까지 사용해서 보여주었다. "뱃속에서 물이 너무 세게 올라오니까 목이 다친 거예요."

이럴 수가. 내 몸을 위한 물이라고 광고했던 이온음료가 나를 다치게 할 줄이야. 피가 새빨간 이유를 알았다. 식도에서 갓 나온 피라 신선했던 것이다. 위궤양 같은 병이었다면 더 깊은 곳에서 피가 나와 토했을 때 까맸을 것이다.

"저는 안 죽는 거지요?"라고 서른 번 정도 물어봤더니 의사 선생님은 어처구니없다는 듯이 웃었다. "괜찮아요. 링거 다 맞고 집에 가시면 돼요."

성실해 보이는 의사 선생님은 다른 환자에게 갔고 간호사들도 바쁘게 일했다. 병원은 바쁜 곳이다. 끊이지 않고 찾아오는 환자들에게 필요한 치료가 적절히 이뤄졌다. "틀림없이 암이야. 이제 죽을 거야."라고 착란을 일으킨 심리사를 살살 달랜 다음 주사를 놓고 재웠다.

침대에 누워 생각했다. 나는 대체 뭘 하고 있는 거지. 사람들은 이렇게 정신없이 일하는데, 나는 목에서 피를 흘리며 누워 있었다.

돌봄시설을 떠올렸다. 마침 배구를 끝내고 돌아왔을 무렵이었다. 오늘 시합은 어땠을까. 새로운 직원 중 누가 호루라기를 불었을까. 누군가는 불었을 것이다. 아무나 할 수 있는 일이니까. 시합을 마친 다음에는 느긋하게 차를 마시며 잠시 쉬었겠지. 그리고 누군가 승합차를 운전해서 다 같이 시설로 돌아왔을 것이다. 이제 슬슬 저녁 준비를 시작할 무렵이었다.

그처럼 돌봄시설은 내가 없어도 빙글빙글 같은 자리에서 돌아간다. 새로운 사람이 내 자리에 들어가기 때문에 멈추지 않고 계속 돌아간다.

누군가가 그만두면 이내 다음 사람이 왔다. 신이치 씨가 그만두고 새로운 간호사가 왔듯이, 내가 그만두면 머지않아 새로운 심리사가 올 것이다. 나부터 그러지 않았는가. 앞서 일하던 사람이 그만두었기 때문에 내가 이곳에 올 수 있었다.

직원들은 얼마든지 교체할 수 있다. 어째서일까? 직원들이 이토록 연달아 그만두는데도 왜 계속해서 사람들이 지원할까?

이 질문의 답은 내가 가장 잘 안다. 나도 이곳을 선택했으니까. 내가 구직 활동을 할 때 세운 기본 방침을 다시 떠올려보자.

하나, 상담이 주 업무일 것.

둘, 가족을 부양할 수 있는 급여 수준.

셋, 지역은 상관없음.

즉, 돈을 많이 주었기 때문이다. 나는 급여가 마음에 들어서 오키나와까지 왔다. 나뿐 아니다. 다이 씨도, 다카에스 부장도, 신이치 씨도, 히가미사도, 모두 똑같았다. 간호사도 원무과 직원도, 모두가 돈을 많이 줘서 이곳에 왔다.

급여가 높은 덕분에 누군가 그만둬도 금방 새로운 사람이 찾아왔다. 그래서 떠나는 사람을 잡을 필요가 없었다. 뚫린 구멍을 메우겠다고 나서는 사람이 수없이 많았기 때문이다.

이 대목에 함정이 있었다. 돌이켜보면 나는 여기서 잘못을 저질렀다.

구직 활동을 하던 무렵, 나는 '오키나와는 평균 급여가 낮은 지역인데, 왜 이 병원은 이렇게 많이 줄까?'라고 전혀 의문을 품지 않았다. 냉정하고 잘난 척하던 두 번째 기본 방침도 같은 죄를 지었다. 누구도 이 마땅한 의문을 제기하지 않았다. 이놈이고 저놈이고 돈에 정신이 팔려 높은 급여의 의미를 깊이 생각하지 않았다.

이렇게 멍청할 수가!

이상하게 좋은 조건은 뒤가 구리게 마련이다. 당연한 이치 아닌가.

나는 현실을 보지 않았다. 임상심리사는 급여가 낮다. 정신 치료가 일본의 의료제도에서 아직 제대로 자리 잡지 않은 탓에 많은 병원에서 심리사는 돈벌이를 못 하는 존재다. 그런데도 인기는 많아서 심리사 지망생이 잔뜩 있는 탓에 급여 시세는 갈수록 낮아지고 있다. 갓 대학원을 졸업했고 별다른 연줄도 없는 나 같은 심리사에게는 가족과 여유 있게 먹고살 수 있는 가격표가 결코 붙지 않는다. 현실이 그렇다.

나는 그런 명백한 현실을 외면했다. 시세보다 높은 급여에 아무런 의심도 하지 않고 불나방처럼 달려들었다. 정신치료를 생업 삼아 가족과 먹고살겠다는 욕망에 눈이 멀었기 때문이다.

그 결과, 나는 피를 토했다.

이상하게 높은 급여는 끊임없이 직원이 교체되어도 문제없기 위한 보험금이었다. 직원들의 '있기'를 보장해주지 않는 대신 많은 돈을 지불한 것이다.

나는 목에서 빨간 피를 흘렸지만, 동시에 검은 피도 흘리고 있었다. 내가 토한 피에는 '검은 무언가'가 섞여 있었다.

그 '검은 무언가'는 이 세계에 차고 넘친다. 학업이 불가능할 만큼 일을 시키는 아르바이트, 장시간 훈련과 부조리한 지시가 끝없이 이어지며 학생도 교사도 모두 피폐해지는 운동부 등을 예로 들 수 있다. 절대로 달성할 수 없는 목표를 세우고, 끝없이 야근을 강요하며, 갑질을 일삼는 '블랙 기업'*은 그 대표적인 예다.

---

* 일본에서 생긴 말로 노동자 인권을 무시하고 비합리적인 노동을 강요하는 기업을 가리킨다.

비영리 단체에서 이 문제를 다루는 곤노 하루키今野 晴貴는 블랙 기업의 본질이 '대량 입사·대량 퇴사'라고 진단한다. 즉, 좋은 조건으로 구직자들을 모으고, 입사하면 가혹하게 일을 시킨 뒤 '다 쓰면 버리는 것'이다. 그리고 또다시 구인 공고를 낸다.

계속해서 사람들이 일회용으로 쓰이고 교체된다. 대체할 사람은 수없이 많기 때문에 '있기'는 도외시된다. '있기'를 업신여기는 '있을 수 없는' 장소에서 검은 무언가가 생겨나는 것이다.

어째서일까? 왜 '있기'를 업신여길까? 무엇이 '검은 무언가'를 만들어낼까?

이런 의문들에 단서는 주는 것이 이른바 '블랙 돌봄시설'이다. 지금부터 돌봄시설의 가장 깊은 곳으로 들어가겠다.

이 책에서는 기본적으로 돌봄시설의 밝은 면만 이야기했다. 시설에서 이뤄지는 일들이 어떻게 멤버들의 '있기'를 도와주는지 설명했다. 하지만 세상만사가 그렇듯 돌봄시설에도 어두운 면이 있다. 그 어두운 면에는 검은 무언가가 숨을 여지가 있다.

돌봄시설이란 '있기'를 밑받침해야 하는 곳이지만, 그곳에서 '있기'를 도외시하는 경우가 있다. 돌봄시설에 한정되는 이야기는 아니다. '있기'를 돕는 온갖 직업과 시설에는 그런 어두운 면이 있다. 돌보는 일에는 검은 무언가를 끌어당기는 성질이 있는 것이다. 나는 지금부터 용기를 내어 그 어두운 면을 밝히려 한다.

우선 고바야시 에리코小林 エリコ의 에세이 『이 지옥을 살아가는

거야』에 묘사된 돌봄시설의 사례부터 살펴보겠다. 출판사의 홈페이지에서는 다음처럼 책을 소개한다.

> 성인만화 잡지의 편집자로 (…) 블랙 기업에서 일한 결과, 마음에 병이 들어 자살을 시도했다. 일을 잃고 우울증 진단을 받아 결국 기초생활보장 수급자가 되었다. 사회 복귀를 목표하지만 의욕 없는 사회복지사 탓에 헛수고를 하고, 환자를 돈줄로 여기는 병원의 교묘한 상술에 휘말린다.

블랙 기업에서 일하다 병을 앓게 된 고바야시 에리코는 돌봄시설에 다니기 시작한다. 처음에는 마음 편한 곳 같았다. 밥을 주었고(고급 소고기 도시락을 주거나 프랑스 요리를 먹으러 간 적도 있었다고), 해마다 한 차례는 여행도 데려가주었다. 고바야시도 디즈니랜드에 가서 고급 호텔에 숙박하며 호화로운 만찬을 즐겼다.

그야말로 낙원이었다. '있기'가 가능하도록 극진히 보살펴주는 것 같았다. 하지만 지나치게 좋은 조건에는 구린 구석이 있는 법이다.

고바야시는 병원에서 한 번에 3만 엔씩 하는, 이른바 '데포제'라는 주사를 자주 맞았다. 엉덩이에 놓는 근육주사였는데 매번 큰 고통을 참아야 했다. 병원은 주사를 놓을 때마다 큰돈을 벌었다. 나라에서 보조금을 주는 덕에 고바야시에게는 부담이 거의 없었다.

고바야시는 아픈 주사를 맞는 대신 제약회사가 주최하는 강연회에 초청을 받아 좋은 숙소에 머물며 호화로운 밥을 먹었다. 그런 일상이 쳇바퀴 돌듯 계속되었다. 이윽고 고바야시는 다음과 같은 결론을 내렸다.

> 비싼 주사를 많이 맞도록 권하거나 돌봄시설을 계속 이용하고 싶게끔 호화로운 식사를 대접하는 모습을 오랫동안 지켜보니 그 병원의 지나치게 좋은 재정 상태에 대한 수수께끼가 조금 풀렸다. 그 병원은 경영 수완이 뛰어났지만, 경영을 잘한다고 환자의 만족도도 높아지는 것은 아니다.[28]

분명히 그 시설은 환자에게 비싼 도시락을 제공하고 디즈니랜드에도 데려가주었다. 그곳에는 이용자들의 욕망을 채워주는 것과 기분을 좋게 해주는 것이 충분히 갖추어져 있었다. 그렇지만 그 시설은 고바야시에게 책의 제목대로 '지옥' 같은 장소였다.

고바야시는 자신의 '있기'가 병원의 경영 도구로 이용되는 실상을 꿰뚫어보았다. 고바야시가 시설에 '있기'만 하면 병원은 진료비로 막대한 돈을 벌었다. 비싼 주사 역시 큰 수입으로 이어졌다. 그러다 보면 어느새 환자들에게 '있기'를 강요하게 된다. '있기'가 검은 무언가로 변질되는 것이다.

고바야시는 "이렇게 생기 있다니 부럽네요. 우리 아이에게도 보여주고 싶어요."라는 말을 듣고 다음처럼 대꾸했다.

> 저는 병원밖에 갈 곳이 없어서 하나도 행복하지 않아요.[29]

또 다른 '블랙 돌봄시설'의 예를 들겠다. 언론에서도 크게 보도한 'E클리닉ᴱᵏᵘʳⁱⁿⁱᵏᵏᵘ'*이다. 그 돌봄시설에서는 멤버들의 생활을 완전히 통제함으로써 막대한 이익을 편취했다. 돌봄시설 전문가인 후루야 류타古屋 龍太는 E클리닉에서 운영한 시설의 실태를 정리한 자신의 논문에 '어둠의 무대가 된 돌봄시설'이라는 음산한 소제목을 붙였다. 조금 길지만 가치 있는 글이기에 인용하겠다. 공포 영화가 따로 없다.

관청의 기초생활보장 창구에 E클리닉의 정신과 사회복지사가 위탁 상담원으로 배치되었다. 노숙자 등이 상담을 받으러 찾아오면 사회복지사가 E클리닉에서 진찰을 받으라 지시했고, 기초생활보장 수급과 교환하듯이 통원이 시작되었다. 클리닉은 근처의 '셰어 하우스'라 불리는 장소에 환자들을 살게 했는데, 한 사람이 겨우 누울 수 있는 방에 합판으로 벽을 세웠을 뿐이다. 환자들은 아침저녁으로 셔틀버스를 타고 매일매일 돌봄시설을 오갔다. 시설에서는 탁구, 실내 게이트볼, 실내 산책, 보드게임, 영화 관람 등 활동이 의례적으로 이루어졌지만, 활동 시간은 짧고 휴식 시간이 길었다. 환자가 직원 역할을 맡으며 중증 환자를 돌보거나 청소하기도 했다.
이런 환자의 노동에 시급 100엔을 지급한 것이 위법이라고 지

---

* E클리닉은 '일본에서 가장 큰 지역 정신의료 네트워크'를 표방하며 도쿄 내에 5개 진료소를 두고 주간 돌봄시설을 운영했다. 하지만 2015년 언론에서 E클리닉의 실상을 폭로하여 일본 사회에 큰 충격을 주었다.

적받은 뒤에는 환자의 사회참가훈련이라는 명목을 대며 무급 자원봉사로 바꾸어버렸다. 환자들이 받는 보조금은 복지사무소에서 클리닉으로 직접 현금을 보냈는데, 클리닉 직원이 매일 환자의 돈과 생활 등을 세세히 관리했다. 언론 보도로 발각된 직후에는 환자 명의의 통장을 만들고 현금카드와 통장을 관리하는 방식으로 바뀌었지만, 하루에 500엔만 지급하는 등 제한적 관리는 변하지 않았다. 그 탓에 환자는 돌봄시설에 가지 않으면 식사도, 약도, 돈도 받을 수 없다. 돌봄시설에 다녀야 살아갈 수 있는 구조인 것이다. 환자들에게 자발적 목표는 없으며, 그저 매일 생활하기 위해 시설을 오갈 뿐이다. 낮에는 자유롭게 외출할 수 없고, 어떤 층은 '폐쇄형 돌봄시설'로 자물쇠가 달려 있다. 직원들은 오랫동안 일하려면 둔감해질 수밖에 없는데, 지금까지 많은 직원들이 우울증에 걸려 그만두었지만 매년 젊은 신입 직원들이 대량 채용되었다.[30]

셔틀버스 운행, 활동 내용, 긴 휴식 시간 등은 지금까지 살펴본 '거처형 돌봄시설'과 크게 다르지 않다. '있기'를 지원하다 보면 자연스레 그렇게 할 수밖에 없다. 그런 점에서 E클리닉이 특별히 기이한 일을 했다고 보이지는 않는다.

그렇지만 앞선 인용문을 자세히 살펴보면, E클리닉에서 '있기'가 이뤄진 전체적인 맥락이 너무 기괴해서 충격을 받을 수밖에 없다. 그곳에서 '있기'는 오로지 경제적 이익을 위해 관리되었다. E클리닉이 한 일을 하나하나 보면 돌봄 같지만, 그것들은 '있기'를 밑받침하기 위해서가 아니라 강제하기 위해서 이뤄졌다.

그곳에서는 '있기'가 '감금'으로 변질되었다. 그래서 후루야 류타는 앞선 글을 다음처럼 마무리했다.

> 지금까지 인권 침해로 고발당한 정신과 병원과 똑같은 일이 시내 한가운데 병원에서 일어난 것이다.[31]

블랙 돌봄시설은 '수용소'다. 다른 말로는 '어사일럼asylum'. 이번에도 낯선 말인데, 호텔이나 바의 이름 등으로는 쓰이지 않는 부정적인 단어다(그런 줄 알았는데 검색해보니 이름에 어사일럼이 들어간 세련된 카페가 있다. 무슨 사정일까).

'어사일럼'은 사회학자 어빙 고프먼Erving Goffman이 사용한 용어로 '총체적 기관'이라 번역된다. 용어만 들어서는 이해하기 어렵지만, 간단히 말해 포로수용소나 교도소나 정신과 병원처럼 그곳에 '있는' 사람들을 획일적으로 관리하는 곳을 가리킨다.

그곳에 발을 디디면 일단 번호가 붙는다. 수인 번호든 진료 번호든, 자기 이름을 빼앗기고 관리하기 쉬운 숫자가 부여된다. 밖에서 입던 옷도 수인복이나 환자복처럼 모두 똑같이 입는 옷으로 바뀐다. 개성이 박탈되는 것이다. 그리고 획일적인 일정을 따라야 한다.

그런 장소에서는 '있기'가 강제된다. 교도소가 대표적인 사례로, 그곳을 자유롭게 드나드는 것은 허용되지 않는다. 그 때문에 높은 담을 세우고, 차가운 쇠창살을 설치하고, 탈주하려는 불온한 기미를 미리 알 수 있도록 구석구석 감시하고 관리한다.

그렇게 자유를 빼앗는다. 철저히 '있기'를 추구하면, '있기'는 괴로운 것이 된다.

중요한 것은 사회학자 아리조노 마사요有薗 眞代가 지적했듯이 '아질'과 '어사일럼'이 애초에는 같은 단어였다는 사실이다. 독일어 아질을 영어로 번역하면 어사일럼이듯이, 아질과 어사일럼 사이에는 표리일체의 관계가 있다.

온천 호텔을 떠올려보면 무슨 이야기인지 확실히 알 수 있다. 온천 호텔은 틀림없이 아질이다. 속세에서 지친 사람들이 온천으로 피신하니까. 사람들은 잠시 평온한 시간을 원해서 그곳을 찾는다. 그런데 온천 호텔에 도착하면 어떤 일이 벌어지는가. 모두 똑같은 옷으로 갈아입고, 각자 묵을 방의 번호를 받는다. 바코드가 찍힌 팔찌를 줄 때도 있다. 온천에서 돈을 쓸 때는 처음에 받은 그 번호가 반드시 필요하다. 온천 호텔에서 하는 일도 획일적이다. 결국에는 목욕을 하고 커다란 식당에서 똑같은 메뉴를 먹고 술을 마시고 잘 뿐이다. 온천 호텔은 교도소 같은 방식으로 운영된다고 할 수 있다.

아질과 어사일럼에서는 똑같은 일이 벌어진다. 하지만 한쪽에서는 '있기'를 도와주고, 다른 쪽에서는 '있기'를 강요한다. 아질이 도망친 죄인을 보호해주는 장소라면, 어사일럼은 죄인을 감금하고 관리하는 장소다.

다시 돌봄시설로 돌아가면 이렇게 정리할 수 있다.

과거에 정신과 병원은 수용소(어사일럼)였다. 가혹한 관리가 환자의 인권을 침해했다. 그런 점을 비판받자, 병원의 목표는 환자들을 퇴원시키고 지역 사회에서 살아가게 하는 것으로 바뀌었다. 하지만 마음이 취약한 환자들이 지역 사회에 자리 잡기란 무척 힘든 일이다. 그럴 때 피난할 수 있는 장소로 등장한 곳이 돌봄시설이다. 돌봄시설은 지역 사회에서 살아가는 환자들에게 거처이자, 아질이 되었다. 하지만 그랬던 곳이 다시 어사일럼으로 타락하기도 한다. 블랙 돌봄시설이 되는 것이다.

혹시 오해할까 싶어 말하지만, 내가 일했던 시설이 E클리닉이나 고바야시 에리코가 다녔던 시설 같은 곳은 아니었다. E클리닉 사건이 대중뿐 아니라 많은 돌봄시설 관계자에게 큰 충격을 주었던 것은 대다수 돌봄시설이 (아마도) 수용소가 아니기 때문이다.

그렇지만 E클리닉 같은 일이 극소수의 악당들 때문에 벌어지는 예외적 사건이냐 하면, 그렇지도 않다. 나는 모든 돌봄시설에 본질적으로 타락할 가능성이 있다고 생각한다. 왜냐하면 돌봄시설은 멤버들이 '있어야' 수익을 거둘 수 있기 때문이다.

후루야 류타는 돌봄시설이 "외래의 돈줄이 되며 병원 경영에 기여한다"고 지적했는데, 멤버들이 하루 지낼 때마다 돌봄시설은 1인당 수천~1만 엔 정도 수입을 거둔다. 안정적으로 시설에 '있는' 멤버들이 늘어나면 병원의 경영 상태가 안정된다. 반대로 멤버들이 떠나면 수익 역시 줄어든다.

멤버들의 '있기'에는 이중성이 있다. '있기'는 돌봄으로 지켜야 하는 것이지만, 그와 동시에 '있기'는 수익원이다. 이런 이중성은 돌봄시설에 한정되지 않으며, 어린이집이나 양로원 등 돌봄이 이뤄지는 다양한 현장에 공통될 것이다.

'있기'가 수익원이라는 점을 중시할 때, 돌봄시설은 수용소가 된다. 보호소는 순식간에 수용소로 타락한다. '있기'를 밑받침하며 지켜주던 공간은 '있기'를 강요하며 감시하는 공간이 되고 만다. 그렇게 '있기' 괴로운 장소가 된다. 검은 무언가가 가득한 장소가 된다. '있기' 위한 '있기'가 악몽으로 돌변한다. 돌봄시설이 수용소로 타락할 위험성은 늘 있는 것이다.

나는 병원 침대 위에서 생각했다.

왜 나는 검은 피를 흘렸을까. E클리닉 같은 곳에서 멤버들을 어떻게 대했는지 떠올리다가 깨달았다.

시세보다 높은 급여를 받고 우리가 팔아버린 것은 자신의 '있기'를 돌봄 받을 권리였다. 사용자로서는 어차피 다음 사람이 줄을 서 있는데 굳이 직원들의 '있기'를 밑받침할 필요가 없었다. 우리의 '있기'가 도외시된 것이다.

돌보는 사람이 돌봄을 받지 못할 때도 검은 무언가가 생겨난다. 나와 내 주변에만 해당하는 문제는 아니다. 요양원 사회복지사, 어린이집 보육교사, 학교 교사, 혹은 임상심리사까지 모두가 겪는 문제일지도 모른다. 돌봄을 제공하며 일하는 모든 이들이 비슷한 문제와 마주하고 있다. 급여가 낮아서 '있을 수 없는' 경우가 있고, 급여가 높은 대신 '있을 수 없는' 경우도 있다. E클리닉에서도 그러지 않았는가. 앞선 인용문에 따르면 그곳에서는 직원들이 곧잘 우울증에 걸리고 매년 대량 퇴직과 채용이 반복되었다고 한다.

돌보는 장소에는 수용소의 씨앗이 묻혀 있다. 돌봄을 받는 사람들의 '있기'는 깨지기 쉽고, 동시에 돌보는 사람들의 '있기'는 무시되기 쉽다.

도대체 왜 그럴까? 왜 양자의 '있기'가 모두 위태로울까? 무슨 일이 벌어지는 것일까?

수수께끼를 아직 풀지 못했는데, 누군가 내 침대로 다가왔다.

"괜찮으세요?" 히가미사와 유카 씨가 병문안을 와주었다. "가방 가지고 왔어요."

유카 씨는 나에게 꽂힌 링거 주사를 보고 놀랐다.

"어? 도하타 씨, 큰 병이래요? 꺄, 어떡해!"

"아니야. 피는 빨개. 까맣지 않았다니까."

"다들 저주를 받은 거라고 했어." 히가미사가 어이없어하며 말했다.

짚이는 구석은 있었다. 정말 저주라 해도 이상하지 않았다.

"그럴지도 모르겠네."

"몸조리 잘해." 히가미사가 이어서 물었다. "내일은 출근할 수 있어?"

"갈 거야. 피는 빨갛다니까."

"빨개서 다행이네. 그럼 내일 봐."

"있잖아, 히가미사."

돌아가려는 히가미사를 불러 세웠다.

"오늘이 무슨 날인지 알아?"

"뭐? 몰라."

"생일이야. 나 서른하나가 됐어."

"꺄, 생일 축하해요!" 유카 씨가 말했다.

"좋은 해가 될 거야." 히가미사가 웃었다. "출발이 최고잖아."

그래서 나는 그날을 잊지 못한다.

그저 있는 건 힘들다.

그저, 있을, 뿐

저주 탓인지, 아니면 피를 본 충격 탓인지, 이유는 모르지만 나는 토혈을 계기로 완전히 좌절했다. 팽팽하던 실이 일단 느슨해지니 두 번 다시 복구되지 않았다.

'스트레스성 위궤양이 아니고, 죽을지 모르는 암도 아니고, 단순히 이온음료를 토하다 식도를 다쳤을 뿐이야. 이 정도 스트레스는 아무것도 아냐.' 그렇게 센 척을 해봤지만 실제로 나는 고꾸라지기 직전이었다.

'있을 수 없음'에도 나는 그곳에 '있었다'.

저주 이외에 딱히 공격을 받지는 않았다. 아니, 무슨 일이 있었던 것도 같지만 사소한 일이었을 테고 결정적으로 그 무렵의 기억이 거의 남아 있지 않다. 모든 기억이 단편적이고 중간중간 구멍이 있다. '있기'가 불가능해지면 많은 일들을 제대로 경험할 수 없게 된다. 몸과 마음이 반쯤 투명해진다.

있었지만 있지 않았다. 있지 않았지만 있었다.

나를 보호해주던 것들이 사라지고 위험한 것들로 포위된 장소에서 나는 점점 더 빠르게 유령이 되었다. 아침에 일어나 출근한다. 상담을 하고 돌봄시설에 있다 저녁이 되면 퇴근하고 잠자리에 든다. 마치 세탁기에 방치된 인형처럼 나는 빙글빙글 도는 일상에 완전히 몸을 내맡겼다. 소용돌이처럼 흐르는 물에 휩쓸려 빙빙 돌기만 했다.

마음을 닫고 아무렇지 않은 척하며 '그저, 있을, 뿐'이었다. 한때는 영원하게 느껴지던 시설의 잔잔한 시간도 그 무렵에는 순식간에 흘러갔다. 시간이 있었는지도 모를 정도로 사라져갔다. 지루할 틈도 없었다. 스스로를 마비시켰기 때문이다. 그렇게 시간을 보냈다.

그 와중에 나에게는 더한 불행이 닥쳐왔다. 2월에 스승이 소개해준 병원에서 면접을 보았는데, 3월에 불합격 통지를 받은 것이다.

불길한 전조는 있었다. 그 일자리는 임기가 정해진 비정규직에 급여도 높지 않았는데, 아니나 다를까 면접관이 "지금 직장에 있는 게 더 좋지 않나?"라고 물었다. 그때 나는 솔직하게 사정을 밝힐 수 없었다. '있는 게 힘듭니다.'라고 답하지 못했다.

그 당시 내가 처한 상황이 매우 복잡했던 데다 면접 자리에서 내 약한 면을 드러내기가 꺼려졌다. 정말로 '있기'가 위태로울 때는 그 사실을 다른 사람에게 밝히기가 어렵다. 힘든 때일수록 스스로가 부끄럽기 때문에 자기 일을 숨기려고 하는 법이다. 그 결과 누구에게도 의지하지 못하게 된다.

아무튼 마른하늘에 날벼락 같은 소식이었다. '어떻게든 내 힘으로 살아가겠어.'라고 결심하여 오키나와까지 왔던 나는 스승이 일자리를 소개해줬을 때 '인생은 역시 연줄이었어. 나도 이제 철 좀 들어야지!'라고 깊이 반성하며 '앞으로는 줄을 절대 놓지 않겠어!'라고 굳게 마음먹었는데, 역시 세상일은 엿장수 마음대로 흘러가지 않았다. 현실은 잔혹했다.

나는 백수라는 미래를 피할 수 없게 되었다. 물론 오키나와에는 임상심리사가 적으니 작정하고 찾아보면 어딘가 자리가 있었겠지만, 당시 나는 아무튼 오키나와를 떠나고 싶었다. 사실 오키나와 밖에 지원서를 낸다 해도 4월의 퇴직에 맞춰 면접을 보고 이사까지 하는 것은 현실적으로 불가능했다. 그때는 벌써 3월이었다.

그리고 무엇보다 나에게 기력이 전혀 남아 있지 않았다. 내 마음은 완전히 꺾여버렸다. 직장 때문은 아니었다. 유령처럼 되었으니 결코 유쾌한 상황은 아니었지만, 그래도 끝이 점점 다가왔다. 직장에서는 버티면 그만이었다.

나는 그런 구체적인 상황이 아니라 내 인생 자체에 절망했다. 왜냐하면 내가 그저 임상심리학이라는 학문을 순수하고 진실하게 탐구하길 바랐기 때문이다. 현장에서 임상을 경험하며 연구를 계속한다. 그 일로 생계를 유지한다. 내가 바랐던 것은 그뿐이었다. 고급 스포츠카를 원하지도 않았고, 저택에서 살고 싶다는 욕심도 없었다.

내 바람을 이루기 위해 나는 오키나와로 건너가서도 매일 아침 논문을 썼다. 물론 앞서 말했듯 나도 많은 잘못을 저지르긴 했다. 성급했고, 현실을 잘못 인식했다. 겸손하지 않은 구석도 많았을지 모른다. 나와 비슷한 상황을 잘 넘어간 사람 역시 있을 것이다. 이런저런 잘못을 모두 인정하지만, 그렇다 해도 내가 이토록 궁지에 몰려야 하는 걸까? 이 비참한 사태의 책임을 전부 혼자 져야 할 만큼 내가 터무니없는 욕심을 부린 걸까? 다시 한 번 말하지만, 내가 딱히 하늘의 별을 따길 바란 것은 아니다.

나는 비정규직 채용에서도 미끄러져 실업자가 되기 직전이었다. 맨몸으로 야생에 추방당하기 직전이었다. 내 정신은 평상시와 전혀 다른 상태로 내몰렸다. 나는 근본적인 인생의 선택을 잘못했던 걸까?

그 당시 나는 내 인생을 망치려 드는 임상심리학이라는 학문에 절망했고, 나 자신에게도 절망했다. 지금 하는 일의 연장선에서 다른 일자리를 찾은들, 내가 그 일을 평범하게 해낼 것이라는 자신이 도저히 들지 않았다.

임상에 몸을 담고 임상을 바탕으로 연구한다. 그것이 임상심리학이다. 맞는 말이지만, 더 이상 순수하게 그 말을 믿고 임상심리학에 인생을 걸 수는 없었다.

내게는 시간이 필요했다. 다시 일어서기 위한 시간이.

나는 그때 한 차례 죽었던 것이라고 생각한다. 아니면, 내 임상심리학 인생이 한 차례 파산했든지. 내가 다시 살기 위해서는, 다시 임상심리학에 뛰어들 결단을 내리기 위해서는, 생각할 시간이 필요했다.

왜 이렇게 되어버렸을까? 무얼 잘못했을까? 무얼 간과했을까? 이 수수께끼들을 풀어야 했다. 그다음 명확한 현실에 내 인생을 바로 세워야 했다. 만약 다시 임상심리학을 연구한다면 더욱 견고한 지반 위에서 시작해야 했다. 그러기 위해서 시간이 필요했다.

'어떻게든 될 거야. 좀더 지켜보자.'

그래, 시간을 들이자. 흘러가는 시간 속에서 주의 깊게 관찰하고 생각하길 멈추지 말자. 나는 돌봄시설에서 간호사들과 함께 일하며 그런 태도를 배우지 않았는가.

시간을 들이자. 어떻게든 될 거야. 실업급여를 받으면 그만이야. 초조해하지 말자. 천천히 하자. 죽는 것도 아니니까. 충분히 시간을 들여서 나를 패배자로 만든 진범의 정체를 밝혀내고 미래를 고민하자.

나는 패배했다. 패배했을 때는 섣불리 몸부림치지 않아야 한다. 일단 멈추는 게 좋다. 움직이지 말고 시간을 잘 활용해야 한다.

우선 일상부터 착실히 살아야 한다. 두 다리로 시간을 힘껏 밟고 살아야 한다. 그렇게 해야 다시 시작할 수 있다.

'어떻게든 될 거야. 좀더 지켜보자.'

나는 아수라장에서 다시 일어섰다.

점심시간의 소프트볼 연습을 재개했다. 남은 시간이 적었다. 낮잠 따위를 잘 여유는 없었다. 뒤늦게 시설에서 최종회를 최대화할 생각은 없었다. 상담실에서 그러는 것만으로 충분했다. 시설에서는 최종회를 최소화하는 대신 제대로 생활했다. 유령이 아니라 분명히 '있는' 사람으로서 빙글빙글 돌아가는 일상을 살아야 했다.

　캐치볼을 하고 수비 연습을 했다. 연습을 끝내면 멤버들과 콜라를 마시며 수다를 떨었다. 화제는 늘 똑같았다. 날씨, 땅볼 잡는 법, 스포츠 신문에 나온 프로야구 기사. 우리는 질리지도 않고 같은 이야기를 계속했다. 이미 무슨 이야기를 할지 다 알았지만, 거듭거듭 수다를 떨었다.

　야스오 씨의 개인사에도 귀를 기울였다. 나는 일을 시작한 이래 거의 매일 야스오 씨의 개인사를 들었다. 적어도 1000회 이상. 내가 먼저 "젊었을 때는 어떠셨어요?"라고 묻기도 했고, 야스오 씨가 "내 얘기, 들어볼래? 예전에는 나도 꽤 막 살았어."라고 말을 꺼낼 때도 있었다. 어쨌든 야스오 씨의 이야기를 들으면서 빙글빙글 돌아가는 일상을 제대로 살아갔다.

　야스오 씨는 조직폭력배 두 명에게 쫓기고 있었다. 한 사람은 거구에 단도를 지녔고, 다른 한 사람은 몸집이 작지만 권총을 가지고 있었다. 두 사람은 20년 넘도록 집요하게 야스오 씨를 따라다녔다. 그들은 야스오 씨 바로 옆까지 접근해왔다. 외래에 쫓아온 적이 있는가 하면, 체육관에서 배구를 하는 걸 훔쳐본 적도 있었다. 그럴 때 야스오 씨는 재빨리 몸을 숨겼다.

　야스오 씨는 스스로 "나는 타고나길 고물이었어."라고 했지만, 실제로는 지역에서도 유명한 명문 고등학교를 졸업하고 수도권의 공립대학에 진학한 사람이었다. 이른바 엘리트였다. 하지만 대학생 때부터 야쿠자에 쫓기기 시작했다. 그 시절 야스오 씨는 '막 살았다'. 술을 마시고, 도박을 하고, 많은 여성들과 잠자리를 가졌다. "그때는 진짜 변태였어. 내가 봐도 심했지."

야스오 씨의 불운은 야쿠자와 관계있던 여성과 얽히면서 시작되었다. 두 폭력배는 야스오 씨에게 위자료를 내놓으라고 협박했다. 도저히 감당할 수 없는 금액이었기 때문에 결국 도망쳤다. "진짜 부리나케 도망쳤어. 그때는 발도 빨랐거든."

두 폭력배도 야스오 씨를 추적하기 시작했다. 야스오 씨의 집 찬장에 도청기를 두고, 냉장고에는 감시 카메라를 설치했다. 납치당하거나 감금당할 것 같은 위기가 닥치면 늘 야스오 씨가 간발의 차이로 먼저 눈치채고 멀리 도망쳤다.

야스오 씨는 그 뒤로 일이 어떻게 돌아가는지도 모르는 채 대학교를 중퇴하고 오키나와에 돌아와 입원하게 되었다. 어느새 '조현병'이라는 병의 환자가 되었고 장애인 수첩도 받았다. 그리고 돌봄시설에 다니기 시작했다.

야스오 씨가 돌봄시설에서 가장 놀랐던 점은 조직폭력배와 시설이 '한패'였다는 것이다. 다카에스 부장도 다이 씨도 신이치 씨도, 모두 조직 관계자로 야스오 씨를 감시하기 위해 파견된 사람들이었다. 그래서 야스오 씨에게 소프트볼 연습은 지금 자신이 처해 있는 상황을 파악하는 시간이었다. 야스오 씨는 소프트볼을 하면서 두 폭력배가 얼마나 가까이 접근했는지, 언제쯤 납치를 시도할지 같은 정보를 수집했고 절대 긴장을 풀지 않았다. 그러는 사이 시설에서 10년을 보냈다.

"예전에는 나쁜 놈이었지만, 이제는 술도 도박도 여자도 지긋지긋해." 야스오 씨는 매일 나에게 이야기했다. 그리고 늘 똑같은 대사를 내뱉었다. "야쿠자는 무서워."

"야쿠자 진짜 무섭죠." 나 역시 매일 그렇게 대꾸하며 들었다.

야스오 씨는 제자리를 계속 돌았다. 매일매일 똑같은 인생을 살았다. 가야 하는 곳이라서 시설에 간다. 폭력배를 신경 쓰면서 하루를 보낸다. 담배꽁초를 줍고 가끔은 피운다. 점심밥을 먹는다. 소프트볼을 하는 날도 있고 땡땡이치는 날도 있다. 차를 마시고 담배를 피운다. 그러다 집으로 돌아간다. 몇 년이 지나도 나이를 먹지 않는 폭력배들에게 쫓긴다.

야스오 씨의 일상은 이처럼 반복되었다. 내가 시설에서 일하기 전부터 그랬고, 내가 떠난 뒤에도 그럴 것이다. 한없이 원을 그릴 뿐이다. 분명 내일도 똑같을 테고, 10년 뒤에도 변치 않을 것이다. 야스오 씨는 제자리에서 돌기만 한다.

야스오 씨는 그렇게 '그저, 있을, 뿐'이다. 많은 것들이 과거가 되어갔지만 '그저, 있을, 뿐'.

"그래도 괜찮을까?"

어디선가 목소리가 들렸다. 4년 동안 내 내면에서 계속 들려왔던 목소리가 물었다.

"그래도 괜찮을까? 그저 있기만 한다니, 그래도 괜찮을까? 그렇게 제자리를 빙글빙글 돌기만 해도 괜찮을까?"

나는 늘 그러듯이 우물거리면서 답했다.

"그래도 괜찮아… 아마."

"정말 그래도 괜찮을까?"

"몰라. 하지만 그래도 되지 않을까?"

그래도 괜찮을까?

….

그래도 괜찮을까?

너구나! 우리에게 상처를 입힌 건 '그저, 있을, 뿐'인 사람을 인정하지 못하는 너구나! 네 근처에 진범이 있는 거 아니냐?

자본의 목소리

이상한 나라의 돌봄시설에는 입구부터 가장 깊은 곳까지 '그저, 있을, 뿐'인 것이 가득했다. 돌봄시설의 문을 연 그 순간부터 나는 '그저, 있을, 뿐'에 당황했다. 할 일이 전혀 없는 거실에서 다카에스 부장이 "대충 앉아 있어."라고 지시했을 때 정말로 어쩔 줄 몰랐다. '그저, 있을, 뿐'인 업무가 있으리라고는 상상도 못 했기 때문이다. 하지만 실제로 일의 본질은 바로 '그저 있기'에 있었다. 왜냐하면 돌봄시설은 '그저, 있을, 뿐'인 멤버들을 밑받침해주는 곳이며, 그들의 '있기'는 누군가와 '함께 있는 것'으로 비로소 가능해지기 때문이다. 유령이 된 내가 시설에 '있기' 위해 탁구장에서 멤버들과 '함께' 있어야 했듯이 말이다. 그래서 '그저, 있을, 뿐'인 멤버들을 위해서 나도 '그저, 있을, 뿐'이었다. 그것이야말로 내 일이었다. 하지만 '그저 있기'가 그리 흔쾌히 받아들일 수 있는 일은 아니다.

'있기'는 무가치하다고 딱 잘라 말하는 사람은 거의 없을 것이다. 인간을 'human being'이라고 쓰는 것은 '있기^{being}'가 우리의 근원에 자리하기 때문이라는 말을 귀에 딱지가 앉게 들었을 테니까. 실제로 아무리 일을 잘하는 우수한 인재라도 우선은 직장에 있을 수 있어야 한다. 그만큼 '있기'는 중요하다. 당연한 말이고, 모두가 그렇다고 동의한다.

그렇지만 '그저, 있을, 뿐'이라는 말에서는 확실히 뭔가 불편함이 느껴진다. 무언가가 마음에 걸린다. "그래도 괜찮을까?" 하는 의문이 달라붙는다. 그 의문 탓에 우리가 동의하길 망설이는 것이다.

누굴까? '그저, 있을, 뿐'의 가치를 집요하게 따지는 목소리의 주인은 누구일까?

자본이다. 의문의 목소리는 자본의 원리가 내는 것이다.

자본의 원리는 예산이 적절히 집행되었는지, 그리고 예산 집행 계획 자체가 합리적이었는지 감독한다. 이른바 '가성비'를 평가하고, 이득을 얼마나 거두었는지 측정한 다음, 그 프로젝트에 가치가 있었는지 경영적으로 판단한다.

이런 자본의 원리 앞에서 '그저, 있을, 뿐'이란 힘들 수밖에 없다. 왜냐하면 '그저, 있을, 뿐'이라는 말의 '그저'와 '뿐'에는 원리적으로 자본이 추구하는 사회적 가치를 부정하는 메시지가 담겨 있기 때문이다.

사회에 복귀하지도, 일을 하지도, 무언가 쓸모가 있지도 않지만, 그래도 '있기'. '그저, 있을, 뿐'이란 그런 것이다. 사회적 가치에 연연하지 않고 '있기'를 긍정하는 '그저, 있을, 뿐'이라는 말은 효율성과 생산성을 추구하는 자본의 원리와 사이가 매우 나쁠 수밖에 없다.

돌봄시설이라는 곳은 '그저, 있을, 뿐'을 긍정했을 때 비로소 운영될 수 있다. 왜냐하면 적지 않은 멤버들에게 시설 말고는 있을 곳이 없기 때문이다.

실제로 야스오 씨는 10년 동안 시설에 '그저, 있을, 뿐'이었고, 앞으로 10년도 그렇게 보낼 것이다. 야스오 씨만 그러는 게 아니다. 많은 멤버들이 '그저, 있을, 뿐'이고, 그대로 시설에 계속 머무른다. 병원과 사회의 중간에 위치하여 경유지가 되어야 할 돌봄시설이 현실에서는 멤버들의 '마지막 거처'가 되고 있다. 그런 현실을 부정하면 멤버들이 시설에 '있기'가 어려워진다. '그저, 있을, 뿐'이라도 괜찮다고 긍정했을 때 '있기'가 가능해지는 경우도 있는 것이다.

지금 이야기한 것이 모든 돌보는 일의 근원에 있다고 생각한다. 하지만 '그저, 있을, 뿐'인 멤버들을 위해 매일 1인당 1만 엔 가까운 사회보장예산이 투입되고, 내가 '그저, 있을, 뿐'인 멤버들을 지원하며 돈을 번다는 사실을 떠올리면 아무래도 마음이 불편해진다. 자본의 목소리가 우리를 불편하게 만드는 것이다.

"그래도 괜찮을까?" 오페라 가수처럼 널리 퍼지는 목소리로 자본이 노래한다. 자본의 노래는 객석 구석구석에 닿아 우리 내면 깊숙한 곳까지 스며든다.

이 나라에는 막대한 빚이 있는데, 아이는 줄어들고, 고령자는 늘어나고 있다. 세수입은 감소하는 반면, 사회복지예산은 천정부지로 치솟고 있다. 예산은 유한한데, '그저, 있을, 뿐'인 사람들을 위해 돈을 부어넣고 있다. 그래도 괜찮을까? 더 효율적일 수는 없을까? 생산성을 올릴 수 없을까? 자본의 목소리는 그렇게 추궁한다.

이건 이념적인 문제가 아니다. 실제로 자본의 목소리 때문에 거처형 돌봄시설은 멸종으로 치닫고 있다. 거처형 돌봄시설의 진료수가가 삭감되기 시작한 것이다. 최근 개정된 진료수가 규정에는 다음과 같은 문구가 추가되었다.

> 정신질환으로 1년 이상 장기 입원을 한 이력이 있는 환자를 제외하고, 3년을 초과하여 돌봄시설을 이용하는 환자가 주 3일 이상 다닐 경우 4일째부터는 90퍼센트로 감산한다.

간단히 말해 돌봄시설에 오랫동안 '그저, 있을, 뿐'인 멤버들에게서는 돈을 적게 받으라는 뜻이다. 돌봄시설은 계속해서 '그저, 있을, 뿐'인 장소가 아니며 사회 복귀가 목표인 기관으로서 제 역할을 하라고, 자본의 목소리가 명확한 방침을 세운 것이다.

이런 변화는 E클리닉 같은 시설이 언론에 보도되면서 일어나기 시작했다. E클리닉은 나랏돈을 편취하기 위해 '그저, 있을, 뿐'인 멤버들을 이용했다. 그들은 환자들의 자유를 제한함으로써 수입을 거두었다. 그처럼 타락하는 곳이 나타나면서 거처형 돌봄시설의 축소가 가속되었다. 후루야 류타는 앞서 인용한 논문에서 다음처럼 선언하기도 했다.

> 앞으로 돌봄시설은 더 명확하게 치료·재활 기능을 하며 그 증거를 남길 것을 요구받을 것이다. 환자들을 포로로 삼고 있다는 부정적 이미지를 불식하고 장애복지 서비스와 다른 치료·재활 기능과 실적을 보여주지 못하면, 앞으로 돌봄시설은 살아남지 못할 것이다.[32]

여기서 시설에 원하는 것은 치료다. 돌봄이 아닌 치료를 하길 원하는 것이다.

자본은 치료의 아군이다. 치료는 변화를 일으켜서 뭔가 수확하길 목표하기 때문이다. 가령 멤버가 복직하거나 학교에 다니기 시작하면 생산성이 올라가고, 그 결과 세수입도 증가한다. 자본의 관점에서 보면 치료는 무언가를 얻기 위한 투자인 것이다.

그에 비해 자본은 돌봄에 냉담하다. 돌봄은 유지하고, 보호하고, 소비하는 과정이다. '있기'가 생산으로 이어지면 가치를 측정하기 쉽겠지만, '그저, 있을 뿐'인 사람은 아무것도 생산하지 않는다. 그래서 돌봄은 투자가 아니라 소모되는 경비로 치부되기 쉽다.

돌봄과 치료는 인간이 관계를 맺는 두 가지 방식이고, 본래 둘 사이에는 어떠한 가치의 우위도 없지만, 현실에서 자본은 압도적으로 치료에 우호적이다.

여러분의 직장에서도 그러지 않는가? 더욱 빠르게 일을 처리하기 위한 컴퓨터는 흔쾌히 구입해주지만, 무상 커피는 어느 순간 없어지고 자비로 자판기를 이용하라고 한다. 투자에는 적극적이지만, 경비는 삭감하는 것이다.

그와 마찬가지로 신경외과 수술에는 어마어마하게 큰돈이 들지만, 수술 전 불안을 다독여주는 상담사나 수술 후 불편한 몸을 돌봐주는 간병인에게는 훨씬 적은 돈을 준다. 복직을 지원하는 통과형 돌봄시설은 확대되지만, '그저, 있을, 뿐'인 거처형 돌봄시설은 축소된다.

내가 하고 싶은 말은 매우 간단하다. 치료로는 돈을 벌기 쉽지만, 돌봄으로는 돈을 벌기 어렵다. 자본의 목소리가 외치는 시장의 논리는 치료에 호의적이라 돌봄의 몫은 압도적으로 적다.

자본의 목소리는 변화를 일으키고, 효과를 내어, 가치를 생산하길 원한다.

지당한 말이긴 하다. 자원에는 한계가 있으니 효율적으로 써야 마땅하다. 예산은 성과를 내는 일에 투입되어야 한다. 그러기 위해 돌봄시설은 투명해져야 하고, 비용 대비 효과를 제대로 측정해야 한다. 이처럼 공명정대하고 확신에 찬 자본의 주장에 반론을 내세우기란 어렵다.

우리는 '그저 있는 것'의 사회적 가치를 논하지 못한다. 마지막 거처가 된 돌봄시설이 사회에 미치는 경제적 가치를 어떻게 표현해야 할지도 모른다. 돌봄의 가치를 경제학 용어로 설명하기란 어렵다.

아니, 돌봄을 경제적으로 논해보려는 시도가 많이 이뤄지고는 있다. 의료경제학자나 후생경제학자 같은 사람들이 이 어려운 문제에 도전하고 있다. 그들은 모호하기 그지없는 '그저, 있을, 뿐'이 무엇인지 명확히 정의하고, 그 가치를 언어로 표현하려 한다. 하지만 '그저, 있을, 뿐'을 자본의 논리에 맞추어 시장의 언어로 번역하면, 그다음에는 "그러니 더 효율적으로 운용해야 한다."라는 압박이 더욱 거세어진다. "그래도 괜찮을까?" 하는 자본의 목소리가 더욱 커진다.

돌봄을 시장의 언어로 번역하는 건 앞뒤가 뒤바뀐 일이다. 가게에 진열될 리 없는 돌봄에 가격을 매기는 행위이기 때문이다.

이런 현상을 철학자 파비엔 브뤼제르 Fabienne Brugère는 다음처럼 표현했다.

> '돌봄'과 관련한 이데올로기의 맥락을 검토해보면, '돌봄'이 경제적 수익성 및 경영 관리의 기준에 종속되어 그 윤리적 특성이 전혀 고려되지 않은 채 실천되고 있음을 알 수 있다. 신자유주의에 따라 '돌봄'을 관리하면, '돌봄'이 신체의 문제 및 친밀성의 영역에서 일어나는 문제를 다룬다는 사실이 무시되어 버린다.[33]

어렵게 쓰였지만 풀어서 설명해보겠다. 브뤼제르의 말은 주부가 집에서 하는 돌봄에 가격을 매기는 것이, 가령 청소는 시급 2000엔, 설거지는 시급 1500엔으로 환산하는 것이 이상하다는 뜻이다. 아무리 높은 가격을 붙여도 이상한 건 마찬가지다. 왜냐하면 친밀한 '의존'을 바탕으로 이뤄지는 돌봄은 '자립'한 개인들의 집합체인 '시장' 바깥에 존재하기 때문이다.

이상하지 않은가. 축구장 밖에서 종일 그림을 그린 사람에게 "너 오늘 한 골도 못 넣었지?"라고 면박을 준 것과 마찬가지다.

돌봄에 가격을 매기는 것은 공을 만지지도 않은 화가를 축구의 논리로 평가하는 셈이다.

그리스 신화에 등장하는 미다스 왕과도 비슷하다. 황금을 사랑한 미다스 왕은 자신이 손대는 모든 것을 황금으로 바꿔달라고 기도했고 그 바람이 이뤄졌다. 그랬더니 그가 먹으려고 만진 음식이 모두 황금으로 변했고, 사랑하는 딸까지 끌어안으려다 황금이 되어버렸다. 비극이다. 음식에는 맛을 바라고 딸에게는 애정을 바라야지, 금까지 바라서는 안 되는 것이다.

화가의 가치를 축구의 논리로 평가해서는 안 된다. 미다스 왕처럼 엉뚱한 곳에서 금을 원하면 안 된다. 그와 마찬가지로 '그저, 있을, 뿐'에 시장 가치를 원해서는 안 된다.

그렇지만 현실은 잔혹하다. 지금의 경제 구조가 우리 삶의 근원에 있기 때문이다. 우리는 이제 시장 없이 살아가지 못한다. 사회는 너무 복잡해졌고, 우리 또한 자립한 개인들이 자유롭게 가치를 교환하는 일의 매력에서 벗어나지 못한다. 시장의 바깥으로 나서지 못하는 것이다. 지금 세상에서는 아무리 사정이 있고 고귀한 뜻이나 이념이 있어도 "그걸로 먹고살 수는 있어?"라고 자본의 논리가 물으면 찍소리도 낼 수 없다.

우리는 "그래도 괜찮을까?"라는 질문에 저항할 수 없다. 아니, 나아가 시장에서 살아가는 우리 스스로 "이래도 괜찮을까?"라고 자문해버린다. 그러면 '그저, 있을, 뿐'은 변질된다.

그리고 바로 그때, 진범이 모습을 드러낸다. 마무리가 이제 코앞이다.

근거와 효율의 빛

진범은 내 안에 있었다.

복선을 깔지 않았는가. 지금까지 이야기를 한번 떠올려보자. 아니면 1장만이라도 다시 읽어보길 바란다.

나 스스로 치료를 높이 평가하고 돌봄을 깔보았다. 내 내면에 자본의 목소리가 굳게 자리 잡고 있었던 것이다. 나는 돌봄이 아닌 치료를 하고 싶어서 오키나와까지 갔다. 그리고 '대충 앉아 있기'라는 업무에 당황했고, 셔틀버스 운전석에서 절망했다. "그래도 괜찮을까?"라며 돌봄의 시장 가치를 물어본 것은 결국 나 자신이었다.

우리는 언제나 어디서나 자본의 목소리를 대변하고 있다. 우리는 매일매일 노동자나 경영자로서 생산성과 효율성을 추구하고, 소비자로서 '가성비'를 따진다.

인류학자 매릴린 스트래선^{Marilyn Strathern}은 이러한 세계의 양상을 '회계감사 문화^{audit culture}'라고 불렀다. 온갖 것을 자본의 원리로 감사하는 세계. 대학교, 병원, 중학교, 회사, 시청, 유치원 등 모든 곳의 회계가 투명하게 이루어진다.

여러분이 있는 곳에서도 그러지 않는가? 회사에서 볼펜 한 자루를 사는 데도 이유가 있어야 하고 서류를 작성해야 한다. 커피를 구입했다는 증거를 제출해야 하고 더 저렴한 인스턴트커피를 사지 않은 이유를 제시해야 한다. PDCA 사이클이니 포트폴리오니 하는 낯선 외래어를 들먹이며 "그래도 괜찮을까?"

라고 계속 묻는다.

그리고 그런 요구가 '있기'를 위한 곳에도 침입하고 있다. 어둑어둑하니 밖에서 잘 보이지 않아 안심하고 '있기'가 가능했던 곳에도 성과를 얼마나 냈는지, 투입한 자원만큼 결과가 나왔는지, 더 효율적으로 운용할 수는 없을지, 책임지고 설명하며 서류를 제출하라는 자본의 목소리가 커지기 시작했다. '있기'를 위한 곳에도 근거와 효율을 요구하는 것이다. 근거와 효율의 투명한 빛이 들이치고 있다.

근거와 효율의 빛. 회계감사를 위한 투명한 빛. 그 빛이 아질을 어사일럼으로 타락시킨다.

철학자 미셸 푸코는 '판옵티콘 panopticon', 즉 일망 감시 시설이 전형적인 어사일럼임을 꿰뚫어보았다. 판옵티콘이란 중앙에 감시자의 탑이 있고, 그 주위를 재소자들의 독방이 둘러싼 교도소다. 재소자들은 늘 자신이 감시당하고 있다는 사실을 의식할 수밖에 없다. 다시 말해 어사일럼은 모든 것이 투명하게 드러나는 장소를 가리킨다.

불투명하여 잘 드러나지 않던 아질은 자본의 요구에 응하는 과정에서 모든 것이 투명해서 잘 보이는 어사일럼으로 변모한다.

친구끼리 시작한 공부 모임이 규모가 커져 학회가 되면 모두에게 운영을 투명하게 공개해야 한다. 동네 사람들의 축구 동호회도 지자체의 지원을 받으면 전에 없던 규약을 만들고 감사 보고를 해야 한다. 애초에 아질이었던 곳이 어사일럼이 되는 것이다.

다시 말해 아질에 예산이 투여되면 어사일럼이 된다. 자본은 아질을 죽인다. 자본의 투명한 빛은 어둑어둑하던 아질을 구석구석 밝혀서 어사일럼으로 바꿔버린다.

도망친 죄인들을 보호하던 아질에 효율과 근거를 요구하는 순간, 그곳은 죄인들을 획일적으로 관리하는 어사일럼이 된다.

여기다. 이 대목이다. 이 대목에 진범이 숨어 있다. 모두 집중하자.

"그래도 괜찮을까?"라는 자본의 목소리에 떠밀려 '그저, 있을, 뿐'의 가치를 잃어버리고 아질이 어사일럼으로 타락하는 그 순간, 우리 내면에 진범이 안개처럼 자욱하게 나타난다.

'그저, 있을, 뿐'의 가치를 알아보지 못한다.

그렇지만 '그저, 있을, 뿐'인 사람 덕에 돈을 번다.

그래서 돈을 벌려면 '그저, 있을, 뿐'인 사람이 필요하다.

허무주의(니힐리즘). 이 녀석이 진범이다.

'있기'의 본질적 가치를 잃어버렸는데도 그저 돈이 된다는 본말이 전도된 이유로 계속 '있기'를 강요한다. 그렇게 되면 '있기'는 돈벌이 수단으로 변질된다.

E클리닉 같은 시설은 이런 허무주의가 퍼짐으로써 생겨났다. 그곳에서는 '있기'가 경제적 수익성이라는 기준으로 관리되었다. 또한 돌봄을 제공하는 다양한 시설에서 일하는 사람들이 겪는 어려움의 원인 역시 허무주의다. '있기'를 밑받침하는 돌봄노동에 '가성비'를 요구하면 돌봄노동자의 '있기'는 일회용으로 치부되게 마련이다. 그렇게 돌봄을 둘러싼 사람들이 전부 어사일럼에 잡아먹힌다.

돌봄은 힘들다.

돌봄은 항상 허무주의의 위협에 노출되어 있다. 돌봄의 가장 깊은 영역에 있는 '그저, 있을, 뿐'은 "그래도 괜찮을까?"라는 자본의 질문을 받고 투명한 빛을 쬐는 순간 손상된다. 그런 걸 견디지 못하면 돌봄에서 허무주의가 생겨난다.

가장 극단적인 예는 2016년 '쓰쿠이야마유리엔津久井やまゆり園 사건'이다. 지적장애인들의 시설에서 근무했던 직원이 입소자들을 대량 살인한 사건이다. 그 전 직원은 입소자들을 '심실자心失者, 마음을 잃은 사람'라고 부르며 안락사를 시키는 것이 회계적인 의미로 사회정의라고 생각했다. 그는 돌봄 속에 숨어 있는 허무주의에 잡아먹힌 것이다. 그처럼 허무주의가 극단으로 치달으면 '있기' 자체를 부정하게 된다.

"좀더 빛을."

괴테가 생의 마지막 순간에 했다는 이 말이 우리의 마음을 투명한 수용소에 가두고 있다. 자본의 빛이 '그저, 있을, 뿐'을 환하게 밝히고 있다. 안개 속에서 장막에 둘러싸여 잘 보이지 않는 불투명한 아질에 빛을 비추면 '있기'를 위한 장소의 구석구석까지 환하게 밝아진다. 그 순간, 빙글빙글 같은 자리를 맴돌 뿐인 평범한 일상이 투명한 빛에 의해 만천하에 드러난다. 그것을 보고 자본의 원리가 "그래도 괜찮을까?"라고 묻는다.

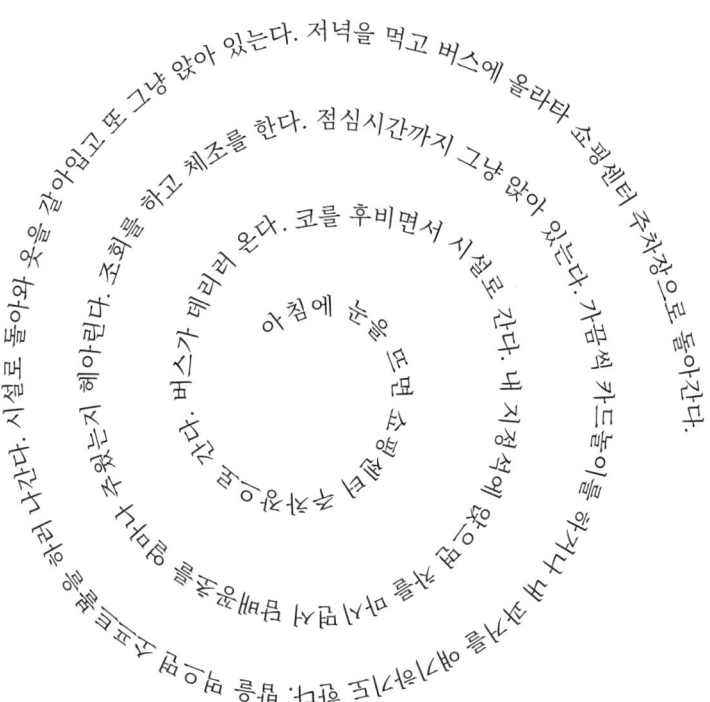

매일매일 빙글빙글 돌면서 '있기'를 가능하게 해주는 일상에 효율성과 근거의 투명한 빛이 들이치고 있다. 그 빛은 같은 자리를 맴도는 일상을 잘게 분해한다. 사소한 행위들의 효율을 일일이 따져봐야 하기 때문이다. '담배꽁초를 줍지 않는 게 더 좋지 않을까?'

결국, 원이 사라진다. '그저, 있을, 뿐'이 조각조각 나뉜다.

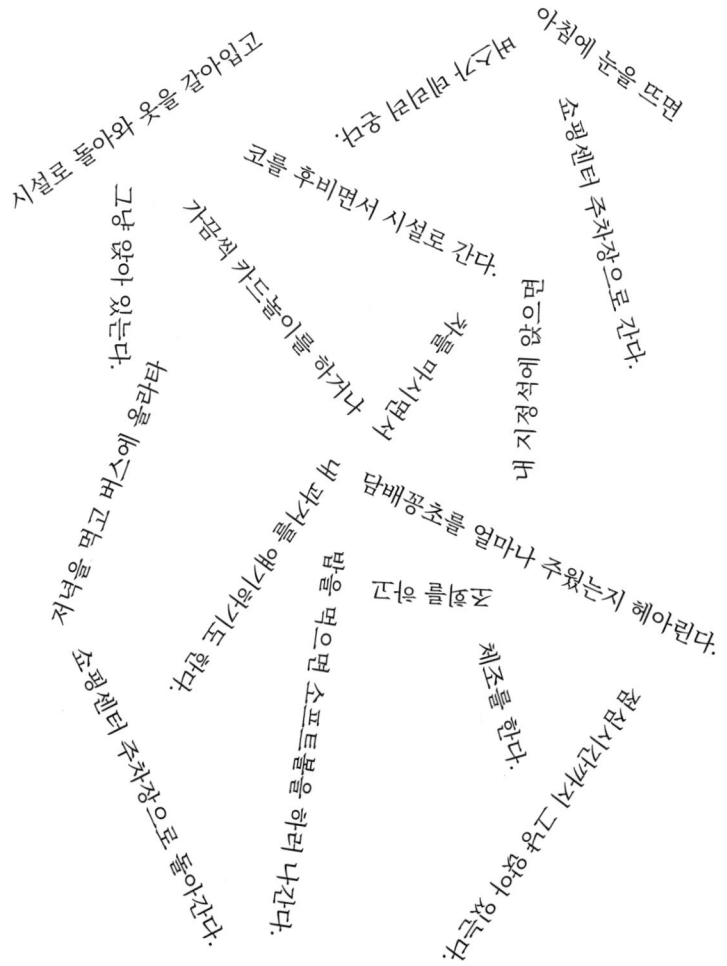

같은 자리를 맴돌 때에는 가치가 있었던 '그저, 있을, 뿐'도 잘게 나뉘면 너무나도 확실하게 가치 없는 것이 된다. 맥락을 잃은 '그저, 있을, 뿐'은 기괴할 만큼 무의미하게 보인다.

그 결과 우리의 '있기'를 위한 곳은 사라진다. 무의미해 보이는 일상이야말로 삶이 버거운 우리에게 은신처가 되어주기 때문이다. 그곳에 자유가 있었기 때문이다. 애매모호하며 자유로운 아질은 투명한 빛이 가득한 세계에서 철저한 관리를 받고 자유가 없는 어사일럼으로 변질된다.

그렇게 '그저, 있을, 뿐'은 뼈만 앙상하게 남게 된다. 그리고 그 자리에는 허무주의가 싹튼다. '그저, 있을, 뿐'에 효율을 추구하다 보면 어느새 가성비가 뛰어난 '그저, 있을, 뿐'이 시작되기 때문이다.

돌봄의 뿌리에 있는 '있기'가 시장의 논리 때문에 타락한다.

허무주의가 싹튼다.

이것이야말로 내가 지금까지 찾은 진범의 정체다.

우리는 지금 투명한 빛이 가득한 세계에서 살아가고 있다. 나는 그런 현실을 돌봄시설에서 깨달았다. 투명한 빛의 방해를 받으면서도 어떻게든 '있기'를 밑받침하려 애쓰는 사람들과 함께 일했고, 결국에는 패배했다. 허무주의는 외부에서 우리를 덮쳤고, 내부에서 우리를 물어뜯었다.

그래서 그저 있기란 힘든 것이다.

안녕

눈 깜짝할 사이에 시간이 흘러갔다. 끊임없이 제자리를 도는 일상은 그 속도를 늦추지 않았다. 순식간에 3월 말이 되었고, 모든 건물에서 냉방을 시작했다. 그리고 내가 출근하는 마지막 날이 되었다.

나는 마지막 날에도 평소처럼 지냈다. 조회에 참석했고 시설에 적당히 앉아 있었다. 원 없이 했던 보드게임과 카드놀이를 좀 하다가 다시 대충 앉아 있었다. '그저, 있을, 뿐'이었다.

그렇지만 역시 마지막 날은 조금 분위기가 달랐다. 준코 씨는 여느 날보다 자주 사탕을 주었고, 심지어 콜라까지 주었다. 다마키 씨는 내가 오키나와를 떠나는 줄 알았기 때문에 예전에 여행을 가봤던 오사카 이야기를 들려주었다. 요리가 맛있는 가게를 알려주며 꼭 가보라고 추천했다. 류지 씨는 트럼프 카드를 내 대신 섞어주었다. 모두 은근슬쩍 상냥했다. 그들이 이별을 의식한다는 걸 알 수 있었다. 나도 살짝 감상에 빠졌지만, 평범하게 시간을 보냈다. 빙글빙글 돌았다.

점심시간에는 소프트볼을 했다. 마지막 연습이었다. 시설을 떠나면 다시는 소프트볼을 하지 않을 것이고, 아예 글러브를 만질 일도 없을지 몰랐다. 하지만 딱히 감회가 남다르지는 않았다. 나는 야구광이 아니기 때문에 남은 인생에서 야구를 전혀 하지 않아도 상관없었다. 결국에 소프트볼은 '있기'를 위한 시간 때우기였다.

그래서 평소처럼 야스오 씨와 캐치볼을 했다. 3월 말인데 벌써 햇볕이 따가웠다. 나는 땀을 흘리며 힘껏 공을 던졌다. 공을 아무리 엉망으로 던져도 야스오 씨는 언제나처럼 찰떡같이 받고 힘없이 내게 던져주었다. 그런데 웬일로 야스오 씨가 내게 질문했다.

"저기, 도하타 씨. 이제 어디로 갈 거야?"

"어디라니, 무슨 말씀이세요?"

"오키나와에서 떠날 거잖아."

나는 이직에 실패했다고 멤버들에게 말하지 않았다. 내가 상처 입었기 때문에 입 다물고 있었다. 하지만 야스오 씨가 태평한 목소리로 물어보니 그리 대단한 일이 아닌 것처럼 느껴졌다.

"그게 아직 안 떠나요. 이직에 실패했거든요."

"그렇구나."

"그렇다니까요. 내일도 오키나와에 있어요. 오키나와의 백수예요." 내 말에 야스오 씨가 웃었다. 3월의 태양 아래에서 야스오 씨의 듬성듬성한 치아가 빛났다.

스스로 '백수'라고 말해보니 역시 대수롭지 않은 일 같았다. 이 세상에는 나 말고도 백수가 정말 많고, 생각해보면 야스오 씨도 백수고.

"그래도 다행이야." 야스오 씨가 공을 던졌다.

"다행이라니요?" 나는 공을 잡았다. "왜 다행이에요?"

"깡패는 그만두는 게 좋아. 조직으로 돌아가려는 거였지?"

웃음이 터졌다. 그랬구나. 야스오 씨는 나 역시 폭력배와 한패라고 생각했던 거구나.

"그만둬. 살인도 협박도 납치도 나쁜 일이니까."

"그럼요." 나는 말했다. "두목한테 말해둘게요. 이제 발 빼겠다고."

"잘 생각했어." 야스오 씨는 진지한 얼굴로 말했다.

"저, 야스오 씨." 나는 공을 던졌다.

"왜?" 야스오 씨는 공을 받았다.

나는 물어보았다. "저 이제 어떡하면 좋을까요? 내일부터 백수인데."

"음." 야스오 씨가 고개를 갸웃했다. 공을 던지고 좀더 고민했다. 그리고 히죽 웃었다.

"여기에 다녀. 밥도 주고 콜라도 주잖아."

또 웃음이 터졌다. 그 방법이 있었나.

"그거 좋네요. 조직도 손대지 못할 테고, 엄청 좋은데요."

"엄청 좋다니까."

나는 야스오 씨에게 다시 공을 던졌다. 시원한 바람이 불어왔다.

눈 깜짝할 사이에 헤어질 시간이 되었다. 이별은 조용히 이루어졌다.

나는 저녁 종례에서 짧게 인사했다.

"4년 동안 무척 즐거운 날들을 보냈습니다. 여러분과 만나서 기뻤습니다."

더할 나위 없이 진부한 단어들을 늘어놓았다. 그걸로 충분했다. 진부하거나 흔해빠진 것이야말로 돌봄의 핵심이다.

모두 박수를 쳐주었고, 준코 씨는 눈물도 흘려주었다. 준코 씨는 누군가 떠날 때면 꼭 울었다. 그러다 뒤돌아서면 깨끗이 원래대로 돌아갔다. 준코 씨의 일상은 그렇게 빙글빙글 돌았다. 그런 일상을, 준코 씨가 힘겹게 손에 넣은 4년간의 일상을 나도 함께 보냈다.

내가 없어져도 누군가 대신 들어올 것이다. 그 사람은 내 역할을 잘 해낼 것이다. 좀 쓸쓸하긴 했다. 나 같은 사람은 금방 잊힐 것이기 때문이었다. 다이 씨도 다카에스 부장도 신이치 씨도, 그토록 중요한 사람들이었는데 일단 떠나가니 사람들의 기억에서 덧없이 흐릿해졌다. 선이 아닌 원을 그리는 곳이라서 돌봄시설에는 역사라는 것이 거의 없다. 내가 여기 있었다는 사실도 분명히 빙글빙글 도는 원에 휩쓸려 잘게 분해된 뒤 사라질 것이다.

그렇지만 그걸로 충분했다. 그곳은 그런 곳이니까.

아니, 바로 그래서 좋은 것이다. 돌봄시설이란 그런 곳이고, 나는 그래서 그곳을 좋아했다.

나는 시설 현관에서 집에 돌아가는 멤버들을 배웅했다.

"잘 지내." "힘내요." "또 만나요." "고마웠어."

멤버들은 나에게 진부한 말들을 건네주었다. 그거면 충분했다. 그 진부한 말들은 무척 따뜻했다. 멤버들이 속에서 치밀어 오르는 생각들을 삼키고 나를 해치지 않을 말들만 건네는 것 같았다.

나는 멤버들과 하이파이브를 나누거나 포옹을 했다. 다마키 씨와 끌어안고 유리 씨와 하이파이브를 했다. 땀과 땀이 닿아서 한데 섞였다.

"안녕히 계세요."

나는 말했다.

"잘 가요."

멤버들이 손을 흔들었다.

나는 배웅했다. 시설을 떠나는 건 나였지만, 마지막까지 나는 배웅했다. 나는 직원이었기 때문이다.

야스오 씨는 평소와 전혀 다르지 않았다. "갈게."라며 가볍게 손을 들었다. 마치 다음 주 월요일에 보자고 하는 것 같았다.

나도 다음 주에 보자는 것 같은 분위기로 야스오 씨와 손을 마주쳤다. "안녕."

"갈게." 한 번 더 야스오 씨가 말했다.

나도 다시 한 번 말했다. 진부하지만, 이제 다시는 할 수 없는 말이라서, 한 번 더 말했다.

"안녕."

좀더 빛을

모두를 배웅하고 짐을 정리했다. 상담실과 탈의실에서 내 물건을 상자에 담았다. 이달 내내 조금씩 준비를 해서 챙길 물건은 거의 없었다.

나는 작은 짐을 끌어안고 돌봄시설의 문을 나섰다.

4년 전에 들어왔던 문으로 나갔다. 나는 많은 것을 잃었다. 박사 학위를 갓 받았던 풋내기 임상심리사는 이제 백수가 되었다. 나는 4년 동안 무엇을 잃어버렸을까. 그리고 무엇을 얻었을까.

주차장에 히가미사와 유카 씨가 기다리고 있었다. 그들의 경차에 몸을 실었다.

"고생하셨어요!" 운전석의 유카 씨가 내 노고를 치하해주었다.

"저주로 죽지 않아 다행이네, 돈 선생." 히가미사는 조수석에서 담배를 피웠다.

"진짜 살아남아서 다행이야."

"아, 저번에 빌린 거 돌려줄게." 히가미사는 뒷자리에 놓인 봉투를 가리켰다. "고마웠어."

"아, 고생했어."

나도 가방에서 봉투를 꺼냈다.

"히가미사, 이거 선물. 지금까지 고마웠어."

돌봄시설에서는 떠나는 사람이 남는 사람에게 선물을 주었다. 나도 그때까지 많은 선물들을 받았다. 이번에는 내가 히가미사에게 선물을 줄 차례였다.

"오, 선물이라니 별일이네. 뭔데?"

"열어봐."

히가미사가 부스럭거리며 봉투를 열었다. 그리고 폭소했다.

"하하! 이게 뭐야!"

소형 녹음기였다. 나는 빌려주었던 녹음기를 돌려받았고,

새 녹음기를 히가미사에게 선물했다.

"잘 쓸게. 안 그래도 빌렸던 거 돌려주면서 이제 어떡하나 생각했어."

"살아남아야 하니까."

그랬다. 우리는 녹음기 따위가 필요할 정도로 궁지에 몰려 있었다.

"나도 여름에 그만둘까 해." 히가미사가 느닷없이 말했다.

"뭐라고요!" 유카 씨가 놀라서 브레이크를 밟았다. "그만두지 마세요. 그러면 저 죽어요."

"멍청아! 운전 똑바로 해!"

검은색 경차가 바람을 가르며 달렸다. 열린 창으로 바람이 기분 좋게 들어왔다. 차 안에는 니키 미나즈의 노래가 흘렀다. 히가미사와 유카 씨는 오늘도 클럽에 갈까. 문득 떠올랐다. 곰곰이 돌이켜보면 나는 시설에서 일하기 전까지 팝송을 들어본 적이 없었다. 나는 지금까지 접한 적 없던 사람들과 함께 일했던 것이다. 그리고 그들이 나의 '있기'를 밑받침해주었다. 그래서 말했다.

"히가미사, 유카 씨, 고마웠어. 둘 덕에 살았어."

"우리가 살리긴 했지." 히가미사가 웃으며 말했다. "그래도 즐거웠어."

"응, 즐거웠어."

정말 즐거웠다. 이상한 나라의 돌봄시설은 즐거운 곳이었다.

다양한 풍경들이 떠오른다. 특별한 사건이나 행사가 아니라 끝없이 반복되던 일상이 떠오른다.

배구 시합에서 하에바루가 실수한 것, 소프트볼 시합에서 류지 씨가 타석에 서기 전 한참 동안 의식 같은 준비를 했던 것, 유지로 씨가 코를 후볐던 것. 이런저런 일들이 생각난다.

우리는 부드러운 햇빛이 드는 시설에서 죽도록 젠가를 했다. 히가미사가 요란하게 젠가를 무너뜨리면 다마키 씨가 즐거워했다. 바닥에 떨어진 젠가를 준코 씨가 주울 때, 다이 씨는 보리차를 만들었고 야스오 씨가 옆에서 도왔다. 그때 신이치 씨는 글러브를 손질하고 있었고, 유리 씨는 뭐가 재미있는지 옆에서 계속 지켜봤다.

내가 처음으로 대충 앉아 있을 수 있었던 그날도 떠오른다. 전국고교야구대회에서 고난 고교가 우승한 그 여름날, 나는 시설에서 멍하니 앉아 있었다. 부드러운 바람이 불던 그날 나는 어느새 시설에 있을 수 있었다.

그날 나는 맞은편에 앉아 졸고 있던 다카에스 부장과 "반짝반짝."이라며 부장의 머리를 만지던 도모카 씨를 보고 웃음을 터뜨렸다. 반짝반짝 빛나던 부장의 머리가 떠오른다.

'그저, 있을, 뿐'. 이것의 가치를 나는 잘 설명할 수 없다. 나에게는 자본을 논리적으로 설득할 말재주가 없다. 나는 의료경제학자 같은 일을 해낼 수 없다. 나는 지천에 널린 심리사라 공공을 위해 '그저, 있을, 뿐'을 옹호할 만한 능력이 없다. 관료들에게 설명할 힘도 없다. 나는 그저 무력한 임상심리사일 뿐이다.

그렇지만 나는 '그저, 있을, 뿐'의 가치를 잘 안다. 그리고 '있기'를 지탱하는 돌봄의 가치도 알고 있다. 내가 시설에 있었기 때문이다. 돌봄의 풍경을 목격하며, 그 속에서 살아갔기 때문이다.

나는 그래서 이 책을 썼다. 돌봄의 풍경을 묘사했다.

'그저, 있을, 뿐'은 풍경으로 묘사하고 음미해야 마땅하다. 현실적으로 돌봄은 시장의 안에서 이뤄질 수밖에 없지만, 본질적으로 시장의 바깥에 있는 것이다.

다카에스 부장이 낮잠을 자고, 그 매끈한 머리를 멤버가 쓰다듬는다. 이런 행위의 가치는 경제학으로 절대 가늠할 수 없다. 객관적 데이터로 변환될 수도 없고, 관료를 설득할 만한 근거도 될 수 없다. 그래서 에세이로 쓸 수밖에 없었다. '그저, 있을, 뿐'에 어울리는 방식으로 이야기해야 했다.

앞으로도 계속 이렇게 돌봄이 이야기되어야 한다. 돌보는 사람들이 계속 돌볼 수 있도록, 허무주의에 맞서 '그저, 있을, 뿐'을 지키기 위해, 돌봄은 계속 이렇게 이야기되어야 한다. 그 이야기들이 돌봄을 지켜준다. 그 이야기는 누군가의 '있기'를 위한 장소를 밑받침해줄 것이고, 돌고 돌아 우리의 '있기'를 보호해줄 것이다.

'있기'를 위한 장소는 힘들다. 시장의 투명한 빛이 가득한 세계에서 아질은 차례차례 어사일럼이 되고 있다. 그래서 그저 있기가 어렵다.

그래도 우리에게는 '있기'를 위한 장소가 필요하다. '있기'가 위태로워지면, 살아갈 수 없기 때문이다. 그래서 언제나 새로운 아질이 생겨나는 것이다. 설령 머지않아 어사일럼이 되어버린다 해도 반드시 새로운 아질이 다시 생겨난다.

새로운 아질들이 조금이라도 오래 살아남도록, 나는 여기에 돌봄의 풍경을 그린다. 다카에스 부장의 정수리를 그린다.

좀더 빛을.

근거와 효율을 위한 투명한 빛이 아니라, 다카에스 부장의 기름진 머리에서 나는 불투명한 빛을.

"도착했어요!" 유카 씨가 차를 세웠다.

국도변에 있는 술집의 넓은 주차장에 도착했다.

"다들 기다리고 있어." 히가미사가 말했다. 내 송별회 겸 위로 모임이었다.

가게 앞에 빨갛고 파랗고 하얀 빛을 내는 맥주 브랜드의 작은 광고판이 있었다. 가게 밖 스피커에서는 오키나와 전통 민요가 흘러나왔다. 싸구려 스피커에서 갈라진 노랫소리가 들렸다.

술집 안으로 들어갔다. 에어컨 덕에 시원한 공기와 맥주의 달콤한 향이 콧속으로 들이닥쳤다.

가게 안쪽 방에서 희미하게 빛이 났다. 다카에스 부장의 빛이 보였다. 모두 기다려주고 있었다. 함께 일했던 그리운 동료들이 모여 있었다.

"오, 돈 박사, 왔구나. 오늘은 아침까지 마시자고." 부장이 말했다.

"고생했어." 신이치 씨가 웃었다. "건배하자."

"고생하셨습니다." 히가미사가 선창했다. "건배!"

작가의 말

커다란 건물의 발코니에 서 있었다.
엄청 높아서 겁이 났다.
하지만 쫓기고 있었기 때문에 결심하고 뛰어내렸다.
뜻밖에도 부드럽게 착지했다.
둘러보니 그곳은 풀들이 무성하게 자란 들판이었다.

오키나와에 취직이 정해졌던 무렵에 꾼 꿈이다. 나를 치료해주던 정신분석가에게 그 꿈을 말했다. 내 이야기를 들은 분석가는 슬쩍 웃으며 "광야로 나선다는 뜻인가."라고 말했다.
'음, 평범한 해석이네.' 나는 당시 대충 얼버무린 것이라고 생각했다.

지금 돌이켜보면 그 꿈은 소름 끼칠 만큼 예언적이었다. 오키나와로 건너간 나는 결국 '광야'로 나서게 되었기 때문이다.
나는 정통파 임상심리학자가 되길 꿈꿨지만, 그 뒤로 정통파와 동떨어진 길을 걷게 되었다. 내가 바랐던 일은 아니지만 결국 그렇게 되었다.

나는 오키나와에서 많은 것을 잃었고, 그 대신 많은 것을 얻었다.

무엇을 얻었을까?

'삶'의 다양성, '삶'을 밑받침하는 것들의 다양성, 평범한 '삶'의 어려움, 그리고 어쨌든 사람은 살아간다는 사실.

막상 써보니 지극히 흔해빠지고 당연한 말들이다. 하지만 나는 그 당연한 것들의 진짜 의미를 오키나와에 가서야 알았다. 뼈에 사무치게 알았다.

그것이 오키나와에서 얻은 진정 중요한 것이라고 지금은 생각한다.

광야에서도 사람은 살아간다.

앞선 내용을 지금껏 여러 책들에 써왔다. 『광야의 의사는 웃는다』[34]라는 책에서는 오키나와의 시설을 떠나고 했던 현지 조사에 대해 썼다(이 책의 긴 에필로그인 셈이다). 『일본에 흔한 심리치료』[35]에서는 돌봄시설의 상담실에서 벌어진 일들을 적었다(이 책의 무대 뒤에서 펼쳐진 일인 셈이겠다).

그렇지만 나는 정작 돌봄시설에서 겪은 일들은 지금까지 거의 쓰지 않았다. 쓸 수 없을 것이라고 여겼다.

분명히 나는 시설에서 내 인생의 일부분을 보냈다. 환자들과 함께 생활하며, 간호사를 비롯한 동료들과 함께 일했다. 그곳에서 빙글빙글 원을 그리는 시간을 살았다.

그 경험은 틀림없이 나에게 새로운 것을 주었다. 하지만 그

걸 어떻게 표현하면 좋을지 알 수 없었다. 너무 개인적인 일로 느껴졌기 때문이다. 실제로 돌봄시설에 대한 학술 논문을 쓰려고 시도한 적도 있지만 실패했다. 논문의 딱딱한 언어로는 시설에서 있었던 일을 섬세히 그려낼 수 없었다.

무엇보다 나는 그곳에서 크게 다쳤기 때문에 쓰기가 더 어려웠다.

그러는 사이에 내가 시설을 떠나고 시간이 흘렀다. 나는 그 돌봄시설과 멀리 떨어진 곳에서 살아갔다. 조금씩 그곳에서 겪었던 일들이 덜 생생해졌다.

그 무렵 출판사 이가쿠쇼인医学書院의 편집자들이 잡지『정신간호精神看護』에 연재를 청탁했다. 도쿄 신주쿠의 세련된 카페에서 만났던 것으로 기억한다.

마침 '공인심리사'라고 하는 새로운 국가자격이 만들어져서, 돌봄의 세계에서 점점 심리사의 활약이 늘어날 것이라는 기대가 부풀던 시기였다. 돌봄시설에 대해 쓰는 것은 의미 있는 일이었다.

그렇지만 나는 망설였다. 여전히 쓸 수 있을 것 같지 않았다.

카페에서 편집자들과 이야기하다 폐점 시간에 쫓겨나 다른 카페로 옮겨 이야기를 계속하면서 점점 '쓸 수 있겠는데.' 하는 생각이 들었다. 이야기에 불이 붙으니 차례차례 이런저런 풍경이 끊이지 않고 떠올랐기 때문이다. 어느새 나는 청탁을 수락했다.

그 뒤로 나는 돌봄시설을 취재하기 시작했다. 전국 각지의 시설에 견학을 다니며 내가 대체 무엇을 경험했던 것인지 확인하려 했다.

각 시설마다 자기들만의 이별 방식이 있었는데, 내가 경험한 것을 비롯해 모든 방식들에는 본질적으로 공통점이 있는 듯했다. 나는 취재를 계속하면서 연재를 시작했다.

당연하지만, 내게는 상담사로서 비밀 유지 의무가 있기에 이 책에 등장한 멤버들은 실존 인물이 아니다. 취재를 하고 학생들을 가르치면서 얻은 것들에 내가 경험한 다양한 임상을 더한 다음, 그것들을 잘게 분해하고 조금씩 바꾸고 새롭게 구성하여 글로 표현했다. 구체적인 '사실'이 아니라 돌봄의 풍경을, 그 느낌을, 말로 표현할 수 없는 감각을 글에 담아내려 했다. 멤버가 아닌 다른 등장인물들도 마찬가지다. 사람들의 속내와 사적인 것을 다루는 임상심리사가 글을 쓰려면 이렇게 할 수밖에 없다고 생각했다.

다행히 느낌이 괜찮았다. 그 시절 느낀 지글지글한 햇볕이나 멤버와 직원의 땀내, 나뭇잎을 흔드는 바람의 감촉과 나무 그늘에서 마신 미지근한 콜라의 맛이 내 안에서 되살아났다.

연재는 편집자의 정성스러운 도움 덕에 무사히 마칠 수 있었다. 곧장 연재 원고를 책으로 엮는 작업에 돌입했다. 단편적으로 그린 풍경들을 잘 정돈된 한 권의 책으로 만들려면 '이야기'가 필요했다. 그리고 그 세계의 질서를 확립할 이런저런 개념들이 필요했다.

많은 분들에게 신세를 졌다. 정신과 전문의 구마쿠라 요스케, 인류학자 이소노 마호, 기업가 사쿠라모토 마리 등이 조언을 주었다. 그리고 정신분석적 심리치료사 야마자키 다카아키, 기노시타 나오키, 호리카와 사토시와는 '돌봄과 치료'에 대해 정말로 많은 대화를 나누었다.

이 책의 편집자 시라이시 마사아키는 일관되게 격려와 조언과 단서를 주었다. 나는 이 책을 쓰면서 이야기에 흠뻑 빠진 탓에 자주 나침반을 잃고 길을 헤맸는데, 편집자가 그럴 때마다 아이디어를 주고 큰 지도를 보여주었다. 나는 문제와 맞서야 할 때는 늘 정면에서 돌진하지만 그런 주제에 쉽게 좌절하는데, 그런 나를 편집자가 '다치지 않도록' 배려해주었다는 점을 특히 강조하고 싶다. 즉, 이 책을 쓰는 동안에도 돌봄과 치료가 이루어졌던 것이다.

글이 거의 완성된 뒤에는 디자이너가 본문과 표지를 고심하며 만들어주었다. 이렇게 이 책의 세계는 눈에 보이는 것으로 완성되었다.

또한 이 책 자체가 당시 시설에서 함께 살아갔던 사람들에게 바치는 것임을 밝히고 싶다.

그곳에서 좋은 경험을 한 덕분에 이 책을 쓸 수 있었습니다. 그때 우리가 한 경험의 구체적인 모습이 이 책에 잘 담겼다면 좋겠습니다. 그리고 새삼스럽지만, 마지막으로 감사를 전하고 싶습니다.

모두, 정말로 고마웠습니다.

자, 이 책은 이렇게 끝을 맺는다.

쓰면서 깨달은 사실이 있다. 나는 정신과 돌봄시설이 무대인 이야기를 썼지만, 단지 돌봄시설이라는 특수한 장소에서 이뤄지는 의료 행위만을 다루지는 않았다는 것이다.

이 책은 돌봄을 받는 동시에 돌보며 살아가는 모든 이들에 대한 이야기다. 또는 돌봄의 주고받음이 이뤄지는 장소에 대한 이야기다. 그렇다. '우리 모두'의 이야기다.

직장, 학교, 시설, 가정, 나아가 더 다양한 공동체에서 '있기'를 밑받침하는 것과 위협하는 것을 이 책에 담았다.

이런 나의 뜻이 독자 여러분께 전해진다면 저자로서 더할 나위 없이 기쁠 것이다.

2018년 12월
크리스마스 캐럴이 흐르는 비즈니스호텔의 한적한 로비에서
도하타 가이토

주

1. 도하타 가이토 지음, 이지수 옮김, 『모든 걸 비추는 밤, 마음만은 보이지 않아』 흐름출판 2023.
2. 中藤 信哉, 『心理臨床と「居場所」』 創元社 2017.
3. D. W. ウィニコット(著), 牛島 定信(譯), 『情緒発達の精神分析理論』 岩崎学術出版社 1977. (원서: Donald W. Winnicott, *The Maturational Processes and the Facilitating Environment*, The Hogarth Press 1965)
4. 中井 久夫·山口 直彦, 『看護のための精神医学 第2版』 医学書院 2004.
5. 르네 데카르트 지음, 이현복 옮김, 『방법서설』 문예출판사 2019.
6. エヴァ·フェダー·キテイ(著), 岡野 八代·牟田 和恵(監修·翻譯), 『愛の労働あるいは依存とケアの正義論』 白澤社 2010. (원서: Eva Feder Kittay, *Love's Labor*, Routledge 1999)
7. 같은 책.
8. 같은 책.
9. 같은 책.
10. D. W. ウィニコット, 앞의 책.
11. 千野 帽子, 『人はなぜ物語を求めるのか』 筑摩書房 2017.
12. 고쿠분 고이치로 지음, 김상운 옮김, 『한가함과 지루함의 윤리학』 아르테 2025.
13. 같은 책.
14. 같은 책.
15. D. W. ウィニコット(著), 橋本 雅雄(譯), 『遊ぶことと現実』 岩崎学術出版社 1979. (원서: Donald W. Winnicott, *Playing and Reality*, Routledge 2005)
16. 고쿠분 고이치로, 앞의 책.
17. スラヴォイ·ジジェク(著), 鈴木 晶(譯), 『事件!』 河出書房新社 2015. (원서: Slavoj Žižek, *Event: A Philosophical Journey Through A Concept*, Melville House 2014)
18. 같은 책.
19. 같은 책.
20. 지크문트 프로이트 지음, 우리글발전소 옮김, 『정신분석 입문』 오늘의책 2015.
21. 클로드 레비스트로스 지음, 안정남 옮김, 『야생의 사고』 한길사 1996.
22. A. グッゲンビュール=クレイグ(著), 樋口 和彦·安溪 真一(譯), 『心理療法の光と影』 創元社 1981 (원서: Adolf Guggenbühl-Craig, *Macht als Gefahr beim Helfer*, S.

　　　　Karger 1978)
23　고쿠분 고이치로 지음, 박성관 옮김, 『중동태의 세계』 동아시아 2019.
24　松木 邦裕, 『抑うつの精神分析的アプローチ』 金剛出版 2007.
25　加藤 寛・最相 葉月, 『心のケア』 講談社 2011.
26　우에노 지즈코 지음, 조승미·이혜진·공영주 옮김, 『돌봄의 사회학』 오월의봄 2024.
27　夏目 琢史, 『アジールの日本史』 同成社 2009.
28　小林 エリコ, 『この地獄を生きるのだ』 イースト・プレス 2017. (한국어판: 고바야시 에리코 지음, 한진아 옮김, 『이 지옥을 살아가는 거야』 페이퍼타이거 2019, 절판)
29　같은 책.
30　古屋 龍太, 「精神科デイケアはどこに向かうのか」 『精神医療 第89号』 2018.
31　같은 글.
32　같은 글.
33　ファビエンヌ・ブルジェール(著), 原山 哲・山下 りえ子(譯), 『ケアの倫理』 白水社 2014. (원서: Fabienne Brugère, L'éthique du care, Presses Universitaires de France 2017, 3rd edition)
34　東畑 開人, 『野の医者は笑う』 誠信書房 2015.
35　東畑 開人, 『日本のありふれた心理療法』 誠信書房 2017.

참고 문헌

가와이 하야오 지음, 조경 옮김, 『마음경영』 북포스 2006.
가와이 하야오 지음, 가와이 도시오 엮음, 김지윤 옮김, 『카를 융, 인간의 이해』 바다출판사 2018.
고쿠분 고이치로 지음, 박성관 옮김, 『중동태의 세계』 동아시아 2019.
고쿠분 고이치로 지음, 김상운 옮김, 『한가함과 지루함의 윤리학』 아르테 2025.
곤노 하루키 지음, 이용택 옮김, 『블랙 기업』 레디셋고 2013.
데이비드 그레이버 지음, 김영배 옮김, 『관료제 유토피아』 메디치미디어 2016.
르네 데카르트 지음, 이현복 옮김, 『방법서설』 문예출판사 2019.
미셸 푸코 지음, 오생근 옮김, 『감시와 처벌』 나남 2016.
앤드류 새뮤얼스 지음, 김성민·왕영희 옮김, 『C. G. 융과 후기 융학파』 한국심리치료연구소 2012.
앨리 러셀 혹실드 지음, 이가람 옮김, 『감정노동』 이매진 2009.
어빙 고프먼 지음, 심보선 옮김, 『수용소』 문학과지성사 2018.
우에노 지즈코 지음, 조승미·이혜진·공영주 옮김, 『돌봄의 사회학』 오월의봄 2024.
지크문트 프로이트 지음, 우리글발전소 옮김, 『정신분석 입문』 오늘의책 2015.
카를 마르크스 지음, 김수행 옮김, 『자본론』 비봉출판사 2015.
클로드 레비스트로스 지음, 안정남 옮김, 『야생의 사고』 한길사 1996.

Frank Riessman, "The "Helper" Therapy Principle," *Social Work*, Vol. 10, No. 2 (1965.4).
Marilyn Strathern, *Audit Cultures: Anthropological Studies in Accountability, Ethics and the Academy*, Routledge 2000.
Paul Federn, *Ego Psychology and the Psychosis*, Imago publishing 1953.

A. グッゲンビュール=クレイグ(著), 樋口 和彦·安溪 真一(譯), 『心理療法の光と影』 創元社 1981 (원서: Adolf Guggenbühl-Craig, *Macht als Gefahr beim Helfer*, S. Karger 1978)
浅野 弘毅, 『精神科デイケア学』 エム·シー·ミューズ 2015.
アマルティア·セン(著), 鈴村 興太郎(譯), 『福祉の経済学』 岩波書店 1988. (원서: Amartya Sen, *Commodities and Capabilities*, Oxford University Press 1999)
有薗 真代, 『ハンセン病療養所を生きる』 世界思想社 2017.
エヴァ·フェダー·キテイ(著), 岡野 八代·牟田 和恵(監修·翻譯), 『愛の労働あるいは依存とケアの正義論』 白澤社 2010. (원서: Eva Feder Kittay, *Love's Labor*, Routledge 1999)
オルトヴィン·ヘンスラー(著), 舟木 徹男(譯), 『アジール』 国書刊行会 2010. (원서: Ortwin

Henssler, *Formen des Asylrechts und ihre Verbreitung bei den Germanen*, Klostermann 1954)

加藤 寛・最相 葉月, 『心のケア』 講談社 2011.

C. G. ユング(著), 松代 洋一・渡辺 学(譯), 『自我と無意識』 第三文明社 1995. (원서: Carl Gustav Jung, *Die Beziehungen zwischen dem Ich und dem Unbewussten*, dtv Verlagsgesellschaft 2014)

北山 修, 『見るなの禁止: 日本語臨床の深層』 岩崎学術出版社 1993.

北山 修, 『覆いをとること・つくること』 岩崎学術出版社 2009.

窪田 彰, 『精神科デイケアの始め方・進め方』 金剛出版 2004.

月刊『創』編集部, 『開けられたパンドラの箱: やまゆり園障害者殺傷事件』 創出版 2018.

小林 エリコ, 『この地獄を生きるのだ』 イースト・プレス 2017. (한국어판: 고바야시 에리코 지음, 한진아 옮김, 『이 지옥을 살아가는 거야』 페이퍼타이거 2019, 절판)

スラヴォイ・ジジェク(著), 鈴木 晶(譯), 『事件!』 河出書房新社 2015. (원서: Slavoj Žižek, *Event: A Philosophical Journey Through A Concept*, Melville House 2014)

精研デイ・ケア研究会(編), 『改訂 精神科デイ・ケア』 岩崎学術出版社 1997.

千野 帽子, 『人はなぜ物語を求めるのか』 筑摩書房 2017.

D. W. ウィニコット(著), 橋本 雅雄(譯), 『遊ぶことと現実』 岩崎学術出版社 1979. (원서: Donald W. Winnicott, *Playing and Reality*, Routledge 2005)

D. W. ウィニコット(著), 牛島 定信(譯), 『情緒発達の精神分析理論』 岩崎学術出版社 1977. (원서: Donald W. Winnicott, *The Maturational Processes and the Facilitating Environment*, The Hogarth Press 1965)

中井 久夫, 『世に棲む患者』 筑摩書房 2011.

中井 久夫・山口 直彦, 『看護のための精神医学 第2版』 医学書院 2004.

中沢 新一, 『悪党的思考』 平凡社 1988.

中藤 信哉, 『心理臨床と「居場所」』 創元社 2017.

夏目 琢史, 『アジールの日本史』 同成社 2009.

日本デイケア学会, 『新・精神科デイケアQ&A』 中央法規出版 2016.

ファビエンヌ・ブルジェール(著), 原山 哲・山下 りえ子(譯), 『ケアの倫理』 白水社 2014. (원서: Fabienne Brugère, *L'éthique du care*, Presses Universitaires de France 2017, 3rd edition)

広井 良典, 『ケア学』 医学書院 2000.

古屋 龍太, 「精神科デイケアはどこに向かうのか」 『精神医療 第89号』 2018.

松木 邦裕, 『抑うつの精神分析的アプローチ』 金剛出版 2007.

ミルトン・メイヤロフ(著), 田村 真, 向野 宣之(譯), 『ケアの本質』 ゆみる出版 1987. (원서: Milton Mayeroff, *On Caring*, Harper & Row 1971)

있기 힘든 사람들
돌봄, 의존 그리고 지켜져야 할 우리의 일상에 대하여

초판 1쇄 발행 2019년 11월 25일
개정판 1쇄 발행 2025년 7월 21일
개정판 3쇄 발행 2025년 10월 1일

지은이 도하타 가이토
옮긴이 김영현
펴낸이 김효근
책임편집 김남희
제작 세걸음
펴낸곳 다다서재
등록 제2023-000115호(2019년 4월 29일)
전화 031-923-7414
팩스 031-919-7414
메일 book@dadalibro.com
인스타그램 @dada_libro

한국어판 ⓒ 다다서재 2025
ISBN 979-11-91716-42-9 03180

- 이 책 내용의 전부 또는 일부를 재사용하려면 반드시 저작권자와 다다서재 양측의 동의를 받아야 합니다.
- 책값은 뒤표지에 표시되어 있습니다.